혁신학교

지금까지 학교에 대한
생각이 바뀐다

효과

혁신학교 효과

지금까지 학교에 대한
생각이 바뀐다

한희정 지음

맘에 드림

발행일 2015년 12월 1일 초판 1쇄 발행

지은이 한희정

발행인 방득일

편 집 신윤철

디자인 강수경

마케팅 김지훈

발행처 맘에드림

주 소 서울시 중구 퇴계로48길 26(묵정동 31-2) 2층

전 화 02-2269-0425

팩 스 02-2269-0426

e-mail nurio1@naver.com

ISBN 978-89-97206-38-4 03370

민주사회의 학교는 지식노동과 육체노동의 분리, 머리와 손, 머리와 가슴,
머리와 머리의 분리, 창의적인 것과 기능적인 것의 구분 등,
인간 활동을 지나치게 단순화하여 왜곡하는 것에 저항하고, 인간 존재의 통합성을
바탕으로 삼아야 할 것이다. 차이를 인정하고 상호 의존성을 의식하는 통합성이다.

- 윌리엄 에어스(William Ayers) -

학교는 어떤 곳일까?

'교직'을 최고로 안정된 직업으로 꼽고, 수많은 젊은이가 임용 고시에 매달리고 있지만, 교사가 경험하는 학교는 녹록지 않는 곳이다. 존경하고 따랐던 선배들과 함께 한남금북정맥을 구간마다 탐사하고, 남한강 물줄기를 따라 문화·역사기행을 하며, 우리 지역의 역사와 문화를 찾아 배우며, 생태 교육과 민족 교육, 마을 공동체 교육을 고민하는 예비 교사 시절을 거쳐, 대학원 공부를 하다 남들보다 조금 늦게 학교 현장에 나갔다. 그러나 내가 꿈꾸던 '좋은 선생님'이 되는 길은 너무나 멀어 보였다.

바로 내 눈앞을 꽉 막고 선 거대한 벽과 같은 학교 현실에 내가 할 수 있는 것은 눈 깜짝하기, 손가락 까딱하기, 발뒤꿈치 들어 까치발로 서 보기 정도였다. 학교가 이런 곳이었다니, 실망과 좌절감에 다시 대학원으로 돌아갔다. 대학원에서의 공부는 내 꿈을 조금 더 현실화하는 과정이었다. 해 봤자 안 되는 것에 매달리며 좌절하지 말고, 할 수 있는 것에 집중하자, 이렇게 마음먹고 다시 학교로 돌아왔다. 내가 맡은 우리 반 아이들과 최대한 소통하고 즐기면서 학교생활을 하는 것, 그것이 최선의 선택이었다.

결혼하고 아이를 낳고, 공동육아 어린이집을 시도해 보고, 방과후 공부방을 만들어 보고, 대안학교에 우리 아이들을 보내면서 나는 직업을 두 개 가진 투잡족이 되어 있었다. 낮에는 학교에서 일하는 교사지만, 퇴근하고 나서는 공동육아 교사들과 학부모들과 끊임없이 토론하고 공부했고, 대안학교 교육과정을 만들면서 교사 교육을 고민했다. 학교에서는 '내 할 일만' 하고, 퇴근 후에는 더 열정을 쏟아 새로운 다른 교육을 꿈꾸며 실천하는 교사였다. 내 일상의 대부분 시간을 보내는 학교는 아무리 두드려도 그 견고한 벽이 움직이지 않았기 때문이다. 나는 내 생성의 기운들을 학교 '밖에' 쏟았다.

그렇게 16년의 교직 경력이 쌓이는 동안 내가 경험한 학교는 창조와 생성의 재미를 느낄 수 없는 곳이었다. 교사도 학생도 학부모도 끊임없이 길들이면서, 제 할 일을 찾아서 하는 것이 아니라 정해진 일만 하면 되는 곳이었다. 정해진 것 이상의 것을 하려고 시도하던 신규 교사 시절의 열정이 몇 개 학교를 거치면서 희석되어 버리면 누구나 선택의 갈림길에 서게 된다. 저항할 것인가, 길들여질 것인가. 눈칫밥 먹으며 살 것인가, 편하게 살 것인가.

그런데 지금, 나는 '교사'로서 지난 시기와는 전혀 다른 배움과 보람, 즐거움을 '학교'에서 경험하고 있다. 마치 그간의 수많은 공부와 경험이 바로 이 순간을 위해 존재했던 것처럼 하루를 살며 하루를 배우고 있다. 현재 근무하고 있는 학교가 혁신학교이기 때문이 아니라, 바로 이곳에서 학교 혁신을 함께 만들어 가고 있기 때문이다. 그래서 알리고 싶었다. 교사가 교사 됨을 누려 가는 과정의 기쁨과 성찰, 좌충우돌.

이 책은 전국교직원노동조합의 창립 25주년 기념사업으로 준비했던 《학교혁신 팟캐스트》라는 책에 힘입은 바가 크다. 그 책을 쓰면서 전국적인 혁신학교 사례들을 공부할 수 있었고, 역사적 맥락을 이해할 수 있었다. 전라북도교육연구정보원 전북교육정책연구소에서 2012년부터 해마다 발표하는 '혁신학교의 학교 효과성 분석'은 혁신학교의 밑바닥을 들여다볼 수 있는 잣대를 마련해 주었다. 이 자료에서 나오는 10개의 분석 항목을 8개 항목으로 재구조화해 2장부터 9장까지 구체적인 사례를 제시해 보려고 했다.

막상 책을 세상에 내놓으려니 부끄럽기 짝이 없다. 혁신학교 '효과'를 몸으로 날마다 겪고 있기 때문에 더더욱 그 의미나 가치를 제대로 전달하고 있는 건지, 일방적인 주장을 하고 있는 것은 아닌지, 개인적인 경험을 과도하게 일반화하는 것은 아닌지 염려가 된다. 이 책이 지닌 한계는 고스란히 내가 감당해야 할 내 몫이다.

돌이켜보면 나는 좋은 사람들을 참 많이 만났다. 내 유년 시절을 지배했던 교회 공동체 식구들부터 마을공동체교육연구소, 아름다운마을공동체, 초등교육과정연구모임, 비고츠키연구회, 그리고 서울유현초등학교의 동료들, 책 출판을 제안해 주신 맘에드림 방득일 대표님과 엉성한 원고가 책이 되도록 애써 주신 신윤철 편집주간님까지. 스스로 서는 존재가 아닌 서로 기대며 함께 서는 존재임을 배우고 깨닫게 해 주신 분들이다. 여전히 배우고 깨치며 가야 할 길이 많이 남아 있다는 것도.

그리고 2014년 4월 16일 영문도 모르고 암흑 속에서 죽어 간 304명의 영혼에 진 빚을 갚는 심정으로 이 책을 썼다는 것을 밝히고 싶다. 선배들에게 5·18이 있었다면 우리에겐 4·16이 있다. 진실을 밝히는 것뿐 아니라 다시는 되풀이되지 않도록 우리 사회를 건강하게 만드는 과제가 '교육'에 있다는 것을 '교사'인 우리가 어떻게 외면할 수 있을까! 혁신 교육감의 약진, 그 이면에 도사리고 있는 4·16의 아픔을 어찌 잊을 수 있을까! 혁신학교와 학교 혁신을 통한 민주시민 교육이 하나의 답이 되리라고 확신한다.

2015년 11월

곧 엄혹한 겨울에 이어 봄이 온다는 것을 기억하며.

한희정

혁신학교의 나비효과,
사회 구석구석의 민주주의 활성화

학교교육에 관한 전문가는 누가 뭐래도 학교 현장에서 아이들과 씨름하며 교육을 담당하는 교사들이다. 그중에서도 끊임없이 교육학 이론과 교육정책, 혁신 사례를 연구하고 실천하며 자기 나름의 성찰적인 목소리를 내는 분들은 보배 같은 존재이다. 이런 분들이 펴내는 교육 서적에는 예외 없이 생생한 현장감과 이론적 통찰, 실천적인 지혜가 담겨 있다. 물론 바탕에는 아이들에 대한 깊은 사랑과 헌신성이 살아 숨 쉰다. 이 책이 바로 그렇다.

솔직히 고백하건대 나는 초등학교 선생님들을 다수 만나고 나서야 초등학교 교사는 다소 전문성이 떨어질 것이라는 선입견에서 벗어났다. 초등학교 선생님이야말로 출발선의 아이들과 전방위적, 전인격적으로 만나는 가장 중요한 교육 전문가다. 누구보다도 다재다능하고 누구보다도 아이들을 사랑한다. 특히 혁신학교를 이끄는 초등학교 교사들의 전문성과 열정은 혀를 내두를 정도다.

이 책의 저자인 한희정 선생님은 서울유현초등학교를 혁신학교 반석에 올려놓은 분으로서 교사, 학생, 학부모, 지역사회에 대한 혁신학교 효과를 꼼꼼히 살펴본 후 "우리 사회 구석구석을 민주적인 문화로 바꿔 가는 것이 모두를 위한 혁신학교 효과가 될 것"이라고 기대한다. 나는 교육 혁신 운동 혹은 그 성과로서 혁신학교를 사회 구석구석까지 민주화하는 거대한 민주주의 프로젝트의 출발점으로 파악하는 저자의 혜안에 깊이 공감한다. 나는 한 걸음 더 나아가 지금의 학교를 민주주의에 의한, 민주주의의 학교로 바꿔 내는 학교 민주주의의 성공 없이는 우리 사회 구석구석을 민주화할 전망이 아예 없다고 단언하고 싶은 충동을 느낀다.

민주주의는 구성원들의 자율성과 책임감, 집단지성과 형제애로 보다 나은 집단적 운명을 개척할 수 있다는 믿음이다. 그런 뜻에서 민주주의는 구성원 각자에게 공동체적 운명의 주인이라는 주체성의 각성을 요구한다. 또한 구성원 각자가 국가와 정부, 법과 제도의 주인이라는 점에서 주권자의 책임감을 요구한다. 민주주의의 이상이 얼마나 현실에서 살아날지는 거의 전적으로 구성원이 얼마나 이와 같은 믿음과 자세, 곧 민주시민성으로 충전돼 있는지에 달려 있다.

공교육의 고유한 역할은 학교생활을 통해 민주시민성을 길러

주는 데 있다. 학교가 민주주의 아닌 것에 길들여진 시민을 배출하는 이상 사회 구석구석에서 민주주의를 확장하고 심화하는 일은 요원할 것이다. 지금까지의 학교문화는 엘리트주의와 권위주의를 필두로 경쟁주의와 능력주의, 국가주의와 관료주의에 찌들어 있었다. 그렇기 때문에 학교에서 민주시민성을 찾는 것은 부자가 천국에 들어가는 것만큼이나 어려웠다. 일반 시민이 민주시민성을 갖추는 것도 마찬가지였다.

필연적인 결과로 우리 사회의 대표 민주주의는 형식적 민주주의 이상으로 나아갈 수 없었다. 명목은 민주주의지만 실질은 금권주의와 엘리트주의, 관료주의와 전문가주의로 채워진 껍데기 민주주의는 민주주의 자체에 대한 불신과 조롱을 불러왔다. 이런 현상을 바로잡기 위해서는 무엇보다도 학교를 민주시민성의 산실로 혁신하는 일이 필요하다. 진보 교육감이 들어서고 현장의 깨어 있는 교사들이 힘을 합치자 철옹성만 같았던 학교문화도 얼마든지 바뀔 수 있다는 사실이 드러났다.

혁신학교 효과는 일차적으로 학교의 교사, 학생, 학부모에게 미치지만 그 영향은 학교 울타리를 넘어선다. 먼저 학생들을 통해서다. 학교 민주주의가 뿌리내린 학교를 졸업한 아이들은 어디서나 학교에서 체득한 민주시민성을 발휘할 것이다. 사회 구석구석의 크고 작은 공동체에서 주인으로 목소리를 내며 책임 있게 행동할 것이다. 학부모 역시 학교 공동체의 구성원으로 참여하면서 비로소 공공의 세계에 대한 지식을 쌓고 목소리를 내는 방법을 체득한다. 이 점은 교사도 크게 다르지 않다. 요컨대 학교 민주주의를 통해 민주시민성을 체득한 교사와 학부모, 학생들이 점차로 민들레 홀씨처럼 사회 곳곳에 퍼져나가 빈사 상태에 빠진 한국 민주주의를 살려낼 것이다.

그 결과 새로운 수준의 민주시민성으로 충전된 차세대 민주주의가 경제민주화를 이루며 복지국가에 당도할 것이라고 나는 꿈꾼다. 이 꿈은 진보 교육감 시대에 반드시 함께 성취해야 할 꿈이다.

교육계는 혁신학교의 성취에 대해 자부심을 가져 마땅하다. 혁신학교는 지난 10년간 대한민국 공공부문에서 일어난 조직문화 혁신의 가장 눈부신 성과다. 아니, 대한민국의 모든 부문을 통틀어 가장 눈에 띄는 혁신 성과다. 어느 정부 부처, 공공 기관, 기업 부문, 시민사회도 혁신학교가 이뤄 낸 만큼 조직 문화의 전면적 혁신을 성취하지 못했다. 혁신학교운동은 우리나라 공교육의 역사에서 본격적으로 추진되는 첫 문화혁명이라 해도 과언이 아니다. 혁신학교로 대표되는 공교육의 변화는 지난 7, 8년간 국가 수준의 민주주의가 계속 뒷걸음질치는 상황에서 진행됐다. 작금의 민주주의 퇴행을 극복할 수 있는 가장 확실한 민주주의의 자산이 민주주의의 급속 퇴행기에 내부적으로 축적돼 왔다는 사실은 우리에게 새로운 희망을 준다.

곽 노 현 제18대 서울특별시 교육감

차 례

1장
학교 효과와 혁신학교

'학교란 무엇인가?'

2010년 EBS에서 '교육대기획'이란 타이틀을 내걸고 10부작으로 방영한 다큐멘터리 프로그램 이름이다. 이 다큐멘터리에서는 많은 사람이 '학교의 위기'를 말하고 있는 시대에 학교가 여전히 우리 시대의 희망이 되어야 하는 이유는 무엇인지, 희망으로 남아 있는 학교는 어떻게 운영되고 있는지, 그 길로 가기 위해 우리가 고민하고 노력해야 할 것은 무엇인지를 찬찬히 탐색했다. 자녀 교육 문제로 고민하던 많은 사람의 입에 오르내렸고, 대안적인 학교로 소개된 몇몇 학교에 국민적 관심이 쏠리기도 했다.

이 프로그램은 우리에게 학교는 무엇인지, 학교가 우리에게 주는 희망은 무엇인지, 그리고 우리는 우리 아이들을 어떻게 대하고 어떻게 가르쳐야 하는지에 대해 작지만 의미 있는 깨달음을 선사했다. 하지만 한편으로 "그래서 어쩌라고? 당장 우리 아이가 다닐 학교는 그렇지 않는데."라는 물음 앞에서는 회의적일 수밖에 없었다. 나 혼자만 남들과 다른 길을 간다는 것은 상당한 용기가 필요하고, 알게 모르게 주변의 압박을 받는 일이기도 하다. 대안의 길을 찾아간다는 것은 그래서 힘들다.

누구나 교육 문제를 말한다. 입시 교육, 주입식 교육이 만든 병폐를 지적하지만 그 굴레를 벗어나는 것은 쉽지 않다. 학력에 따른 임금 격차, 부족한 사회복지 시스템, 구조화된 학벌 사회와 같은 '현실적인 것들'을 고려하면서 '미래'를 살아갈 아이들을 오늘의 '현실'에 붙들어 놓는다. 그 최악의 아포리즘이 '가만히 있으라.' 아닌가!

대안학교나 '가정 학교'(홈스쿨링)의 벽이 너무나 높고 멀게 느껴지는 상황에서 2009년 김상곤 경기도교육감의 정책으로 혁신학교가 시작되었다. 민선 교육감으로서 한 지역의 교육을 책임지는 수장이 되어, 적어도 누구나 아파하고 누구나 힘들어하고 누구나 바뀌어야 한다고 생각하는 학교와 교육을 한 번쯤 바꿔 봐야 하는 것은 아닌지, 전체를 바꾸지는 못하더라도 바꿀 수 있는 가능성은 탐색해야 한다는 고민에서 출발했을 것이다.

1. '학교 효과'를 탐색하는 방법

'학교 효과'의 의미는 상당히 포괄적이다. 학교가 내세운 교육목표를 얼마나 성공적으로 달성했는가를 나타내는 의미이지만, 학교가 추구하는 교육목표가 매우 복잡하며 중층적이기 때문이다.

학교 효과 연구의 시초로 알려진 1966년 '콜맨 보고서'는 충격적인 결과를 담고 있었다. 이 연구는 미국 6개 주요 인종 및 소수민족 집단의 학교 간, 지역 간 교육 기회와 효과의 불균형 현상과 그 원인을 밝히기 위해 대규모로 실시되었으나 학교가 학생들의 학업성취에 유의미한 영향을 미치지 못하며, 학교는 사회적 평등을 위한 기능을 제대로 수행하지 못한다는 결론을 제시했던 것이다.

콜맨의 연구는 학교의 '산출(학업성취)'을 학교 규모, 인적 구성, 행정적·재정적 여건, 학교가 속한 지역적 특성과 같은 '투입요건'을 통해 파악하는 투입-산출 방식으로 진행됐다. '학교에 대한 투입 자원을 변화시키면 교육의 불평등 현상을 완화할 수 있을 것인가?'라는 정책적인 관심에서 연구를 시작했기 때문에 투입 자원에 따른 학업성취 결과에 관심을 두었던 것이다.

그러나 일부 학자는 콜맨 보고서에 대해 방법론적 한계를 지적하며, '학교 과정'을 강조한 연구를 진행해 '학교 효과'는 있다고 보고하기도 했다. 그들은 학교 효과를 논의할 때 정작 중요한 것은 학교교육이 실제로 일어나는 '학교 내적 과정'이라고 주장했다. 학생들의 학업성취는 학교에 투입되는 자원에 의해서만 영향을 받는 것이 아니라, 학교 내에서 그러한 자원이 활용되고 적용되는 방식에 의해서도 영향을 받기 때문에 그 과정을 분석해야 한다는 것이다. 이러한 관점에서는 열악한 환경에서 자란 학생도 학교에서 교육 경험을 통해 환경적인 영향을 극복할 수 있다는 것을 근거로 학교가 교육적인 효과를 수행한다고 본다.

학교에 투입되는 자원이나 학교 자체에서 나타나는 과정적 특성만으로 학교 효과를 파악하려는 연구들과는 달리, 학교를 다층적인 특성을 가진 조직으로 평가하며 그 효과를 탐색하려는 연구들도 있다. 학교 조직의 특성이 교수-학습 활동에 어떠한 방식으로 개입하는지, 학교의 자원이 교사와 학생에 의해 어떻게 사용되는지를 고려해 학교 효과를 파악하려는 것이다. 이러한 관점에서 학교 효과를 통한 교육 가능성을 탐색하려는 시도들이 오랜 기간 여러 방향에서 전개되어 왔다.

2. 혁신학교의 교육적 목표

혁신학교는 경기도에서 시작해 6개 시도에서 먼저 자리를 잡았다. 그리고 이후 7개 시도가 더 참여해 현재 13개 시도로 확산됐다. 불과 6년이라는 짧은 시간 안에 이루어진 일이다. 이처럼 빠르게 전국적으로 확산될 수 있었던 이유는 무엇일까? 아마도 학교와 교육이 변화하기를 바라는 우리 국민의 열망, 개인적 실천을 넘어 조직적 실천으로 한 학교를 바꿔 보고 싶었던 교사들의 꿈, 신자유주의적 표준화와 획일화에 대한 교사들의 염증, 학벌과 서열 사회를 벗어나고자 하는 희망이 있었기 때문일 것이다. 또한 2014년 4월 16일 우리 눈앞에서 맹골수도의 바닷속으로 빨려 들어갔던 세월호의 거대한 선체, 흔들리던 부표, 나부끼던 노란 리본들에 대한 '대답'을 우리 국민이 '교육 혁신'에서 찾으려고 했기 때문인지도 모른다.

혁신학교는 교육의 본질을 회복하기 위한 학교 혁신 정책이자 운동이다. 혁신학교는 입시와 성적을 최우선으로 내세우는 교육이 아니라, 학생의 전인적인 성장과 발달을 교육목표로 삼는다.

우리나라의 교육기본법과 국가 교육과정 문서 어디에도 '입시'와 '성적'을 중심에 두고 교육을 해야 한다는 문구는 없다.

> 교육은 홍익인간(弘益人間)의 이념 아래 모든 국민으로 하여금 인격을 도야(陶冶)하고 자주적 생활 능력과 민주 시민으로서 필요한 자질을 갖추게 함으로써 인간다운 삶을 영위하게 하고 민주국가의 발전과 인류공영(人類共榮)의 이상을 실현하는 데에 이바지하게 함을 목적으로 한다.
>
> — 교육기본법 제2조

혁신학교는 문서상에 존재하는 교육과 현실에서 실현되는 교육 간의 격차를 줄이고, 교육의 본질을 회복하여 법으로 정해 놓은, 국민적으로 합의되고 약속된 것을 실현하자는 것이다. 혁신학교는 공교육의 틀 안에서 학교교육이 올바른 방향으로 나아갈 수 있도록 모든 학교 구성원이 혁신의 주체가 되어 하나의 공동체로 참여하며, 참여하는 교사가 자율성과 책무성을 갖고 학교 혁신의 핵심 역할을 담당하여 학교 조직과 학교문화, 수업 등의 혁신을 통해서 학교교육을 교육의 본질에 맞게 변화시켜 나가는 것을 지향한다. 이를 위해 교육목표와 교육방법의 변화, 교사를 비롯한 학교 구성원들의 역할 변화, 공동체적 문화의 형성, 학교 운영 구조의 변화를 주요한 과제로 설정한다(유경훈, 2014).

혁신학교는 제도권 교육의 장점과 단점을 동시에 품고 있지만 장점을 살리고 단점은 보완하면서, 비제도권 교육이 주는 영감을 함께 살려 보고자 하는, 철저히 실험적이고 실천적인 정책이다. 경기와 전북, 세종의 '혁신학교', 서울의 '서울형혁신학교', 강원의 '행복더하기 학교', 광주의 '빛고을 혁신학교', 전남의 '무지개학교', 인천의 '행복배움학교', 충북의 '행복씨앗학교', 부산의 '다행복학교', 충남의 '행복나눔학교', 경남의 '행복학교', 제주의 '다혼디배움학교' 등 이름은 조금씩 다르지만 가고자 하는 방향은 같다. 더 이상 기존의 체제에 안주하는 학교에서는 희망을 찾기 어려울뿐더러 미래 세대의 행복한 배움과 삶이 이루어지기 어렵다. 그래서 그간의 개인적이고 비제도적이었던 혁신의 노력을 모아서 단위 학교의 혁신을 정책적으로 지원해 변화의 가능성을 탐색하고 이를 일반화하려는 것이다.

3. 아래로부터 총체적 변화를 추구하는 혁신학교

그동안 교육의 본질을 회복하기 위한 노력이 없었던 것은 아니다. 그러나 기존의 학교 개혁은 수업 개선, 교육과정 개정, 학교 폭력 예방, 컴퓨터 활용 교육, 방과 후 활성화, 사교육 경감 대책, 영어 교육 활성화, 소프트웨어 교육 전면 실시 등과 같이 사안이 있을 때마다 기능적이며 파편화된 방식으로 진행되었다. 이것은 위에서 밀고 내려오는 '주먹구구식 대증요법', 실제로 실행한 것보다는 공문과 문서상의 계획이 먼저인 '눈 가리고 아웅 하는 식'이라는 비판을 받을 수밖에 없었다. 혁신학교는 다음과 같은 점에서 이러한 과거의 학교 개혁과는 구별된다(유경훈, 2014).

첫째, '교육'이 학교와 교실 안에서 이루어지는 형식적인 교육과 문화와 생활 속에서 전수되는 비형식적인 교육을 포괄한다고 볼 때, 파편화되고 기능화된 방식으로는 변화와 개혁을 일구어 낼 수 없다는 것을 깊이 이해하고 시작한 것이 혁신학교다. 수업만 바꾼다고 학교가 바뀌지 않으며, 정권이 바뀔 때마다 교육과정을 바꾼다고 교육이 바뀌지 않으며, 학교 폭력 예방 교육을 강제하고 전국적인 실태 조사를 한다고 해서 학교에서 폭력이나 집단 따돌림이 근원적으로 개선되지 않는다는 사실을 경험적으로 처절하게 깨달으며 총체적인 변화를 만들어 가려는 움직임인 것이다.

둘째, 혁신학교는 학교 혁신의 주체가 교장과 일부 관리자가 아니라 '교사'라는 점을 분명히 하고 있다. 교사들에게 보다 많은 권한을 부여하고, 그들이 자발성과 자율성을 바탕으로 서로 소통하여 교사 스스로 학교의 상황과 특성, 필요에 맞는 적절한 변화를 만들 수 있도록 하는 것이다.

위로부터의 수많은 학교 개혁 시도가 대부분 실패했다는 것은 지속적으로 늘어나는 교육 문제가 반증한다. 위로부터의 학교 개혁은 '위로부터 밀실 행정'으로 만들어진 정책과 제도를 '아래로' 쏟아붓는 것이다. 학교 현장을 변화시켜 안착하게 하는 것보다 정책과 제도를 만들어서 노력하고 있다는 것을 보여 주려는 '홍보 효과'에만 집중한다. '홍보 효과'는 반짝하지만 그 결과는 처참하게 오래간다. '위로부터 밀실 행정'은 몇몇 정책 집단의 '탁상행정'이다. 학교에서 교사, 학생, 학부모가 부닥치는 하루하루의 일상이 어떻게 전개되는지에 대한 미시적 접근과 이해 없이, 큰 밑그림만 그리고 온갖 색의 물감들을 도배하듯 뿌려 댄다. 이렇게 위로부터 쏟아지는 물감 세례를 과감히 거부하고 우리만의 색으로 우리가 할 수 있는 만큼 채색해 보겠다는 것이 혁신학교다. 그리고 그 빛깔을 칠하는 과정에서는 무엇보다 학교의 현실을 가장 잘 알고 있는 교사들이 주체로 나선다.

셋째, 혁신학교는 학교의 모든 구성원이 학교 안에서 바람직한 공동체 문화를 만들어 가는 과정으로, 학교운영과 학교교육에 참여하고, 모든 구성원이 혁신의 주체이자 혁신의 대상이 되어 늘 새롭게 변화하는 방향으로 운영되는 학교다. 교사만 바뀐다고 학교는 바뀌지 않는다. 학교장만 바뀐다고 학교가 바뀌지 않고, 학부모만 바뀐다고 학교가 바뀌지 않는다. '혁신'이란 스스로가 혁신의 주체이면서 대상이 되는 과정이다. 학교를 구성하는 모든 구성원이 자기 스스로를 돌아보며 내일을 그려 가는 반성적인 성찰이 일상화될 수 있는 계기를 만들어 가는 것이 혁신학교다.

1등만 기억한다는 경쟁주의, 부자 되라고 외치는 물질주의, 갑이 최고라는 시장주의 원칙이 모든 것을 잠식하는 사회에서 '교육은 바뀔 수 있을까?', '학교는 희망이 될 수 있을까?' 회의하고, '교실 붕괴', '교육 불가능의 시대'를 외치는 것이 당연한 현실인 듯 실망하고 체념하는 사이에도, 희망의 꽃대들은 올라왔다. 그중 하나가 '혁신학교'다.

전국에서 올라온 혁신학교의 꽃대는 지역마다, 학교마다 크기도 모양도 빛깔도 모두 다르다. 만개한 꽃도 있지만 꽃을 피우기도 전에 짓밟히기도 하고, 꽃이 필 환경이 충분하지 않은 곳에 이식되기도 했다. '교육 불가능 시대'를 입버릇처럼 얘기하는 것보다 올라온 꽃대에서 꽃을 피우려고 애쓰는 이들의 노력과 수고, 땀내와 불면의 밤, 무수한 논쟁이 지금은 더 값진 것 같다.

4. 혁신학교 효과를 통한 교육 가능성 탐색

우리는 산업사회를 넘어 정보사회, 지식 기반 사회에 살고 있다. 사회의 변화에 따라 남들에 의해서 이미 '해석된 것'을 습득하는 행위를 넘어서 지식 기반 사회에 요구하는 지식인 '해석하는 법'을 배우고, 지식을 재통합하고, 통합을 이끌어낼 수 있는 힘, 지식을 스스로 종합할 수 있는 능력을 길러 새로운 가치를 창출할 수 있는 교육으로 변해야 한다는 요구가 커지고 있다

— 송순재 외, 2009

그러나 학교교육은 이런 사회의 변화와 시대의 요구를 충분히 담아 내지 못하고 있다. 신자유주의적 교육개혁을 추진하면서 국가 주도의 표준화된 방식으로, 외형적으로 드러나는 성과와 실적을 가지고 서로 비교하며 학교 효과를 평가해 왔다. 그리고 교육당국은 그 평가된 결과를 바탕으로 학교를 서열화하고 등급화해 학교 성과급, 시도 교육청 특별교부금 등을 차등 지급해 왔다. 이는 교육의 '본질'보다 '실적'을 중심으로 학교 효과를 바라보는 관점에서 기인한 것이다.

이러한 상황에서 전북교육정책연구소는, 시대의 변화에 맞춰 학업성취도를 넘어 미래 사회에 적합한 학교 효과의 특성을 파악하고, 학교의 특성을 측정할 수 있는 적절한 도구를 개발하는 연구를 계속해 왔다. 그리고 이 도구를 활용해 혁신학교의 학교 효과를 연구하고 그 결과를 2012년부터 꾸준히 발표하고 있다(엄

정영 외, 2012 ; 정태식 외, 2013-a ; 박성자 외, 2014).

> 단편적인 지식의 효율적인 축적을 강조하고 학업성취도를 주로 측정했던 과거의 학교 효과 연구의 한계를 극복하고, 교육 활동, 학교운영, 학교문화, 교육만족도 등에서 최근 학교에서 일어나고 있는 새로운 변화가 가져오는 효과를 측정할 수 있는 새로운 도구를 개발하여 미래형 학교 효과성 검증을 통해 학교교육의 패러다임 전환에 도움을 주고, 교육 정책 및 방향성을 설정하는데 활용하고자 한 것이다
>
> — 엄정영 외, 2012

이 연구의 목적은 업무, 성과, 실적 중심의 학교 효과를 측정하려는 것이 아니다. 학생들의 행복한 배움과 성장의 과정을 중시하고, 교육 공동체 모두가 만족하며 행복한 학교, 교육의 본질을 회복하는 미래지향적인 학교를 만들어 가는 교육 활동을 통한 학교 효과를 측정하는 것이다. 이를 위해 2012년 처음으로 측정 도구를 개발했고, 2013년에 이를 개정하여 보완하였다. 이 과정을 통해 정립된 측정 변인 10가지에는 ① 미래 핵심 역량, ② 수업 공동체, ③ 교사 역량 강화, ④ 교육 공동체 교육과정, ⑤ 특색 있는 교육과정, ⑥ 민주적 협의 문화, ⑦ 수업 지원 체제 구축, ⑧ 교육자치 실현, ⑨ 지역사회 협력 네트워크, ⑩ 교육 만족도(교사는 '교사 직무 만족도', 학생은 '학교생활 만족도', 학부모는 '자녀의 학교생활 만족도'로 구분됨)가 포함된다.

그렇다면 이 10개의 변인이 혁신학교와 일반 학교의 미래형 학

교 효과성을 보여 줄 수 있을까? 이 연구에서는 전북교육청 관내 초·중등 혁신학교 101개 학교 전체와 학교급, 지역, 학교 규모 등을 고려하여 일반 학교 29개를 유층 표집해 총 130개 학교의 교원 1002명, 학생 2103명, 학부모 871명을 대상으로 조사가 진행되었다. 교원을 대상으로 10개 변인(미래 핵심 역량, 수업 공동체, 교사 역량 강화, 교육 공동체 교육과정, 특색 있는 교육과정, 민주적 협의 문화, 수업 지원 체제 구축, 교육자치 실현, 지역사회 협력 네트워크, 교사 직무 만족도), 학생을 대상으로 3개 변인(미래 핵심 역량, 수업 공동체, 학생 생활 만족도), 학부모를 대상으로 5개 변인(미래 핵심 역량, 수업 공동체, 민주적 협의 문화, 교육자치 실현, 자녀의 학교생활 만족도)에 대해 설문을 실시했으며, 조사 결과는 대략 다음과 같다.

〈그림 1〉 초등학교 교원이 인식하는
혁신학교, 일반 학교의 학교 효과성 비교(정태식 외, 2013-a)

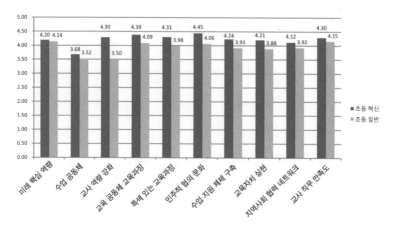

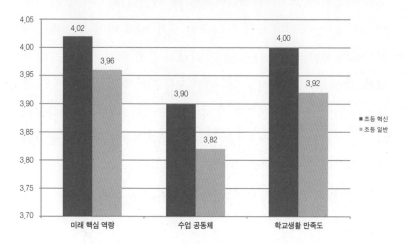

〈그림 2〉 초등학생이 인식하는
혁신학교, 일반 학교의 학교 효과성 비교(정태식 외, 2013-a)

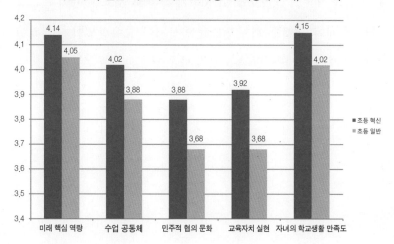

〈그림 3〉 초등학교 학부모가 인식하는
혁신학교, 일반 학교의 학교 효과성 비교(정태식 외, 2013-a)

연구 결과를 보면 교원, 학생, 학부모가 인식하는 혁신학교와 일반 학교의 학교 효과성을 비교할 때 혁신학교가 더 높은 것으로 나타났다. 교원의 응답을 비교한 결과 10개 변인 모두에서 혁신학교가 일반 학교보다 높았고, 학생의 응답 역시 3개 변인 모두에서, 학부모의 응답 역시 5개 변인 모두에서 혁신학교가 일반 학교보다 높았다. 세부적으로 살펴보면, 중등학교보다 초등학교에서 혁신학교의 효과성이 높은 것으로 나타났다. 혁신학교 연차별로는 3년 차 학교가 가장 높았고, 지역별로는 도시 지역보다는 농어촌 지역 학교가 높았으며, 학교 규모가 작을수록 더 높은 것으로 나타났다.

물론 한계가 없는 것은 아니다. 교원, 학부모, 학생 대상의 설문 형태로 진행된 양적 연구가 혁신학교의 학교 효과성을 학문적으로 엄밀하게 보여 준다기보다 만족도 조사에 그쳤다는 비판을 받을 수도 있다. 그럼에도 이 연구에 주목한 이유는 양적 연구가 갖는 한계와 여백을 혁신학교의 일상적인 교육활동의 구체적인 사례로 채워 갈 수 있다고 보았기 때문이다.

2장
미래 세대를 위한
핵심 역량을 기르는 학교

　　역량(力量, competency)이라는 낱말을 우리는 '어떤 일을 해낼 수 있는 힘, 또는 그 힘의 정도'로 이해한다. 인터넷 사전 검색을 해 보면 불교 용어로 나오기도 하지만 경영학에서 처음 사용하기 시작한 용어로 보는 것이 일반적이다. 20세기 초반부터 '특정 업무 수행을 잘하는 사람들의 독특한 행동 특성'을 연구해 이를 기업 경영에 활용하고자 한 것이 역량 연구의 출발이라고 보는 것이다.

　　이런 배경 때문에 교육계에서는 '역량'에 대한 논의가 분분하게 이루어지고 있다. '역량'이란 개념 자체가 신자유주의 이데올로기적 성격을 가지고 있다고 비판하기도 하고, 구시대적 '학력' 패러다임을 극복할 수 있는 대안으로 적극적으로 차용하기도 한다. 물론 두 가지 측면이 다 있다는 것은 부인할 수 없는 사실이다.

우리 교육계에서 '핵심 역량'이 화두가 된 것은 2003년 경제협력개발기구(OECD)가 발표한 보고서 때문이다. 이 보고서는 1997년부터 2003년까지 여러 나라 학자들이 함께 수행했던 DeSeCo(Definition and Selection of Competencies) 프로젝트에 대한 것으로, 이후 다양한 방식으로 핵심 역량을 증진하기 위한 연구 보고서와 논문들이 나왔다. 2009 개정 교육과정은 이런 연구 보고서들을 근거로 '핵심 역량' 교육과정을 구현하려고 했지만 학교 현장의 구조적인 문제에 눈감은, '무늬만 핵심 역량' 교육과정으로 전락했고, 2015 개정 교육과정 역시 핵심 역량을 강조하지만 실제 실현되는 과정은 2009 개정 교육과정과 비슷할 것으로 보인다.[1]

1. 미래 세대를 위한 핵심 역량

'개인의 성공적인 삶과 올바르게 작동하는 사회를 위해 필요한 핵심 역량은 무엇인가?'라는 물음에서 출발한 OECD의 DeSeCo 프로젝트는 핵심 역량에 대해 포괄적인 정의를 내리고, 교육과

---

1. 한국교육과정평가원이나 교육부, 한국교육개발원 등에서 발행한 연구 보고서를 토대로 이루어지고 있는 교육과정 개정 작업 과정을 살펴보면 '미래 사회에 대한 교육적 대응'보다 '정치적 입김에 대한 대응'에 더 민감한 것은 아닌가 하는 우려를 하게 된다. OECD의 DeSeCo 프로젝트는 교육을 '인적자원 개발 차원'으로 격하시키고 있다는 비판을 받고 있는데, 우리나라 학계나 전문가의 핵심 역량에 대한 연구 보고들은 '직업 준비 교육 수준'에 '덕목 교육' 수준으로 격하시켜 그보다도 못하다는 혹독한 평가를 내릴 수밖에 없다.

학습 결과를 평가하기 위한 지표를 만들기 위해 일관되고 장기적인 전략을 계획하고 수행하는 지침을 개발하고자 했다(OECD, 2003).

OECD는 이런 관점에 따라 핵심 역량에 대한 세 가지 기준을 제시했다. 첫째, 핵심 역량은 삶의 다양한 분야의 요구를 충족시키는 수단이 되어야 한다. 둘째, 핵심 역량이 개인적으로 성공적인 삶과 올바르게 작동하는 사회를 이끌어 내는 데 공헌해야 한다. 셋째, 핵심 역량은 모든 개인에게 필요한 것이어야 한다. 역량은 선천적인 능력이 아니라 학습할 수 있는 기술이어야 하며, 엘리트에게 국한된 것이 아니라 모든 사람에게 유용하고 적절하고 의미 있는 삶을 위해 필요한 것이라고 보았다. OECD는 이 세 가지 기준에 따라 핵심 역량을 〈표 1〉과 같이 제시했다.

도구를 상호적으로 사용하는 능력

지식정보화 사회에서는 새로운 기술에 적응하고, 자신의 목적에 맞게 도구를 선택해서 사용하며, 나를 넘어서 세계와 적극적으로 대화해야 할 필요성이 커진다. 언어, 상징, 텍스트를 상호적으로 사용하고, 지식과 정보를 상호적으로 사용하며, 기술을 상호적으로 적재적소에 사용할 수 있는 능력이 필요하다. 언어, 상징, 텍스트, 지식, 정보, 기술을 '도구'로 정의하고, 이를 '아는 것'을 넘어 상호적으로 사용할 수 있는 능력이 필수적이다.

〈표 1〉 OECD DeSeCo 프로젝트에서 제시한 핵심 역량

영역	중요한 이유	핵심 역량
1. 도구를 상호적으로 사용하기(Use tools interactively)	- 새로운 기술에 적응할 필요성 - 도구를 자신의 목적에 맞게 선택할 필요성 - 세계와 적극적으로 대화할 필요성	1-1. 언어, 상징, 텍스트를 상호적으로 사용하는 능력 1-2. 지식과 정보를 상호적으로 사용하는 능력 1-3. 기술을 상호적으로 사용하는 능력
2. 이질 집단에서 상호작용하기 (Interact in heterogeneous groups)	- 다원화된 사회에서 다양하게 대응해야 하는 필요성 - 공감의 중요성 - 사회적 자본의 중요성	2-1. 다른 사람과 관계를 잘 맺는 능력 2-2. 협력할 수 있는 능력 2-3. 갈등을 관리하고 해결하는 능력
3. 자율적으로 행동하기 (Act autonomously)	- 복잡한 세계에서 자신의 정체성과 목표를 실현할 필요성 - 권리를 행사하고 책임을 다할 필요성 - 자신의 환경과 그 기능을 이해할 필요성	3-1. 큰 맥락에서 행동하는 능력 3-2. 인생 계획과 개인적인 과제를 설정하고 실행하는 능력 3-3. 자신의 권리, 관심, 한계, 욕구를 옹호하고 주장하는 능력

윤현진 외, 2007 ; 임언 외, 2008 ; 조대연 외, 2008 참조

이질 집단에서 상호작용하는 능력

미래 사회는 지금보다 훨씬 더 다원화된 모습으로 바뀔 것이다. 다양하게 변화하는 사회에 대응해야 할 필요성, 공감을 통해 진정성 있는 관계를 맺어야 할 필요성, 사람들 사이의 협력을 가능하게 하는 제도·규범·네트워크·신뢰와 같은 사회적 자본을 축적해 가야 할 필요성이 대두되고 있다. 다른 사람과 관계를 잘 맺을 수 있는 능력, 협력할 수 있는 능력, 갈등을 관리하고 해결

할 수 있는 능력이 무엇보다 필요하다. 그래서 동질 집단이 아닌 이질 집단에서 상호작용하는 능력을 핵심 역량으로 제시하고 있다.

자율적으로 행동하는 능력

다원화되고 다양하게 변화하는 미래 사회에서는 자신의 정체성과 목표를 실현하고, 자신의 권리를 행사하면서 책임을 다하는 자세와 태도가 필요하다. 그리고 자신을 둘러싸고 있는 환경에 대해 이해하고, 그 기능을 다할 수 있도록 노력할 필요가 있다. 그 과정에서 개인의 행동은 개인적인 맥락을 넘어서 사회적인 맥락까지 담아 낼 수 있어야 하며, 자신의 인생 계획이나 과제를 거기에 맞게 설정하고 실행할 수 있어야 한다. 나의 권리는 무엇이고, 무엇에 관심을 두고 있으며, 나와 사회의 한계는 어디까지인지 알아야 하며, 내 욕망을 실현하기 위해 행동할 수 있어야 한다. 바로 이것이 자신과 자신을 둘러싼 사회를 위해 자율적으로 행동할 수 있는 능력이다.

한국교육과정평가원은 초·중등교육에서 강조해야 할 핵심 역량으로 갈등 조정 능력, 문제해결 능력, 의사소통 능력, 정보 처리 능력, 시민의식, 창의력, 다문화 이해 능력, 자기 주도적 학습 능력, 삶의 향유 능력을 제시했다(윤현진 외, 2007). 2015 개정 교육과정 총론에서는 자기 관리 역량, 지식 정보 처리 역량, 창의

융합적 사고 역량, 심미적 감성 역량, 의사소통 역량, 공동체적 역량을 핵심 역량으로 제시하고 있다(김경자, 2015).

한국교육과정평가원이나 2015 개정 교육과정 총론에서 제시하고 있는 핵심 역량은 '개인적인 수준'으로 제한되어 있는 것처럼 보인다. OECD가 핵심 역량을 개인과 사회 모두를 위해 기능할 수 있는 역량으로 강조했던 것과 대비된다. OECD가 논하는 핵심 역량이 태생적인 한계가 있음에도 우리 사회에서 제시하고 있는 것보다는 진일보하게 보이는 것은, 단순히 이론적이거나 방법론적인 문제 때문이 아니다. OECD가 핵심 역량에서 개인적인 수준뿐 아니라 사회적 수준에서도 중요하고 바람직한 결과를 가져오는 것을 강조하기 때문이다. 우리 사회가 추구해야 할 핵심 역량 역시 인권, 민주적 가치, 지속 가능한 개발과 같이 보편적으로 인정된 목표가 규범적 준거가 되고, 사회의 공통적인 비전을 제공할 수 있어야 한다.

인지적 지식뿐 아니라 삶에 필요한 태도, 기술, 가치를 포괄하고 있는 OECD식 핵심 역량을 기르기 위해 혁신학교에서는 어떤 노력을 경주하고 있을까? 도구를 상호적으로 사용하는 능력을 창의성·지성[2]으로, 이질 집단에서 상호작용하는 능력을 공감·소통·협력으로, 자율적으로 행동하는 능력을 인성·시민성으로 나누어 살펴보자.

---

2. 비고츠키에 따르면 우리가 흔히 말하는 창의성(창조성, Creativity)은 어느 날 하늘에서 뚝 떨어지는 것이 아니다. 상상적 유희가 합리적 지성을 통해 현실화된 것이다. 일정한 지적 축적의 과정이 필요하다. 그래서 물리적이거나 심리적 도구를 상호적으로 사용하는 능력을 창의성과 지성으로 표현했다.

2. 창의성 · 지성: 도구를 상호적으로 사용하는 능력

'미래에서 온 사람', '심리학의 모차르트'로 비유되는 비고츠키는 20세기 초반 많은 심리학자가 인간과 고등동물의 유사성에 대한 연구에 집중하고 있을 때, 인간의 인간다움은 고등동물과의 유사성이 아니라 고등동물과 다른 '특이성'에서 나오는 것이라고 보고, 무엇이 인간을 인간답게 하는지에 대해 연구하였다. 그런 논고의 과정은 《도구와 기호》를 통해서 확인할 수 있다.

높은 곳에 있는 사탕이나 바나나를 꺼내려고 할 때 유인원은 어린 아기보다 훨씬 유리하다. 팔이나 손가락이 더 길고, 또 높은 곳에 올라가기 위해 눈앞에 보이는 의자나 상자, 막대기 같은 물건들을 사용할 수도 있다. 그러나 어느 시기, 즉 어린이가 언어를 배우기 시작하면 그 관계는 역전된다. 높은 곳에 있는 바나나를 꺼내는 과업에서 어린이는 실험을 지시한 연구자에게 "꺼내 주세요." 또는 "저기 의자를 가져다 주세요." 하고 요청하거나, "막대기를 쓰면 되겠구나, 저기에 의자가 있었지."와 같은 말을 한다. 즉 어린이가 자기의 행동을 언어로 규제하면서 문제를 해결하는 반면, 유인원은 '시각장'에 갇혀서 바로 눈앞에 '도구'들이 보이지 않으면 바나나를 꺼낼 다른 방법을 찾지 못하고 배회하다 포기한다는 것이다.

비고츠키는 이 과정에 주목하면서, 유인원에게는 물리적 도구를 사용하는 실행 지성이 있을 뿐이지만, 인간에게는 물리적 도구를 넘어서는 심리적 도구, 즉 언어를 사용함으로써 한계를 뛰어넘고, 자연적 발달을 넘어 문화적 발달을 이룰 수 있는 능력이 있다는 것을 논증했다. 그는 인간이 물리적 도구를 넘어 심리적 도구인 언어와 같은 기호를 사용하게 된 기제들, 그 과정에 동반된 대뇌 신피질의 출현을 인간의 계통발생으로 설명하고, 한 인간이 성장하고 발달하는 과정을 문화역사적 발생과 개체발생, 미소발생으로 설명했다.

비고츠키가 인간을 인간답게 하는 것은 물리적 도구를 넘어서 심리적 도구를 활용할 수 있기 때문이라고 한 것과 언어, 상징, 텍스트, 지식, 정보, 기술을 '도구'로 정의하고, 이런 도구들을 '아는 것'을 넘어 '상호적으로 사용할 수 있는 능력'을 강조한 OECD의 핵심 역량은 이렇게 맞닿아 있다. 물리적 도구뿐 아니라 심리적 도구, 언어적 기호뿐 아니라 디지털 기호를 상호작용적으로, 적재적소에 사용할 수 있는 능력을 창의적인 지성이라고 본다면, 교과 지식이라는 내용 체계 안에서 정리된 것을 많이 알고 있는 것을 평가하고 이를 '학력'이라고 규정했던 과거의 교육은 '암기된 지식'이라고 볼 수 있다.

도구를 상호작용적으로 사용하는 능력은 '암기된 지식'을 뛰어넘어 실제로 활용할 수 있는 삶의 기술로서의 발달과 확장을 지향한다. 실제로 활용할 수 있다는 것은 예측한 바, 상상한 바를 실현해 가는 창의성의 영역이며, 이 창의성이라는 것은 현실의 문제에 강력하게 토대를 두고 있어야 하기 때문에 실현 가능성에 대한 합리적 추론이 밑바탕에 없으면 만들어지지 않는다. 상상과 창조는 유사하지만 다르다. 상상은 실현 가능성보다는 유희적인 기능이 우세한 작업이고, 창조는 철저하게 실현 가능성을 토대로 현실을 바꾸어 가는 작업이다(비고츠키, 2014). 그런 창조적 과정에서 작용하는 것이 바로 창의성이다.

지식 정보화 시대는 많은 것을 알고 있는 것보다 이미 널려 있는 지식과 정보를 어떻게 검색하고 어떻게 조합하여 활용하는가, 그것이 현실의 문제들을 얼마나 실제적으로 해결할 수 있는가, 그런 능력을 갖추기 위해서는 무엇이 필요한가를 강조한다. 그런 조건들이 '역량'에 대한 논의들을 촉발시킨 계기가 되었음은 두말할 필요도 없다.

교과서를 넘어서는 공부

우리는 흔히 현실과는 맞지 않은 쓸모없는 지식이라는 표현으로 '교과서적인 지식'이라는 관용구를 사용한다. 교과서적인 지식이라는 것이 교과의 내용을 잘 정선하여 정리한 다이제스트일 뿐이지, 현실의 사태들을 제대로 설명해 주지도 못하고, 현실의 문제를 제대로 해결하지도 못한다는 의미일 것이다. 우리나라 학생들을 옭아매고 있는 '학력' 혹은 '성적'은 교과서적 지식을 기반으로 만들어진 신화일 뿐이다.

알고 있는 지식과 정보의 양보다는 지식과 정보를 찾아서 문제를 해결하는 방법이 중요하다는 것에는 누구나 동의하면서도, 선발과 선별 중심의 교육관과 입시와 학벌이라는 사회구조적 문제를 벗어나지 못하고 아직까지도 학생들을 줄 세우는 데 골몰한다. 초등학교 1학년부터 반에서 몇 등인지를 알고 싶어 하고, 그것이 인생의 전부인 양 안도하고 환호하거나 실망하고 걱정하는 인생을 사는 것이 대한민국 부모의 일반적인 현실이다. 정부의 교육정책은 오히려 이런 부모들의 불안을 자극하고 부추기기까지 한다. 교과서적 지식을 넘어서 실제 삶의 문제를 해결하는 공부를 하려고 하는 혁신학교의 시도에 '혁신학교 학생들은 학력이 떨어진다'고 보도하는 언론들 역시 마찬가지다.

우리가 흔히 이야기하는 교과서적 지식을 초등학교 6학년 사회 교과서의 정치 영역을 통해 살펴보자. '우리나라는 민주주의 국가이다. 민주주의 국가는 삼권분립을 기초로, 행정부, 입법부, 사법부로 나뉘어서 운영된다. 행정부는 대통령을 수반으로 하는 정부로 법을 집행하는 기관이다. 입법부는 대의민주제라는 선거를 통해 선출된 국회의원으로 구성된 국회로 법을 만드는 기관이다. 사법부는 법질서를 수호하고 유지하는 기관으로 국가와 국민의 이익을 보호한다.'와 같은 내용을 배운다.

많은 초등학교 6학년 학생이 이런 지식을 외워서 공부한다. 달달 외워서 시험은 잘 칠 수 있겠지만 국가의 전체적인 운영을 실제로 이해하고 자기의 말로 설명하지 못하는 게 현실이다. 그리고 시험이 끝나면 잊는다. 시험을 위한, 점수를 위한 공부였기 때문에 그렇다. 그런데 혁신학교에서는 교과서를 뛰어넘는 실제적인 학습을 위해 다른 방식을 사용한다.

한 학년 혹은 한 학급을 국가로 설정하고 선거를 통해 대통령과 국회의원을 선출하고, 헌법을 만들고, 헌법에 따라 대통령이 국회의 청문회를 거쳐 국무위원을 임명하는 절차를 모의로 실행해 보는 것이다. 학급이나 학년의 규칙을 정하는 데 국회의원이 된 학생들이 다른 학생들의 의견을 수렴한다. 학교에 휴대전화를 가지고 다니는 것이 맞는가, 휴대전화를 교사가 걷는 것은 인권 침해의 소지가 있지는 않는가, 그렇다고 휴대전화를 수업 시간에 켜 두거나 사용하는 것은 다른 학생들의 학습권을 침해하는 것은 아닌지 토론을 거쳐서 꼭 필요한 규칙을 정하는 것이다. 그리고 학급이나 학년에서 문제가 발생하면 사법부를 통해 문제를 해결해 보기도 한다.

이런 모의 국가 운영을 한 달 정도 체험한 다음 국가기관의 주요 기능에 대해 학습한다. 그런 과정을 거치면 학생들은 국가의 각 기관이 어떤 일을 하는지 자신의 경험을 토대로 자신의 말로 설명할 수 있게 된다. 수업이 지루하다고 책상에 엎드려 자거나 딴생각을 하는 학생보다 적극적으로 참여하고 즐겁게 공부하는 학생이 훨씬 많아진다. 자신의 문제를 함께 해결해 가면서 공부도 같이 하는 과정이기 때문이다.

체험을 통한 실제적인 앎

이렇게 혁신학교에서 교과서를 넘어서 실제적인 공부를 할 수 있도록 하는 과정을 교사들은 '교육과정 재구성'이라고 한다. 교과별로 배워야 할 내용이 많기도 하지만, 중복되는 내용도 있기 때문에 여러 교과의 내용을 주제 중심으로 통합하거나 프로젝트를 수행하는 과정으로 재구조화해 교과서적 지식이 아닌 실제적인 앎과 체험이 가능하도록 하는 것이다.

〈표 2〉 신은 마을 촌장 선거 프로젝트

■ 프로젝트 이름: 신은 마을을 이끌어 갈 차세대 신은 마을 촌장 선거

■ 프로젝트의 목적: 함께 해결해야 할 공동의 문제, 즉 정치 문제를 해결하는 바람직한 방법으로서의 민주주의를 이해한다. 이를 바탕으로 신은 마을 촌장 뽑기라는 가상의 선거를 통해 지역의 대표를 뽑는 선거의 필요성과 과정, 원칙을 이해한다. 학생이 선거운동의 주체가 되어 선거 홍보 벽보 및 선거운동 계획을 세워 보는 과정을 경험하고 지역 대표와 유권자의 바람직한 역할과 자세를 이해하도록 한다.

교과	단원 및 차시	성취 기준	프로젝트 주제와 관련성
사회	3-1. 함께하는 주민자치(2차시)	주민자치의 의미를 민주주의의 원리와 관련지어 설명하고 주민자치의 필요성에 대해 말할 수 있다.	선거공약 세우기 전 활동 우리 마을, 학교 문제에 관심 갖기
	3-2. 지역대표를 뽑는 선거(5차시)	우리 지역을 대표하는 사람들을 뽑는 선거 과정을 알아보고 이를 통해 대표자와 유권자의 역할과 중요성을 설명할 수 있다.	선거의 모든 과정 경험
국어	2. 학급 회의를 해요 (4차시)	회의의 절차와 방법을 알고 능동적으로 참여할 수 있다.	예비 후보 토론회 대토론회
수학	6. 막대그래프 (2차시)	막대그래프가 가지는 특성을 알고 막대그래프를 그릴 수 있다.	주제 활동지에 각 후보의 득표수를 그래프로 나타내기

서울신은초등학교 교육과정 연구 교사모임, 2015

초등학교 4학년 사회 교과의 '주민자치와 선거' 부분을 사회과 수업으로만 진행하면 시수가 턱없이 부족해 학생들은 막막해 하거나 무조건 어렵다고 한다. 이 때문에 서울신은초등학교에서는 〈표 2〉와 같이 프로젝트 수업으로 교육과정을 재구성했다. 모의 선거에 '현실감'이라는 양념을 뿌리기 위해서 범위가 좁은 학년 대표가 아니라 학교 전체와 마을로 확장했다. 뻔한 공약만 나열하고 알맹이는 빠진 형식적인 선거 과정만 따라가는 게 아니라 실제적이면서도 논쟁을 일으킬 수 있는 공약이 나올 수 있도록 한 것이다. 지역의 선거관리위원회에서 실제 사용하는 기표대와 투표함을 빌려 오고, 교사의 개입보다는 학생들의 자발적인 참여를 보장하기 위해 선거관리위원회를 구성해서 프로젝트의 전 과정을 이끌어 가도록 했다.

경선 과정은 모든 학생이 후보가 되어 공약을 세우고, 선거운동을 하고, 토론회를 거쳐서 투표와 개표를 하는 과정으로 각 학급별로 진행되었다. 본선에서는 각 학급의 경선에서 선출된 후보를 중심으로 같은 반 친구들이 선거운동원이 되어 선거운동을 하고 대토론회를 경험했다. 선거관리위원 구성과 선거 공고문 게시, 본선거 후보자 등록, 후보자들의 공약 게시와 선거운동, 후보자들의 대토론회, 학생들이 유권자가 되어 각 후보의 공약을 살피고 분석하는 공부, 사전 투표와 본투표 실시, 실시간 개표와 당선자 공고, 그리고 뜨거웠던 프로젝트의 열기를 식히며 선거 과정을 살피고 대표 공약의 중요성, 유권자로서의 자세를 되짚어 보는 마무리 활동까지 3주간의 교육 활동을 통해 학생들이 배운 것은 교과서적 지식이 아니다.

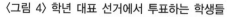
〈그림 4〉 학년 대표 선거에서 투표하는 학생들

선거가 왜 필요한지, 후보들의 공약을 왜 꼼꼼하게 살펴봐야 하는지, 자신의 한 표를 포기하지 않고 투표에 참여해야 하는 이유, 그리고 선거가 끝난 후에도 공약이 이행되는지 계속해서 지켜보고 확인해야 한다는 것 등, 선거가 이루어지는 일반적인 과정을 살아 있는 경험으로 학습한 것이다. 이런 경험과 학습이 강력한 이유는 '아는 것 따로, 실천하는 것 따로'가 아니라 아는 대로 실천하고, 실천한 것이 바로 지식이 되는 상호 연동된 길항작용이 주는 상승효과 때문이다. 현실의 문제를 인식하고, 그 문제를 해결하는 방법을 찾아가는 구체적인 과정을 몸으로 겪고 체험하면서 자기화된 앎으로 재구조화하는 공부가 최고이자 최선의 공부 아니겠는가.

탐구에 집중할 수 있는 수업 시간 확보

우리나라 학교에서 수업 시간은 초등학교 40분, 중학교 45분, 고등학교 50분으로 고정되어 있다. 초등학생은 집중하는 시간이 짧기 때문에 40분을 수업 시간으로 정했다고 한다. 그러나 실제로 배움이 일어나는 교실 상황을 들여다보면 전혀 다른 현실과 만나게 된다. 학생들의 집중력 운운하는 논리는 먼 나라 이야기일 뿐이다. 일반 초등학교 교실을 들여다보면 마치 파블로프의 개가 종소리에 침을 흘리는 것처럼 40분 수업을 마치는 종이 울리면 모든 교육 활동이 그 즉시 끝난다. 진지한 토론을 하다가도 바로 정리를 하고 즐거운 놀이가 한창 재미있게 진행되고 있는데도 그대로 끝낸다. 끝마치는 종과 함께 더 이상의 설명도 더 이상의 수업도 진행하는 것이 불가능한 상태가 되어 버린다. 단순 자극-반응에만 익숙해진 우리나라 교실 풍경이다. 중·고등학교도 크게 다르지 않다. 수업 시간에는 잠을 자거나 다른 공부를 하던 아이들이 수업 종만 치면 깨어나는 게 일반적인 현실이다.

그런데 혁신초등학교에서는 40분 단위 수업 두 개를 묶어서 80분 블록 수업으로 운영하는 경우가 많다. 교과를 통합하거나 교육과정을 재구성해 활동 중심으로 80분 수업을 운영하는 것이다.

40분도 집중하기 어렵다는 초등학생들이 어떻게 80분 동안 수업에 참여할 수 있는 것일까? 블록 수업을 운영하고 있는 혁신학교 교사들의 이야기는 왜 아이들이 적극적으로 수업에 참여하고 즐겁게 학교에 오는지 그 답을 알려 준다.

첫째, 블록 수업은 기존의 40분 단위마다 수업 시간의 앞뒤를 차지하는 도입과 정리 시간을 줄임으로써 훨씬 넉넉한 활동 시간을 확보한다. 넉넉한 활동 시간은 아이들이 다양하게 생각해 보고 시도해 보고 질문해 볼 수 있는 가능성을 열어 준다. 실수를 해도 실패를 해도 전혀 두렵지 않다. 다시 시도해 볼 수 있는 시간이 있기 때문이다. 사실 수업 주제나 학습 과제에 집중하는 아이들은 수업 시간이 종료돼도 이에 연연해하지 않는다.

둘째, 80분 블록 수업을 운영하려면 교과 통합이나 차시 통합을 통한 교육과정 재구성이 필수적인 전제조건이다. 40분 단위 차시로 쪼개진 교과서를 그대로 활용할 수 없기 때문이다. 교육과정을 재구성하면 아이들의 상황에 맞게, 배움의 속도에 맞게, 아이들의 흥미와 관심에 맞는 다양한 활동을 시도해 볼 수 있는 가능성이 열리고, 그렇게 실현되고 있다. 교사는 수업 시간을 고정된 단위 시간으로 한정하지 않고, 학습 주제에 맞게 몇 가지 활동을 구안한다. 구체적인 활동과 활동에 대한 정리가 진행되는 생동감 있고 진지한 수업을 계획한다. 그래서 교사들은 교과서를 벗어나 교육과정을 재구성하는 능력을 키우고, 단위 시간에 얽매이지 않는 유연한 사고를 바탕으로 하는 깊이 있는 수업연구를 할 수밖에 없다.

셋째, 넉넉한 활동 시간은 문답식, 설명식 수업이 아니라 모둠별 토론이나 역할극, 프로젝트 학습, 교구 활동 수업, 탐구 수업 등 다양한 형태의 활동을 가능하게 한다. 교사의 상상력을 제한하지 않고 아이들의 활동 범위를 교실로 가두어 두지 않는다. 학생들의 학습활동이 물리적으로도 확장될 수밖에 없다. 교과별로 다양한 교구를 구비해 놓고도 시간이 부족해 활용하지 못하는 일반 학교의 현실과 달리 실제 교구들을 탐색할 수 있는 여유를 주는 게 블록 수업의 장점이기도 하다. 교실 밖으로 나가 학교 화단이나 운동장, 학교 주변이나 마을을 탐색하는 수업 활동이 가능하다. 40분 수업이라면 과학실이나 목공실과 같은 특별실을 왔다 갔다 하면서 시간을 다 써 버리게 되지만, 80분이란 시간은 특별실을 활용하는 수업도 수월하게 할 수 있다.

넷째, 무엇보다 가장 중요한 것은 모든 배움을 80분 수업으로만 한정하지 않고, 형식적 교육과 비형식적 교육, 교실 속 수업과 교실 밖 생활을 넘나들며 모두 배움의 길을 가는 과정으로 보겠다는 믿음의 표현이라는 점이다. 40분이든 80분이든 수업이 끝난다고 배움이 끝나는 것이 아니라, 이를 생활화해 자기 성찰로 가는 길을 열어 두고 수업과 수업 아닌 것을 가르지 않고 가겠다는 의지의 실천이다. 따라서 생활 속에서 공부하고, 공부를 일상의 삶으로 이어 가려는 다양한 노력과 시도들이 이루어지고 있기 때문에 아이들이 즐겁게 공부에 참여할 수 있게 된다.

깊고 넓은 배움이 가능하도록 아이들을 지원해 주는 또 하나의 중요한 변화가 있다. 혁신학교에서는 시작 종과 끝나는 종이 따로 울리지 않는다는 것이다. 자연스럽게 물 흐르듯이 때가 되면 하루의 일과가 시작된다. 물론 시간표 운영 계획은 있지만 그것을 칼로 무 자르듯이 기계적으로 40분 수업, 10분 휴식, 다시 수업 시작을 알리는 종이 울리지 않고 자율적으로 규칙을 지켜 가며 생활의 흐름으로 만들어 가고 있다. 종이 쳐야 수업을 시작하고 다시 종이 쳐야 수업을 끝내는 것은 행동주의 심리학에 기반한 구시대적 관행일 뿐이다. 종소리에 구애받지 않고 집중해서 수업하다 보면 시간이 지나 있기도 하고 시간이 남기도 한다. '종소리=수업 끝'이라는 등식은 혁신학교에서는 더 이상 맞지 않는다.

<표 3> 일반 초등학교 하루 일과표

구분	시간	내용
수업 준비	08:40~09:00	아침 자습
1교시	09:00~09:40	1교시 수업
2교시	09:50~10:30	2교시 수업
3교시	10:40~11:20	3교시 수업
4교시	11:30~12:10	4교시 수업
점심시간	12:10~13:00	점심시간
5교시	13:00~13:40	5교시 수업
6교시	13:50~14:30	6교시 수업

<표 4> 혁신 초등학교 하루 일과표

구분		시간	내용
여는 시간		08:40~09:00	교문 맞이, 아침 열기
1블록	1교시	09:00~09:40	깊고 넓은 배움1
	2교시	09:40~10:20	
놀이 시간		10:20~10:50	안에서 밖에서 놀기
2블록	3교시	10:50~11:30	깊고 넓은 배움2
	4교시	11:30~12:10	
점심시간		12:10~13:10	함께 나누는 밥상
3블록	5교시	13:10~13:50	깊은 넓은 배움3
	6교시	13:50~14:30	
방과 후 교육 활동		14:30~	와글와글 놀이터, 자율 동아리

놀이를 통한 의지의 숙달

80분 블록 수업은 수업의 변화만 가져온 것이 아니다. 오전의 4교시 수업을 두 번의 80분 블록 수업으로 묶으면서 수업 사이에 쉬는 시간을 한꺼번에 몰아서 30분의 놀이 시간을 만들었다. 또한 방과 후 수업 시간을 만들어 내기 위해 점심시간을 40분으로 기형적일 만큼 짧게 운영해서 문제가 되기도 하는 일반 학교와는 달리 점심시간을 60분으로 확보해 충분히 쉬고 놀 수 있는 환경을 만들어 주고 있다.

아이들은 초등학교에 입학하고 한 달이 지나면 슬슬 몸살을 앓기도 한다. 새로운 환경에 적응하느라 잔뜩 긴장했던 몸이 이제 좀 지쳤으니 쉬게 해 달라고 아우성을 치는 것이다. 한 달쯤 되면 한두 명씩 결석을 하기 시작한다. 그런데 혁신 초등학교 1학년 가운데는 그런 아이가 많지 않다. 혁신학교 교사들은 놀이 시간을 통한 자기 해방과 긴장의 해소를 중요한 원인으로 꼽는다.

놀이운동가이며 어린이 문화 연구자인 편해문은 아이들은 놀기 위해 세상에 온다고 했다. 하루 세 끼 식사가 아이들 몸을 위한 밥이라면, 놀이는 아이들 마음을 위한 밥이라고 했다. 어린 시절 충분히 잘 놀았던 놀이 경험은 그때뿐 아니라 앞으로의 인생을 살아가는 데 중요한 마음의 힘이 된다는 말이다. 심리학자인 비고츠키는 유아기의 정서적 공감에 토대한 역할놀이나 소꿉놀이는 초등 학령기의 규칙 기반 놀이로, 청소년기 문화예술의 창작 활동으로 이행하는 과정에서 인간의 고등정신기능이 발달한다고 논증하고 있다.

어린이 발달에서 놀이의 중요성은 더 이상 언급이 필요 없을 정도로 사회적인 공감을 불러일으키고 있다. 실제로 놀이를 통한 갈등 상황의 경험과 갈등을 해결해 가는 과정은 아이들의 심리적, 정서적 성장에 큰 도움을 준다. 그러나 지금의 우리 아이들에게는 놀이 시간이 턱없이 부족하다. 전국에 있는 놀이터 6만 개가 학생들이 방과 후에 학원을 전전하느라 낮에는 텅 비었다가 밤이 되면 청소년들의 비행 공간이 되곤 한다. 공간은 있으나 시간을 공유하는 친구들은 없고, 시간은 있어도 안전한 공간이 없어 만남이 이루어지지 않는 것이 우리 아이들의 현실이다.

〈그림 5〉 혁신 초등학교만의 30분 놀이 시간

혁신 초등학교에서 놀이 시간 30분과 점심시간 60분은 그런 현실을 극복해 보려는 작지만 소중한 시도다. 몸을 쓰면서 건강하게 많이 노는 아이가 덜 다치고, 마음을 쓰면서 친구 관계를 놀이로 푸는 아이들이 더 성장한다는 혁신학교 교사들의 경험적 믿음이 가져온 결과이기도 하다. 그래서 아이들은 너나없이 혁신학교에서 좋은 점을 꼽으라면 놀이 시간을 꼽는다. 이런 혁신학교의 성과는 일반 학교로도 전해져서 다양한 사례들을 낳기도 했다.

3. 공감·소통·협력: 이질적인 집단에서 상호작용하는 능력

점점 더 다양화되고 다원화되는 사회의 모습을 통해 우리는 미래 세대의 우리 아이들은 동질적인 집단보다 이질적인 집단을 구성하며 살아가게 될 가능성이 더 높다는 것을 예측할 수 있다. 자라온 삶의 환경도, 생각도, 경험도, 취향도 다른 이들이 하나의 집단에서 공동체를 이루면서 과업을 수행하고 무언가를 성취해 나가야 한다는 것이다. 이를 OECD는 '이질적인 집단에서 상호작용하는 능력'이라고 표현했다.

정치적 신념이 다르고, 살아온 배경이 다르고, 문제를 보는 관점이나 생각도 다른 사람들이 공동의 문제를 해결하기 위해서 서로 상호작용하면서 해결의 실마리를 찾아가는 과정이 무엇보다 필요한 사회로 진입하고 있다는 것이다. 그래서 동질 집단이 아니라 이질 집단에서 문제를 해결하는 능력이 필요하다. 이는 서로에 대해 공감하고 소통하며 협력할 수 있어야 한다는 뜻이다.

나와 다른 처지에 있는 이들에 대해서, 사회적 약자와 소수자에 대해서 공감하는 능력은 모든 삶의 기예 중 으뜸이다. 공감하지 못하면 소통할 수 없고, 협력할 수 없다. 대상화할 뿐이다. 나의 맥락을 뛰어넘어 사회적 맥락 속에서 사유하고 행동할 수 있게 하는 가장 원초적인 힘이 공감 능력이다. 이런 공감 능력이 바탕이 되어야 진정성을 갖고 서로 소통할 수 있다. 의사소통 능력은 기능적인 측면만으로 완성되지 않는다. 말의 힘은 기능을 넘어 공감하는 자세가 바탕이 될 때 작동한다. 그래야 믿고 협력할 수 있다.

OECD가 3년마다 시행하고 있는 PISA(Program for International Student Assessment, 국제학업성취도평가)는 만 15세

이상 학생을 대상으로 각국의 학업성취도를 비교 평가하는 시험이다. OECD는 2015년부터 '협력적 문제해결력'이라는 영역을 신설해서 시험을 시행한다고 2012년 발표한 바 있다. '협력적 문제해결력'이 새롭게 신설된 이유는 OECD가 이질 집단에서 상호작용하는 능력을 핵심 역량으로 선정한 것과 다르지 않다. 개인의 성취를 넘어서 집단지성이 작용할 수 있도록 기여하는 삶의 자세가 미래 사회에 무엇보다 중요하다는 것을 말해 주고 있는 셈이다.

문화가 가진 비형식적 교육의 힘

2014년 가을, 우리 사회는 경기도의 한 혁신 초등학교 운동회 사진을 보며 감탄할 수밖에 없었다. 달리기 시합에서 지체장애인 친구를 위해 다 같이 손을 잡고 결승선을 통과하는 장면이 뭉클한 감동을 주었던 것이다. 인터넷 커뮤니티 '오늘의 유머' 게시판에 올라온 이 사진은 '베스트 오브 베스트'가 되었고, 사진 속 주인공의 누나가 '제 동생은 남들보다 높은 하늘을 가졌습니다.'라는 글을 올리면서 다시 한 번 화제가 되기도 했다.

누가 하라고 시키지 않았고, 그렇게 해야 한다고 가르쳐 주지 않았는데 배려하고 협력할 수 있다면 그것은 문화를 통해 학습된 비형식적인 교육의 힘이다. 선천적인 장애 때문에 달리기에서 늘 꼴찌를 할 수밖에 없는 현실, 그리고 그런 현실은 엄연하게 존재하지만 친구를 위해 기꺼이 모두를 위한 1등을 만들어 준 친구들의 마음. "에이, 너무 동화 같은 이야기잖아. 어차피 현실은 바뀌지 않는데."라고 냉소할 수도 있지만, 단 한 번만이라도 친구들의 그런 마음을 느껴 본 경험은 어쩌면 평생을 살아갈 힘이 될 수 있고, 그런 배려를 한 친구들 역시 세상을 그렇게 만들어 갈 수 있다는 것을 배우는 기회가 되었을 것이다.

그런 힘은 도대체 어디에서 왔을까? 장애를 안고 살아가는 친구의 아픔을 생각해 보고, 그 아픔을 덜어 주기 위해 마음을 모으고 실천하는 힘은 어떻게 만들어졌을까? 뉴스나 언론에서는 크게 주목하지 않았지만, 그 학교는 경기도교육청이 지정한 혁신학교로, '모두가 주인공, 제일 행복한 교육'을 비전으로 삼고, '꿈꾸고 배우며 함께 나눌 줄 아는 어린이 교육'을 위해 수업 혁신, 교실 혁신, 학교 혁신, 행정 혁신, 제도 혁신을 만들어 가고 있었다. 참여와 소통이 있는 학교문화 만들기, 4색 빛깔 공감 프로그램 등을 운영해 왔던 학교문화가 학생들에게 주는 힘이 컸다는 것을 알 수 있다.

공감하는 교실 문화: 교사가 들어 주면 아이들도 듣는다

'공감(empathy)'은 나 아닌 타자의 감정이나 상태, 고통을 읽고 느끼는 힘이다. 공감을 잘하는 아이일수록 감정을 드러내고 있는 다른 사람을 바라보는 동안 거울 뉴런(Mirror Neuron) 영역이 더 많이 활성화된다고 한다. 인간의 대인관계 역량은 거울 뉴런 영역의 활동과 상관관계가 있다고 보고되고 있다. 타자의 감정이나 상태에 공감할 줄 아는 사람들의 사회적 역량이 뛰어나고 인간 관계도 좋다는 것이다.

거울 뉴런은 다른 사람의 행동을 거울처럼 반영한다고 해서 붙여진 이름으로, 상대방의 행동을 관찰하기만 해도 마치 자신이 직접 그 행동을 하는 것처럼 느끼도록 해 주는 신경세포다. 거울 뉴런의 기능 덕분에 우리는 타인의 행동을 상상 속에서 간접적으로 체험할 수 있고, 우리가 상상하는 방식으로 우리 자신의 정서적 뇌 시스템을 활성화해 타인의 마음 상태를 흉내 내며, 우리 안에 있는 감정들을 통해 타인의 감정을 이해할 수 있다. 거울 뉴런은 공감과 모방, 즉 학습의 가능성을 열어 주는 존재다.

공감하는 교실 문화는 '공감하라'고 해서 만들어지는 것이 아니다. 문화라는 속성이 그러하듯, 교사가 학생들과 얼마나 공감하고 있느냐가 중요하다. 교사가 학생들의 이야기를 들어 주고 공감해 주며 교사로서의 가르침을 준다면 그 가르침은 '힘'을 얻게 된다. 교사가 교실에서 약자를 대하는 방식은 그대로 학생들에게 전염된다.

서울의 한 초등 혁신학교로 발령을 받은 교장 선생님이 3학년 교실에 수업을 하러 들어갔다 깜짝 놀란 일이 있었다. 그 학급의 '장애우' 친구를 대하는 학생들의 모습 때문이었다. 하나같이 정말 친절하게, 귀찮아하지 않고 옆에서 하나하나 도와주는 모습을 보고 일반 학교에서 보던 모습과는 다르다는 것을 느꼈다는 것이다. 그 모습은 저절로 만들어진 것이 아니다. 교사가 먼저 사회적 약자의 말에 귀를 기울여 주고, 좀 더 관심을 주며 애정을 표현하는 것에서 오는 것이다.

자폐성 장애가 있는 아이를 둔 어떤 학부모는 어린이집에 다닐 때는 아침마다 가기 싫다고 떼를 쓰던 아이가 혁신 초등학교에 입학하고 나서는 놀이공원에 놀러가자고 해도 학교에 가야 해서 안 된다고 말하는 것을 보고 눈물이 나왔다고 한다. 매일 거울을 보면서 자기소개하는 연습도 하고, 인사도 하고, 무엇이든 해 보려고 의욕을 보이는 모습이 너무나 감사하고, 같은 학급의 선생님과 친구들에게도 고맙다고 눈물 어린 고백을 했다.

반면에 사이코패스에게 없는 것이 공감 능력이라고 한다. 30년 동안 두 자녀와 부인을 둔 자상한 가장이자, 미국 캔자스 주의 시청 공무원, 마을 교회의 운영위원장이었던 한 남성은 10명을 죽인 연쇄살인범이었다. 이성적이었고, 일상생활에 아무런 문제가 없었으며, 주위 사람들로부터 존경받던 평범한 시민이었지만 그는 공감할 줄 몰랐다. 자신이 죽인 사람들의 고통이나 감정을 느낄 수 없었고, 웃는 얼굴과 우는 얼굴을 잘 구분해 내지 못하는 반사회적 성격 장애자였다고 한다(지식채널e, 2008). 극단적인 예일 수도 있지만, 타인에 대한 공감 능력 결여가 크게 문제시 되지 않는 사회라면 공감 무능력자는 오히려 '능력자'로 살아갈 수도 있다고 전문가들은 말한다. 타인의 감정에 구애받지 않고 자신의 욕망을 냉정하고 침착하게 구현해 내기 때문이란다. 지금 우리 사회의 모습은 어떤지 돌아볼 때다.

소통하는 학교문화: 교장이 소통하면 교사가 소통하고 아이들도 소통한다

소통은 서로 공감할 수 있어야 할 수 있다. 교사는 관리자 입장을, 관리자는 교사 입장을, 학생은 교사 입장을, 교사는 학생 입장을 공감할 수 있어야 한다. 그러나 학생보다 교사, 교사보다 관리자의 '내려놓기'가 무엇보다 필요한 이유는 권력관계에서 나온다. 톨레랑스(tolerance), 관용의 정신은 약자보다 강자, 소수자보다 다수자, 비주류보다 주류에게 더 요구되는 덕목이다.

어른이기 때문에 자신의 생각을 내려놓고 들어 줄 수 있다. 들어 주는 태도는 공감할 수 있다는 것이고, 공감은 소통의 지름길이다. 공감과 소통은 '말 꽃'이 피는 학교문화를 만들어 준다. 조용한 침묵과 암묵적 합의 속에 잘 굴러가는 것만 같은 학교에는 '말 꽃'이 피지 않는다. 소란스럽고 늘 할 이야기가 많은 학교와 교실에서만 피어난다.

소통하는 학교문화는 어느 한쪽의 일방적인 침묵을 묵인하거나 강요하지 않는다. 양쪽의 이야기를 다 들어 주는 것에서 출발한다. 소통하는 학교의 문화는 고스란히 교실의 문화로 전염된다. 교사가 일방적으로 어느 한쪽의 이야기만 듣지 않으려고 노력하듯이, 학생들도 양쪽 이야기에 귀 기울이려고 한다. 하나의 사안에 대해서 다양한 해결책의 장단점을 균형 있게 살펴보고 선택하는 힘을 키워 간다.

혁신학교에서 3년째 근무 중인 한 교사는, 교사 회의를 통해서 다양한 안건들을 논의하고 있지만 일방적으로 어떤 한 의견만 따라서 결정된 적은 거의 없는 것 같다고 말했다. 하나의 안이 제시되고 또 다른 안이 제시되면 그 중간 어느 지점에서 절충되는 안이 나와 결정되는 집단지성의 힘을 경험했다는 것이다. 그런 과정들을 겪으면서 많이 배우고 성장했고, 교실에서 학생들을 만나고 문제를 해결하는 데도 많은 도움을 받았다고 한다.

협력적인 학습 문화: 교사가 협력하면 아이들도 협력한다

공감하고 소통하면서 문제를 해결해 가는 과정, 합의점을 도출해 가는 과정이 바로 협력하는 과정이다. 학교에서 발생하는 여러 가지 문제나 사안들을 해결하는 데 교사들이 모여서 함께 협의함으로써 집단지성의 힘을 만들어 간다. 이런 과정들이 협력하는 문화를 만든다.

공감하고 소통하고 협력하는 것은 문화다. '문화'가 지닌 비형식적 교육의 힘은 앞에서도 언급했듯이 '거울 뉴런'의 기능이다. 공감하고 소통하고 협력하는 학교문화는 공감하고 소통하고 협력하는 학습 문화를 만들어 준다. 2015년부터 PISA에서 협력적 문제해결력을 테스트하겠다고 하자 '협력학습'만을 강조하고 있는 우리 교육 당국의 자가당착은, 이런 '문화'의 힘을 인지하지 못하고 기계적인 모듈로만 학습을 이해하려고 하는 데서 오는 것이다. 아니, 어쩌면 안 될 것이라는 것을 알면서도 '뭐라도 해야' 한다는 강박관념에서 만들어 낸 형식적인 정책일지로 모른다.

일반 학교에서 근무하다 혁신학교로 발령을 받은 한 교사는,

처음에는 수업 시간에 아이들이 집중도 안 하는 것 같고 설명도 안 듣는 것 같아서 힘들었는데 모둠별로 무엇인가를 수행하라고 하면 자기들끼리 쿵작쿵작 하면서 결과물들을 아주 잘 만들어 내는 것을 보고 놀랐다고 한다. 일방적인 지시나 전달보다 모둠별로 협력해서 문제를 해결하고 결과물을 만드는 학습 방법에 익숙해진 학생들의 모습을 확인할 수 있었다는 것이다.

민주적인 수업 문화

혁신학교 아이들이 학교를 가고 싶은 곳으로 꼽는 중요한 이유 중 하나가, 바로 모두가 서로를 존중하는 민주주의 문화가 자리 잡아 가면서 '학교에서 나는 이렇게 존중받고 있구나! 전과는 다르구나!'라고 느끼기 때문이다. 서로가 주인 의식을 갖고 주체적으로 판단하고 행동해야 한다는 가장 기본적인 합의가 바탕이 된 민주주의적 학교문화 속에서, 학생들은 각자가 자기 삶의 주체로 존중받고 있다는 사실을 의식적으로 깨닫거나 무의식적으로 느끼고 있는 것이다.

민주주의는 덕목으로 존재하지 않으며, 덕목으로 가르칠 수도 없다. 교과서 속 지식이 아니라 생활 속에 생생하게 구현되어야 한다. 민주적인 문화 속에서 체득되고, 그것이 교과 학습을 통해 의식적으로 숙달되는 것이다. 민주적인 의사소통을 경험하지 않고 그런 생활 태도를 함양하는 것은 불가능하다. 그래서 민주적인 학교문화를 주요 과제로 꼽고 있는 혁신학교에서는 민주주의가 생활 속에서 자리 잡고 구체적인 자기 삶의 경험으로 실현될 수 있도록 생활교육을 강조하고 있다.

　일상적인 생활교육을 통한 민주주의 학습은 교과 학습 과정에서 더 빛난다. 서로를 배려하며 함께하는 공부, 친구를 경쟁 상대로만 여기는 것이 아니라 협력하며 함께하는 공부가 더 유익하다는 경험을 하는 공부, 동학년 여러 선생님 혹은 여러 교과 교사가 주제 중심 프로젝트를 진행하면서 협력하듯이 우리 반, 우리 교실, 우리 학교를 넘어서는 체험들이 가능한, 그런 공부를 혁신학교가 실현하고 있다. 아이들은 그런 과정을 통해 큰 맥락에서 행동하고, 자신의 권리를 지키고, 요구를 실현할 대안을 찾아서 실천하는 능력을 학습하고 있는 것이다.

〈그림 6〉 "의견 있습니다" 학년 다모임

문제해결 능력, 협력적 교우관계, 더불어 살기 위한 교육

혼자 하는 것보다 여럿이 하는 것이 더 낫다는 건 동서고금의 진리다. 현대는 한 사람의 열 걸음보다 열 사람의 한 걸음이 필요한 시대다. 그런 시대일수록 공감하고 소통하고 협력하면서 문제를 해결해 가는 과정을 몸으로 체득하는 학습이 중요하다. 곧 협력적인 교우 관계가 공동체의 출발이다. 서로를 경쟁자로 보는 것이 아니라 함께 협력해서 문제를 해결해야 할 동반자로 보는 것이 무엇보다 중요하다.

우리 아이들이 살아갈 미래 사회는 비슷한 경험을 갖고, 비슷한 경제적 수준에, 비슷한 평수의 집에, 비슷한 학원을 다니면서 자란 이들과 협력하는 것보다 나와 전혀 다른 경험을 지닌, 서로 다른 경제적 수준에, 현저하게 차이 나는 집에서, 다른 교육적 경험을 갖고 있는 이들과 협력하며 살아야 하는 시대이다. 다양화되고 다원화된 사회란 그런 사회다.

모 항공사의 '땅콩 회항 사건'이 온 국민의 지탄을 받은 것은 무엇보다 가진 자로서 제대로 된 덕목을 갖추지 못했기 때문이었다. 가장 근원적으로는 나보다 낮은 사람, 내 아랫사람에 대해 공감하지 못하는 것이 문제였다. 그런 사람을 '지도자'로 추앙했던 역사는 어디에도 없다. 공감하고, 소통하며, 협력할 줄 아는 인간상은 더불어 사는 사회를 위한 가장 강력한 밑거름이다.

4. 인성 · 시민성: 자율적으로 행동하는 능력

인성(character)이란 무엇일까? 인간 됨, 인간성, 인격이라고도 한다. 칸트는 인간이 이성을 지니고 도덕 법칙에 따르는 곳에 인간의 본질적인 성격이 있다고 했으며, 이를 인격이라고 보았다. 인간의 인간 됨이 인격이며, 이 인격의 핵심은 도덕성에 있고, 도덕성의 핵심은 자유에 있다는 것이다. 자유 없는 인성은 없다는 의미다.

이성적인 존재의 의지(실천이성)는 자기를 규정하는 외부의 원인이나 자극으로부터 독립해 스스로 정한 법칙에 따라 작용할 수 있다는 점에서 자유다. 그러나 동물이나 사물은 외적 원인이나 자극에 의해 규정되기만 한다는 점에서 자유로운 존재가 아니다. 달리 말하면, 동물은 자극(stimulus)-반응(response)의 도식에 따라 움직이지만, 인간은 외부 자극이 우리에게 요구하는 행동이 무엇이든 간에 그 자극에 '기계적으로 반응하지 않을 수 있는 능력'을 갖고 있다는 것이다.

비고츠키가 인간의 인간다움을 고등동물과의 유사성이 아니라 '차이'에서 찾고자 했고, 그것이 물리적 도구를 넘어선 심리적 도구로서 언어를 사용하는 것임을 밝히고, 심리적 도구인 언어를 통해 자신의 행동을 규제하며 숙달할 수 있도록 하는 것에 있다고 보는 것과 어떤 면에서는 일맥상통한다. 비고츠키가 쓴 《어린이 자기행동숙달의 역사와 발달》을 보면 인간 발달은 본능의 층위, 습관의 층위, 지성의 층위를 넘어 의지의 숙달로 연결된다는 것을 보여 주고 있다. 인간을 인간답게 하는 것은 본능, 습관, 지성을 넘어선 의지의 작동에 있다는 것이다.

인성을 자유의지의 층위에 두는 것은 바로 시민성과 연결된다. 시민이 되는 조건, 그리고 이런 지위에 수반되는 책임과 권리로서의 시민성은 시민의 지위와 시민적 실천과 관계된다. 시민의 권리와 시민적 참여 간의 관계로 나타나는 하나의 역동적 과정을 시민성의 구현 과정으로 본다면, 시민성은 인간이 사회를 구성하며 살아가는 존재적 차원에서의 인성의 또 다른 이름이다. 인성과 시민성은 자율적으로 행동하는 능력으로 통한다.

덕목 교육을 넘어서는 인성 교육

'인성교육진흥법'과 그 시행령이 만들어지면서 어느 때보다 인성 교육에 대한 논란이 뜨겁다. 그러나 칸트나 비고츠키의 인간 탐구 관점에서 본다면 이런 논란 자체가 상당히 허구적이라는 것을 확인하게 된다. '인간을 인간답게 만드는 기계적인 교육방법이 있는가?'라는 근본적인 의문이 떠오르기 때문이다.

우리 사회에서 광범위하게 실시되고 있는 '점수 따기 봉사 활동'은 도덕성의 핵심인 자유를 부정하는 바탕 위에서 실시되고 있다는 근본적인 문제점을 갖고 있다. 인간의 인격성과 도덕성의 핵심인 자유를 파괴하는 방식으로 인간을 인간답게 만들려는 봉사 활동은 자기 모순적 교육 활동이라는 것이다. 인간다운 인간을 육성하기 위해서는 주당 1~2시간씩 실시되는 정규 도덕 교과를 통한 교육만으로 불가능하기 때문에, 모든 교과를 통해 인성 교육이 실시되어야 한다는 주장이 만연하고 있다. 모든 수업지도 안에 핵심 인성 요소를 써 넣으라는 요구를 하기도 한다. 얼핏 듣기에는 그럴듯한 말이지만, 이 주장 역시 인간을 길들여야 할 대상으로 간주하며 자유의 주체로 보지 않는다는 근본적인 문제점을 갖고 있다. 칸트도 비고츠키도 인간을 인간답게 하는 것은 길들여짐이 아닌 근본적으로 생각을 통한 자유의지의 실천에 의해서라고 말한다(문성학, 2001).

인성은 덕목을 넘어선 자유의지의 실천과 관련한 문제이며, 인성 교육은 덕목 교육을 넘어선 인간다움과 자유의지에 대한 교육이 먼저다. 나와 우리의 권리와 요구를 실현해 가는 과정에 대한 이야기이며, 큰 맥락에서 행동할 수 있는 능력에 대한 이야기다. 인성 교육이 덕목에 대한 강조나 주입으로 이루어진다면 자유의지의 층위로 올라설 수 없다. 인성을 점수로 환산하거나 단계로 등급을 매긴다는 것은 참으로 위험한 발상이다.

예측하고 실행하는 능력

인간이 고등동물과 다른 차이가 언어라는 심리적 도구를 사용하는 것이라고 했을 때, 언어는 심리적 도구로 어떤 역할을 하는 것일까? 무엇보다 중요하게 언급되는 것은 예측하고 실행하는 능력이다. 고등동물은 어떤 과업을 수행할 때 먼저 시도한다. 다양한 방법으로 직접 몸을 움직여 시도를 하다 우발적으로 성공하게 되고, 이런 시도를 반복해 학습하게 된다.

그러나 인간은 언어라는 심리적 도구를 사용하게 되는 순간부터 시도하기 전에 먼저 예측한다. '이것을 이렇게 하면 이렇게 되고, 저렇게 하면 저렇게 될 테니까 이렇게 해야겠다'라고 '말로' 생각한 다음 그대로 실행해 본다. 실패하면 무엇이 잘못된 것인지 다시 예측해 보고 실행한다. 예측을 하는 과정은 자기와 대화하는 과정이다. 내적 대화가 생각의 과정이 된다. 그런 과정을 통해 자신의 의지를 숙달하게 된다.

이런 의지의 숙달 과정은 아무런 맥락 없이 외부의 조건에 따라 주어지는 수업 목표나 활동 내용으로 만들어지지 않는다. 자신과 혹은 동료와 대화하면서 계획을 세워 보고, 계획한 대로 될 것인지 예측해 보고, 그것의 실현 과정에 몸소 참여함으로써 자신과의 내적 대화가 풍부해지고, 자기 이해의 과정으로 학습이 실현되는 것이다. 혁신학교에서 매주 월요일마다 주간 학습 계획을 함께 공유하고 조정한다거나, 매일 아침 열기 활동을 하면서 그날의 개인별 학습 계획을 세운다거나 하는 것이 다 이런 능력, 자율적으로 행동하는 능력, 내가 계획하고 예측한 대로 실행하면서 자신의 의지를 구현해 내는 능력을 숙달하기 위함이다.

프로젝트를 수행할 때나 주제별 통합 학습을 운영할 때도 마찬가지다. 먼저 학생들의 현재 상태와 요구, 이해의 정도에서 시작하기 때문에 교사가 학생들과 학습을 계획하는 과정에서 상호 소통하는 것은 필수적인 과정이다. 한 달, 혹은 한 주, 하루의 계획뿐 아니라 한 차시의 수업을 계획할 때도 마찬가지다. 학습을 해 왔던 맥락과 그날의 상황에 따라 학습활동을 정한다. 10여 년 전부터 주문처럼 외워 대는 '자기주도적 학습 능력'은 '자율적으로 행동하는 능력', '예측하고 실행하는 능력'의 다른 이름이다.

자발적으로 참여하는 태도: 외적 규제를 넘어서

민주적인 수업 문화 속에서 자신의 이해와 요구에 정직하게 반응하고 살필 줄 알고, 그것이 타자의 맥락과 함께 조율되는 과정을 거쳐 한 차시, 혹은 하루 그 이상의 계획으로 합의되면 학생들은 자발적으로 참여한다. 오늘 과학 시간에 무슨 수업을 할지 같이 계획하고 공유하면 학습자가 자신의 몸을 그 수업에 맞추어 나갈 준비를 한다는 것이다. 그렇게 내적 동기가 부여되었을 때의 학습은 강력하다.

인간이 자신의 행동을 스스로 규제할 수 있는 능력은 스티커나 상벌제 같은 외적 규제로 만들어지지 않는다. 자발성은 자유의지의 층위이다. 인습 이전의 수준과 인습 수준을 뛰어넘게 하는 것이 인성, 시민성, 인간다움의 정수이다. 그러나 스티커나 상벌제 같이 외적 규제에 의존하는 '도덕성'은 인습 수준을 넘어서지 못한다. 외적 조건과 자극에만 익숙해지면 내적 동기나 자발성이 숨 쉬며 살아날 여지가 사라지는 제로섬게임 같은 것이 되어 버린다. 물론 본능과 습관, 지성의 층위에서의 숙달이 의지의 숙달과 함께 병행되어야 한다는 것은 놓치지 말아야 할 삶의 진실이다.

인간 발달에 대한 일말의 진실을 담고 있는 행동주의는, 행동주의만으로는 인간에 대해, 인간의 발달에 대해 설명할 수 없는 부분들 때문에 부분적 진실로만 남아 있어야 한다. 행동주의만으로 설명되지 않는 부분들 때문에 문화·역사 이론이라는 새로운 담론이 나타났다. 그러나 여전히 학교 현장과 교육 현장, 사회문화 곳곳에서 그것이 전체의 진실인 양 인식의 보편성을 획득하고 있다. 그것을 넘어서려는 학교 현장의 고군분투가 바로 교육과정과 수업 혁신, 평가 혁신, 학교문화와 교실 문화의 혁신에 담겨 있는 것이다.

〈그림 7〉 자기평가와 과제 설정

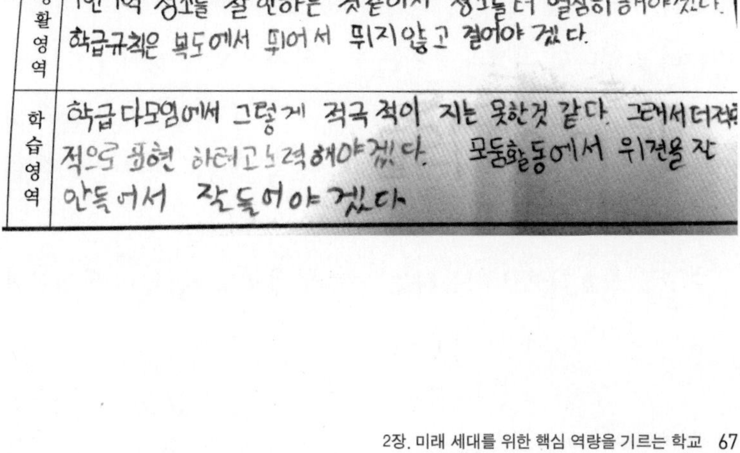

선생님께서 내 주신 과제를 스스로 열심히 하였나요?	✓			
학습 준비물을 잘 챙기고, 주변 정리를 잘 하였나요?	✓			
학급 다모임 및 수업 시간에 자신의 의견을 적극적으로 표현 하였나요?		✓		
모둠활동을 할 때 다른 모둠을 배려하고 친구들과 의견을 잘 모으려고 노력하였나요?		✓		

생활영역: 1인 1역 청소를 잘 안하는 것같아서 청소를 더 열심히 해야겠다. 학급규칙은 복도에서 뛰어서 뛰지않고 걸어야 겠다.

학습영역: 학급다모임에서 그렇게 적극적이 자는 못한것 같다. 그래서더적극으로 표현 하려고 노력해야겠다. 모둠활동에서 의견을 잘 안듣어서 잘듣어야 겠다

본능, 습관, 지성을 넘어 의지의 영역으로

싸움 장면에서는 도망치려는 충동과 맞붙어 싸우려는 충동이 공존하며 아마도 이는 자연적 본능일 것이다. 그 다음 수준의 행동에는 갈등을 피하고자 하는 발달된 습관이 존재한다. 이는 경험을 통해 학습된 것이다. 이에 더해, 다툼의 상황이 벌어지면 어린이들은 갈등 상황에서 이길 수 있을지 없을지 주의 깊게 계산하게 된다. 그러나 우리는 이 모두를 넘어서는 전혀 새로운 행동의 수준을 발견할 수도 있다. 때로 어린이들은 '우정'과 '정의'라는 이름하에 본능과 습관, 그리고 심지어는 지성에조차 반하는 행동을 한다.

— L.S. 비고츠키, 2013

우리 삶의 많은 장면은 본능과 습관과 지성의 언저리에 머물러 있다. 그러나 개인의 인생 혹은 사회의 역사에서 빛나는 장면은 본능, 습관, 지성을 넘어선 의지의 층위, 고고한 인간 자유의 실현을 통해서 만들어져 왔다. 그것이 우리가 목도하는 역사이고 발달이다. 인간이 본능의 층위에 머물러 있었다면 습관의 층위는 발생하지 않았을 것이다. 반복과 훈련을 통한 습관의 층위에만 머물러 있었다면 지성의 층위는 발생하지 않았을 것이다. 기존의 체제 내적 지식을 습득하고 이해하는 지성의 층위에만 머물러 있었다면 새로운 세상, 새로운 세계, 창조적 발명은 이루어질 수 없었을 것이다.

도구를 상호적으로 사용하는 능력과 창조적 지성, 이질 집단에서 문제를 해결하는 능력과 공감·소통·협력하는 삶의 태도, 자율적으로 행동하는 능력과 자유의지의 실현이라는 인성과 시민성, 이 모든 것이 별개 영역으로 존재하는 것이 아니라 서로가 서로를 설명해 주는 상호 침투적인 성격을 지니고 있다. 단순히 창의성만 강조하고 그런 프로그램에 노출한다고 해서 인간의 창의성이 고양되는 것은 아니라는 것을 확증해 준다. 이것은 '문화'의 문제다. 인간의 자유의지가 고양될 수 있는, 본능과 습관과 지성의 층위를 넘어서는 도전에 직면할 수 있는 그런 경험을 '학교'가 만들어 주고 있는가? 적어도 혁신학교는 이 질문에 대한 답을 만들어 가는 과정이라고 확신한다.

3장

협력을 통해
배움이 단단해지는 학교

　학교가 '학생 교육'이라는 기능적 역할을 넘어 교육 공동체로 성장해 간다는 것은 교육 공동체 구성원들의 의지와 뜻을 모아 학교교육의 가치와 철학을 정립하고, 이를 교육목표와 교육 계획으로 구체화하여 실천해 가는 교육과정의 생성을 의미한다. 이런 교육 공동체는 학생, 교사, 학부모가 모두 교육의 주체로, 서로의 자발성과 자율성을 인정하는 것에서 출발한다.

　기존의 교육과정이 국가 주도의 획일적인 교육과정이었다면 교육 공동체의 교육과정은 학교와 지역사회에 기반한 적실성이 강조된 교육과정이다. 교육 공동체가 함께 만들어 가는 교육과정이야말로 학생들의 삶을 바탕에 둔 교육과정으로 국가주의를 넘어 우리 사회가 지향해 가고 있는 '오래된 미래'이기도 하다. 함께 만든 교육과정이 일상적인 수업과 다양한 교육 활동으로 구현될 때 교사도, 학생도, 학부모도 교육의 주체로서 서로 배우며 성장할 수 있게 된다.

짝 활동, 모둠 활동, 학급 다모임 등을 통해 '말'이 살아 있는 교실 문화, 학생 스스로 내적 자발성과 호기심을 갖고 탐구하는 과정으로서의 학습, 이를 돕고 지원하는 교사와 또래 친구들, 교실 문을 여는 것을 두려워하지 않는 교사, 서로의 수업 장면에서 함께 배우고 성장하는 교사 공동체, 학부모들이 '교육'에 대해 고민하고 나누면서 서로 배우는 학부모 평생교육 공동체로 학교가 바뀌어야 한다. 이런 교수-학습 공동체의 모습이 혁신학교에서는 어떻게 구현되고 있을까? 학생, 교사, 학부모가 함께 배우며 가르치는 공동체로서 혁신학교가 어떻게 성장하고 있는지 살펴보자.

1. 학생들이 서로 배우는 공동체

우리가 받았던 수업은 교사가 전달하고 학생이 받아들이는 전달식 수업이었다. 수업을 공개하고 협의회를 하는 과정은 교사의 수업 기술을 중심으로 평가하는 방식이었다. 학부모는 학교에 행사가 있을 때 명예 교사로 도움을 주는 정도였다. 그러나 이런 방식으로는 안 된다는 것, 이미 한계점을 넘어섰다는 것이 많은 이들의 평가다.

모두가 대학 입학시험에 몰입해서 문제 풀이식 수업에 양념처럼 끼워 넣는 수행평가로 고단하고 지친 현실에서, 모둠 수업을 통해 의사소통하는 방법을 깨쳐 가고, 자신의 생각만이 최고가 아닐 수 있으며, 집단지성의 힘을 직접 경험하고 배우는 과정을 통해 성장할 수 있었다고 고백하는 혁신 고등학교 졸업생이 있다.

처음에 나는 모둠 수업을 좋아하지 않았다. (중략) 그동안 안 해봤던 일을 하려니까 불편하기만 했다. 친구들 또한 어색하고 처음 겪어 보는 일이어서 그런지 참여도가 낮았다. 이렇게 불편한 옷을 입은 듯한 모둠 수업이 매일매일 수업 시간마다 반복되었다. 하지만 인간은 적응의 동물이라고 하지 않았던가. 정말 신기하게도 이런 새로운 형식의 수업에 우리 모두는 점점 익숙해졌다. 친구들과의 원활한 의사소통을 하기 위한 나만의 노하우가 나도 모르는 사이에 생겨났다. 아무래도 내가 모둠장의 역할을 계속 하게 되었지만 이전처럼 모든 걸 도맡아 하는 힘든 역할은 아니었다. 의견을 나누는 수업에서는 단순히 사회자로서의 역할로 친구들의 의견을 정리하고 참여를 유도했다. 모둠별로 발표를 하거나 과제를 수행하는 수업에서는 나만의 생각을 친구들에게 시키는 것이 아니라, 친구들의 의견도 들으면서 각자에게 맞는 역할을 찾을 수 있도록 도와줬다. (중략) 이런 모둠 수업을 하면서 가장 크게 느낀 점은 사람들 개개인은 각자 다른 생각을 하기에 이런 것들이 합쳐지면 정말 다양하고 풍부한 아이디어가 될 수 있다는 것이었다. (중략) 모둠 수업은 나만의 자만심을 반성하는 데 가장 큰 도움이 되었으며, 또 다각도로 생각하는 시각을 갖게 하였다.

– 김지수 외, 2014

교사만 학생들을 가르치는 것이 아니라 학생들이 서로 가르치며 서로 배우는 관계를 맺어 가도록 만들어 주는 것이 혁신학교에서 볼 수 있는 교수-학습 공동체의 모습이다. 비고츠키는 인간의 발달 과정에서 중요한 것은 모방을 통한 학습이라고 강조했다. 또한 혼자서는 할 수 없지만 교사나 또래 학생들의 도움을 받아서 할 수 있는 상황, 즉 자신의 가능성을 확인하는 것을 '근접발달영역'이라고 명명하며 다양한 방식의 상호작용이 인간 발달의 중요한 원천이 된다는 것을 논증했다.

모든 인간은, 모든 학생은, 모든 어린이는 '발달의 잠재성'을 지닌 존재이다. 그 잠재성이 현실화되는 과정이 바로 교수-학습 공동체에서의 학습 과정이며, 상호 협력하고 소통하고 상호작용하는 과정에서 잠재성은 가능성이 되어 현실의 능력으로 나타난다. 형식적인 교육 활동인 수업 장면에서 혁신학교가 보여 주는 짝활동, 모둠 활동, 학급 다모임, 학년 다모임 등은 모두 서로 가르치고 배우는 관계를 만들어 가는 교수-학습 공동체의 모습에 다름 아니다.

대부분 학교에서 개별 학습을 강조하고 개인의 성적과 점수를 위해 개인이 노력해야 한다는 철 지난 근대적 인간관을 설파하고 있을 때, 혁신학교에서는 '더불어 함께 사는 사회'라는 아주 당연한 전제를 깔고, 함께 토론하고 문제를 해결하며, 서로의 어려움이나 부족한 부분을 채워 주는 것을 경험하게 함으로써 기본적인 '학습'의 토대를 만들어 가고 있다. '나'를 둘러싼 무수한 것과의 상호 교섭 과정이 바로 '나'라는 존재를 구성해 온 생성 과정이었음을 고백하는 탈근대적 인간관을 교육으로 실천하고 있는 셈이다.

짝 활동은 짝을 지어서 하는 활동이다. 모둠 활동은 3명 이상 학생이 한 모둠을 이루어서 과제를 수행하는 활동이다. 한 교실에는 짝 활동만 있고, 다른 교실에는 모둠 활동만 있는 것이 아니다. 배우는 내용과 활동에 따라 적절하게 짝 활동을 하기도 하고, 모둠 활동을 하기도 하고, 또 어떤 경우에는 혼자서 해결하는 경우도 있고, 한 학급이 다 함께 활동하기도 한다.

〈그림 8〉 모둠별로 입체도형을 배우는 수학 수업

초등학교 1학년 수학 시간, 입체도형을 배우면서 둥근기둥 모양, 상자 모양, 공 모양을 갖고 상상 놀이터를 만들어 보는 시간을 가정해 보자. 모둠별로 입체도형 모형을 한 상자씩 나누어 주고 놀이터의 모양을 상상해서 만들어 보라고 한다. 4명이 한 모둠인 아이들은 먼저 어떤 놀이터를 만들면 좋은지, 이 모양은 어떻게 사용하면 좋을지 서로의 생각을 나눈다. 그리고 실제로 실행에 옮겨 본다. 둥근기둥 모양이나 공 모양은 굴러다녀서 모형 만들기에 어려움이 있고, 상자 모양을 기울여 놓으면 미끄러져서 고정해 줄 무언가가 필요하다는 것을 배워 간다. 실제로 활동하면서 서로 이야기를 나누는데, 이야기를 나누는 과정이 문제를 해결하는 과정이 된다. 경험적으로 알게 된 것을 말로 표현하는 상황이 바로 학습의 과정이 되는 셈이다. 이렇게 입체도형을 이용해 놀이터를 완성해 가는 과정은 조금 소란스러워 보일 수 있지만, 각각의 입체도형이 가지고 있는 특성을 이해하기 위한 최선의 탐색 활동이다.

'비교하기'를 배우는 시간은 어떨까? 길이를 비교할 때는 모둠별로 긴 것을 1개씩 가져와서 연결하고, 가장 길게 연결한 모둠과 그렇지 않은 모둠을 비교해 보도록 한다. 넓이를 비교할 때도, 높이를 비교할 때도, 무게를 비교할 때도 마찬가지다. 처음에 길이를 비교할 때는 대충 아무거나 가지고 나왔던 아이들이, 그다음 활동을 할 때는 '전략'을 짠다. '어떤 것을 가져가야 가장 높게 세울 수 있을까, 쓰러지면 안 되는데….' 이렇게 비교하기 활동을 한 다음에는 활동한 내용을 돌아보는 시간을 갖는다. 가장 길게 만들었던 모둠에서는 어떻게 그렇게 길게 만들 수 있었는지 이야기하고, 가장 높이 쌓으려면 무엇이 중요한지도 살펴본다. '비교하기, 견주기, 넓이, 넓다-좁다, 길이, 길다-짧다, 높이, 높다-낮다'와 같은 낱말도 배우고, 이 낱말 중에 하나를 골라서 짧은 글을 지어 보기도 하고, 오늘 활동했던 내용을 학습일기로 써보면서 배운 내용을 복습할 수 있도록 한다. 학생들이 지은 짧은 글을 돌려서 읽거나 학습일기를 교실에 게시해서 서로 읽어볼 수 있도록 한다.

초등학교 5학년 학생들의 영어 시간은 늘 사교육으로 선행을 한 학생들과 하지 않은 학생들 간 격차로 교사들이 골머리를 앓는 시간이다. 교과서만 갖고 진행하면 잘하는 학생들은 너무 지겨워하고, 그렇다고 그 학생들을 위해 게임 같은 활동을 하면 선행 학습을 하지 않은 학생들은 한 마디도 제대로 배우지 못하고, 한 문장도 제대로 읽지 못하는 상황이 된다. 이런 격차를 수준별 수업으로 해결하려고 하는 것이 일반적인 영어 수업 모습이다. 잘하는 학생들을 따로 모아 원어민 선생님과 게임이나 다른 활동을 하게 하는 것이다. 그러나 수준별 수업을 지양하고 이질 집단에서의 상호작용을 강조하는 혁신학교의 영어 교실 풍경은 다르다. 짝을 지어 주고 읽기 과제를 함께 해결해 가도록 한다거나, 모둠을 지어 주고 역할극 대본을 함께 연습해 오도록 해서 서로 가르치고 배우는 관계가 만들어지도록 한다. 이런 과정을 통해 학급 전체의 학습 능력이 함께 향상되었음은 물론이다.

학급 회의라고 알려져 있는 학급 다모임이나 학년 다모임(학년 학생 총회)은 어쩌면 일상적인 수업 과정에서 갈고닦은 의사소통 능력과 정서적 안정감이 빛을 발하는 시간이다. 자신의 의견을 표현하는 것은 무엇보다 중요한 능력이다. 그러나 여러 사람 앞에서 표현하는 것이 어려운 것은 대부분 심리적인 압박감 때문이다. '괜히 이상한 얘기를 했다고 하는 건 아닐까? 내 생각을 친구들이 어떻게 생각할까?' 이런 고민을 하게 되면 '이야기의 꽃'은 피어나지 않는다.

그러나 수업 시간에 짝 활동과 모둠 활동 등을 통해 자연스럽고 편안하게 자기 생각을 나누고, 자신의 부족함을 친구들의 도움으로 채워 보거나 해결해 본 경험이 있는 아이들은 학급 다모임이나 학년 다모임 시간에 자신의 이야기를 하는 걸 주저하지 않는다. 이는 인간이라는 존재가 서로가 서로를 채워 주는 존재라는 것을 일상적인 수업 활동을 통해서 경험하고 몸으로 배웠기 때문이다.

수업과 같은 형식적인 교육 활동뿐 아니라 아침 열기, 놀이 시간, 방과 후 활동과 같은 비형식적인 교육 활동에서도 마찬가지다. 서로 가르쳐 주고 서로 배우는 관계는 형식 교육과 비형식 교육을 넘나들며 상승작용을 한다. 딱지치기 잘하는 법을 가르쳐 주던 아이가 공기놀이하는 법을 친구에게 배우고, 친구에게 한 발 뛰기 잘하는 법을 배우던 아이가 사방치기 놀이 방법을 가르처 준다. 그렇게 아이들은 자신들의 존재를 서로 가르쳐 주고 서로 배우는 관계로 자연스럽게 익혀 나간다.

〈그림 9〉 학생 5명이 몸을 이용해 만든 별 모양

2. 교사들이 서로 배우는 공동체

교사들이 수업에 전념할 수 있다는 것과 함께 앞에서 언급한 민주적 학교문화는 '도전하는 수업'을 가능하게 해 주었다. 기존의 형식만을 고집하는 것이 아닌 다양한 방법과 접근을 시도해 보는 새로운 수업들이 나타났다. 토론식 수업을 하더라도 형식에 대한 집착에서 정신을 구현하는 방식으로 가벼워졌고, 공개수업에서도 참관하던 다른 교사가 수업을 진행하는 일이 벌어지기도 했으며, 학교 전체를 교실로 삼아 복도, 계단 등에서도 수업을 하는 풍경을 종종 볼 수 있었다. 학교문화가 경직되어 있을 때 교사들의 수업 또한 벽을 허물기 어렵다. 그러나 민주적인 학교문화는 허용적인 분위기를 만들면서 교사들이나 아이들에게 색다른 시도를 해 볼 수 있는 자신감을 심어 주었다. 그 속에서 벌어지는 수업 협의회는 더 이상 교과서 내용을 어떻게 전달할까로 제한되지 않는다.

우리가 이곳에서 경험하는 행복은 좋은 구성원 때문만은 분명 아닐 것이다. 구성원들의 협력을 가능하게 하는 저변이 필요했음을 강조하고 싶어서 한 말이다. 그리고 그 저변은 바로 학교 민주주의를 통한 '주인 되기'라고 나는 생각한다. 학교와 수업에서 주인이 된다는 것은 그래서 교사에게는 더 없이 중요한 문제인 것이다

— 최혜영, 2013

수십 년 동안 학교가 일상생활의 주요 공간이었음에도 '주인'이라는 의식을 갖지 못했는데, 혁신학교에 근무하게 되면서 '이 학교가 나의 학교'라는 생각을 처음으로 하게 되었다는 어느 교사의 고백이다. 이는 어느 누구도 교사의 교육 활동을 방해하지 않고 지원해 주는 허용적인 학교문화가 있었기 때문에 가능했다. 그런 문화 속에서 다양한 접근과 새로운 시도들이 가능해졌으며, 수업의 형식보다는 정신을 구현하는 방향으로 수업 내용이 바뀌고, 수업에 대한 벽이 허물어졌음을 뜻한다.

학생들만 서로 배우며 가르치는 관계가 아니다. 교사들도 서로 배우면서 가르치는 관계로 바뀌어야 한다. 한 교실의 제왕적 위

치에서 내려와 우리 교실의 문을 여는 것을 두려워하지 않고, 학생들을 만나면서, 수업을 하면서 겪게 되는 어려움과 문제를 드러내는 것을 부끄러워하지 않으며, 교사 회의를 회의답게, 수업 협의회를 협의회답게 하면서 '나'를 내려놓고 배워 가는 관계를 만들어 가고 있다.

학교 혁신 문화를 잘 가꾸어 가고 있다는 학교일수록 찾아오는 손님들을 맞느라 바쁜 것이 사실이다. 외국의 학교 현장 시찰단이 와도 혁신학교로 오고, 언론사의 취재 요청도 많다. 새롭게 혁신학교를 준비하고 있는 학교에서도 찾아온다. 자유학기제나 진로탐색활동의 하나로 중·고등학교 학생들이 초등학교를 방문할 때도 혁신학교는 인기 있는 학교다.

박사 학위논문을 쓰면서 한국과 핀란드, 터키의 스마트 테크놀로지 활용 현황을 비교 분석하고 싶어서 한국을 방문한 터키의 중학교 컴퓨터 교사가 있었다. 한 교육대학교 컴퓨터교육과 교수의 도움을 받아 여러 학교에 수업 참관 요청 공문을 보냈지만 '좋다'는 대답을 받지 못했단다. 이 소식을 들은 한 혁신학교에서 '우리 학교는 교실 문 여는 것을 두려워하지 않는 교사가 많으니 우리 학교로 참관 방문을 하라'고 해서 수업 참관 후에 인터뷰까지 했다는 이야기가 있다.

교사들은 대부분 교실 문 여는 것을 두려워한다. 1년에 고작두 번, 교원능력개발평가를 위한 동료 장학과 학부모 공개수업에 교실 문을 여는 것조차 부담스러워하는 것이 현실이다. 그 이면

〈그림 10〉 수업연구를 위한 교사들의 공개수업 참관

에는 전체적인 맥락보다 '일회성 참관'만으로 교사를 평가하려는
분위기, 교사를 '감시하고 감독'하는 방식으로 참관을 하려는 기
존의 문화가 작동하고 있기 때문이다.

　그런데 혁신학교에서는 교사들이 교실 문 여는 것을 두려워하
지 않고, 교실에 들어오는 것을 환영하며, 자기 수업을 자발적으
로 녹화해서 보면서 '수업'에 대해 이야기하는 것을 교사로서 성
장의 과정으로 삼고 있다. 기존의 학교문화를 생각하면 엄청난
변화다. 이 변화의 원동력은 앞서 한 교사의 고백에서 확인할 수
있었던 것처럼, 막고 감시하는 학교문화가 아니라 지원하고 신뢰
하는 학교문화에서 비롯된 것이다.

"지난 교사 회의에서 이야기 나눈 대로, 4월 1일 우리 학교에 새롭게 혁신학교로 지정된 ○○초등학교 교직원 50여 분이 방문하십니다. 그날 교실을 열고 함께 나누어 주실 선생님들께서는 쪽지를 보내 주세요."

"5월 26일 ○○○고등학교 학생들이 우리 학교에 진로 체험학습을 올 예정입니다. 그날 하루 초등 교사가 되기를 꿈꾸는 고등학생들에게 멘토가 되어 교실을 열어 주시고 도움을 주실 선생님들은 쪽지를 보내 주시기 바랍니다."

이런 쪽지가 오면 희망하는 교사들이 화답을 하는데, 답을 주는 교사가 많으면 많은 대로, 적으면 적은 대로 진행한다. 강제하지 않아도 늘 채워진다. 이렇게 교실 문을 여는 데 두려워하지 않는 교사들은 교사 회의 시간에 우리 학급의, 우리 학년의 어려움을 꺼내 놓는 것도 두려워하지 않는다. '그 교사의 문제이기 이전에 우리 모두의 문제이고, 학교가 다 함께 해결할 수 있도록 도와야 한다'는 생각이 깔려 있기 때문이다.

"우리 반에 ○○가 이런 문제로 어려움을 겪고 있습니다. 간혹 수업 시간에 수업 장소가 아닌 다른 곳에서 배회하는 모습을 보시면 우리 반 교실로 데려다 주시면 좋겠습니다."

"특수학급 ○○이는 스킨십을 아주 좋아합니다. 저학년일 때는 크게 문제가 되지 않았지만 이제 5학년이 되어 선생님들의 도움이 필요합니다. ○○가 여자아이들이나 선생님을 껴안거나 만지면 그렇게 하는 것은 상대방을 불쾌하게 할 수 있다는 것을 꼭 알려 주시고, 하지 않아야 한다고 가르쳐 주시기 바랍니다."

이런 문제는 한 교실을 넘어서는 문제다. 학교를 넘어 가정과 지역사회가 함께 풀어 가야 할 문제다. 그러나 지금까지의 학교 문화는 교사가 이런 문제를 드러내는 것을 주저하게 했다. 교사의 무능 때문이라고 질책을 받을까 봐 교사 혼자서 끙끙거리면서 풀어 보려고 하다가 상황이 더 어려워지기도 하지만, 1년만 잘 버티면 된다고 그냥 넘겨 버리기 일쑤였다. 그러나 혁신학교에서 교사들은 이런 문제를 '내 학급만의 문제'가 아니라 '교육의 문제이고, 모두 함께 풀어야 할 문제'로 보기 때문에 어려움을 꺼내 놓고 도움을 청하는 문화를 만들어 가고 있다. 함께 문제를 풀기 위해서 머리를 맞대고 토론한다.

수업 장학 역시 마찬가지다. 저 교사의 수업 기술이 얼마나 좋은지, 어떤 수업모형을 사용했는지, 교사의 발문은 적절했는지, 학습 목표는 잘 써 놓았는지 등이 그동안 '수업을 보는 눈'이었다. 그러나 지금은 '교수-학습'을 바라보는 관점 자체가 바뀌고 있다. 교사의 '전달'이 아니라 학생들의 '학습이 일어나는 과정'에 중심을 두고 수업을 보는 것이다. 교사의 현란한 교수법이 아니라 학생들이 어떻게 배우는지, 그 과정을 주목해서 본다.

그래서 수업을 보려고 들어가려면 수업 전체를 처음부터 끝까지 보는 것이 예의다. 수업이 진행되는 맥락을 알아야 학생들의 학습 과정을 이해할 수 있기 때문이다. 그리고 더 중요한 것은 수업을 참관하면서 '내'가 무엇을 배웠는지를 나누는 것이다. '이런 저런 부분이 아쉬웠다, 이렇게 하면 더 좋았을 텐데' 하는 날카로운 비평을 쏟아 내기 전에 먼저, '이런 부분을 보면서 나는 이런 것을 생각해 보게 되었고, 그러면서 이런 걸 배우게 되었다'는 참관자의 배운 바를 먼저 나누는 것이다.

오늘 학생들이 교구를 처음 접해 보는 것 같았어요. 맞죠? 그래서 그런지 아이들이 굉장히 호기심을 갖고 교구를 탐색을 시작하는 장면을 보게 되었습니다. 추를 걸어 놓는 위치를 바꾸기도 하고, 추의 무게를 바꾸기도 하면서 변인이 미치는 영향을 배워 가는 것 같았어요. 오늘 수업을 보면서 저는 우리 아이들한테 처음 교구를 접하게 했을 때 충분한 탐색 시간을 주는 것이 무엇보다 필요하다는 것을 배웠습니다. 그리고 교사가 적절한 때에 적절하게 변인에 대한 의견을 주는 것이 학생들의 이해를 돕는다는 것도 다시 한 번 확인하게 되었습니다.

— 서울유현초등학교, 2014-a

1모둠 학생들이 모둠 활동하는 것을 가까이에서 참관했어요. 여자아이가 3명이고 남자 아이가 1명이었는데, 남자아이는 계속해서 딴 짓을 했어요. 컴퍼스로 책을 막 찍어 대다가 가끔씩 문제해결에 핵심적인 멘트를 날리는 형태였는데 왜 그 아이가 딴짓을 하는지 이해하게 되었습니다. 그 아이는 이미 문제의 결론, 고슴도치가 좋아하는 먹이가 무엇인지 알기 위해서 통제해야 할 변인이 무엇인지 알고 있었던 거고, 그걸 처음부터 얘기하는데 나머지 아이들은 이 친구의 말이 들리지 않았고 그래서 자꾸 무시하게 되었던 것 같아요. 여자아이 셋이서 한참을 돌고 돌아 그 남자아이가 처음에 말한 방법, 즉 사료의 양이랑 크기, 주는 시간 등이 똑같아야 한다는 결론이 나오는 것을 보게 되었습니다. 아이들 사이의 언어 권력의 문제, 그 아이가 어떤 행동을 하는지에 따라 그 아이의 말의 권위가 달라진다는 것 등등을 생각해 볼 수 있었습니다.

— 서울유현초등학교, 2014-a

수업에 대해 가장 많이 알고, 가장 많이 고민한 사람은 바로 수업을 하는 교사 자신이다. 속된 말로 수업이 망했는지, 성공했는지 가장 잘 아는 사람이 수업 교사 자신이라는 것이다. 그렇기 때문에 잘잘못을 가리고 따지기 위해서 수업을 참관하는 것보다, 수업을 참관하며 '나'는 무엇을 배웠는지를 중심에 두고 이야기를 나누는 것이다. 그런 공력이 쌓이면 가랑비에 속옷이 젖듯이 수업을 보는 눈이 바뀌고, 교사를 평가하는 방식도 바뀐다. 이렇게 혁신학교에서는 학생들뿐 아니라 교사들 역시 서로 가르치며 배우는 공동체 문화를 만들어 내는 학교 효과를 보여 주고 있다.

3. 학부모들이 서로 배우는 공동체

초록 동아리 활동을 하며 이제는 단순히 몰랐던 사실이나 지식의 터득을 넘어 지혜를 공유하며 실천 행동을 하는 발걸음을 같이 한다. (중략) 초록 동아리 활동을 하니 세상에 대한 눈을 갖게 되었다. 그리고 미안함에 반성하고, 나 자신을 되짚어 보게 된다. 전에는 몰라서 했던 행동이나 습관들이, 또 내 편의를 위해 거리낌 없이 행동을 하고, '이거 하나 한다고 어찌 되겠어?' 생각하고 하던 일들이 알고 보니 미래의 후손들에게 엄청난 죄를 짓는 것임을 알게 되었다.

나는 친구들에게 "마흔이 넘어 초등학교에 다닌다"고 이야기를 한다. 전에는 아이가 다니는 학교를 방관하는 시선으로 바라보았다면, 이제는 나도 배움의 갈증을 해소하고 성숙해지고 싶어 가는 학교가, 혁신학교인 우리 신은초등학교이다. 그리고 그 배움에 대한 실천이 나만 위한 것이 아니라 다른 사람과 사회를 위한 것이 되어야 한다는 것을 알게 된다. 전에는 아이의 학교였고 학부모 입장이었지만, 지금은 우리의 학교이고 나의 학교이다. 비록 담임 선생님과 지정된 교실이 없지만 늘 배움이 살아 있는 학교이기에 나는 오늘도 당당히 교문을 들어선다.

― 서울형혁신학교학부모네트워크, 2014

학교에서 진행하는 학부모 동아리 활동에 참여하게 되면서 배우게 된 소소한 즐거움들과, 그런 배움의 즐거움을 삶 속에서 실천하려고 노력하는 과정에서 자신의 성장을 확인하고 배움의 갈증을 해소한다는 한 혁신학교 학부모의 자기 고백이다. "마흔이 넘어 초등학교에 다닌다"는 것은 학교를 통해 맺어지는 학부모 공동체가 우리 사회의 평생교육 공동체로 새롭게 재편될 수 있는 가능성을 보여 주고 있다.

이처럼 혁신학교는 학생들만, 교사들만 서로 배우며 가르치는 공동체가 아니다. 학부모도 학교를 통해 맺어진 관계를 기반으로 학부모회 활동이나 학부모 동아리 활동, 학부모 아카데미 혹은 학부모 연수에 참여하면서 '부모'로서의 정체성을 확인하고, '시민'으로서의 자기 삶을 가꾸어 가고 있다.

비슷한 고민을 지닌 학부모들이 모여서 옆집 엄마 이야기에 팔랑귀가 되기보다, '바람직한 학교의 모습과 우리 아이들의 삶과 행복, 학부모이면서 시민인 자신의 삶'을 위해 부단히 공부하고 실천하는 공동체를 만들어 가는 것이다. 비슷한 생각을 가진 사람들끼리 모여도 좋지만 서로 다른 생각과 서로 다른 경험을 지닌 사람들이 모여서 사안에 대한 각자의 생각을 나누고, 의견을 모으고, 책을 읽고, 토론을 하면서 간극을 좁혀 가는 것이야말로 가장 의미 있는 교육 공동체의 모습이 아닐 수 없다.

혁신학교에서는 학생회장, 부회장의 엄마들이 학부모회를 주도하는 대신 학부모 중 원하는 사람이 학급 대표를 맡아 아이들을 위한 활동에 나선다. '마을이 아이를 키우는' 공동체의 토양의 학교 버전인 셈이다. 엄마들은 독서 모임, 아빠들은 아이들과 텃밭을 가꾸고 학교에서 야영을 한다. 아이들과 생태 공원 쓰레기 줍기, 김장 봉사, 책 박람회 같은 행사를 아이들과 함께 준비한다는 점도 우리 강명초등학교의 자랑이다. 아빠모임 텃밭에서 아이들이 땀방울 흘려 수확한 감자와 상추를 모임 친구들 집과 함께 나눈다.

— 서울형혁신학교학부모네트워크, 2014

이런 모습을 일반 학교에서 꿈꿀 수 있을까? 삼삼오오 모여 아이들 성적 이야기, 내 집 아이와 다른 아이 비교, 학원 정보, 시험 이야기, 아니면 선생님 흉보기나 하는 모임과는 차원이 다른 너무나 생산적인 모임이 되고 있는 것이다. 능동적으로 삶을 살기 위해 중년의 나이에 아이의 꿈이 아니라 나의 꿈을 찾고 그 꿈을 이루기 위해 노력하는 삶을 살도록 선생님은 끊임없이 긍정적 자극을 주고 있다

— 서울형혁신학교학부모네트워크, 2014

자녀가 학생회장이 되었는데 그 덕에, 그 탓에 부모가 회장이 되어 학급이나 학교의 대소사를 챙겨야 한다는 것은 혁신학교에서는 모두 옛일이다. 학부모들의 자발적인 참여를 기다리며, 그런 과정에서 학부모회는 단단해지고, 학부모 동아리 역시 다양한 활동으로 풍성해진다.

혁신학교에서 학부모 동아리는 학부모들의 동호회 이상의 활동을 한다. 동아리에서 함께 배우고 익힌 것을 학교교육 활동에 환류하는 것이다. 서울유현초등학교의 학부모 독서 동아리에서는 해마다 '달빛 독서 축제'(도서관 야간 개장)를 열거나 여름방학과 겨울방학 독서 캠프를 준비하고, 또 학교 축제나 한마당에서 독서 관련 교육 프로그램을 운영하기도 한다. 일주일에 한 번, 찾아가는 '책 읽어 주는 엄마' 활동도 빼놓을 수 없다. 학부모들의 풍물, 오카리나 같은 음악 동아리는 학교행사 때마다 빠지지 않고 공연을 펼쳐 주고, 배드민턴 같은 스포츠 동아리는 방학 기간 중에 학생들을 위한 배드민턴 교실을 열기도 한다.

동아리 활동을 넘어서 학부모들이 직접 기획하고 참여하는 학부모 아카데미나 학부모 연수 프로그램도 다양하다. 학교에서 정해 주는 주제에, 정해 주는 강사의 강의를 의무적으로 들어야 하는 연수나 교육이 아니라, 우리 학교 학부모들이 듣고 싶어 하는 강의에 대해 의견을 모으고 그것을 바탕으로 아카데미나 연수를 기획하고 준비한다.

> 1학년 학부모로서 혁신학교 새내기에 합류한 나는 '제1회 선사학부모 아카데미'를 함께 기획하고 진행에 참여하면서, 스스로에게 진정한 교육의 의미를 그리고 학교를 묻고 생각해보게 되는 계기를 얻었다. 우리 때의 학교는 장난치고 싶은 친구들, 어쩐지 뵙고 싶고, 생각만으로도 설레는 선생님께서 기다리고 계실 것 같은 장소였다. 지금의 학교는 배움의 기쁨, 친구들과의 우정보다 시험의 결과에 따라 마치 인생이 결정되는 듯한 강박에 갇힌 경쟁의 공간으로 변해가고 있다. 하지만, 학부모가 고민을 공감함으로써 서로의 지혜를 나누고 힘도 보탤 수 있다는 것을 알게 되었다. 학부모 교육은 흔들릴 수밖에 없는 학부모들을 다잡아 주면서 학부모들에게 위안을 주고 조금 더 넓은 시각을 제공하여 "행복한 삶을 만드는 부모가 된다는 것"의 의미와 가치를 공유할 수 있게 된 것 같다
>
> — 서울형혁신학교학부모네트워크, 2014

물질 만능, 경쟁 만능의 시대에 누구보다 먼저, 누구보다 빨리, 누구보다 앞서서 나가라고 외치는 시대일수록 우리 삶을 조금 더 찬찬히 돌아보고, 의미를 생각해 보고, 가던 걸음을 잠시 멈추어 보자는 이야기에 귀를 기울일 수 있는 시간이 필요하다. 이런 시

간을 학부모 아카데미나 연수를 통해 지속적으로 갖는다는 것은 우리 사회의 미래를 위해서도, 학부모 개인의 삶을 위해서도 작지만 강한 여백을 만들어 주는 일일 것이다.

시대적 스승을 불러 그들의 이야기에 귀를 기울이는 아카데미나 연수뿐 아니라, 학부모 스스로 연마한 재능을 나누고 서로 품앗이하면서 함께 성장하는 사례도 많다. '장 담그기, 효소 담그기'처럼 건강한 먹을거리를 같이 준비하기도 하고, 국제 구호개발 비정부기구인 '세이브 더 칠드런'이나 유니세프에서 진행하는 모자 뜨기, 인형 만들기 같은 재능 기부 활동에도 함께 동참한다. 방과 후나 토요일에 놀이 품앗이 활동을 하면서 서로의 육아 공백이나 빈 시간을 채워 주는 공동체로 진화하기도 한다.

4. 평가를 위한 협력과 피드백

혁신학교에서는 아이들을 서열화하거나 등급을 나누는 평가를 실시하지 않는다. 학생들의 성장과 발달단계에 맞춘 다양한 수행평가를 통해 아이들의 학습 과정을 평가한다. 그래서 가급적 한 학기의 학교생활을 학부모가 이해할 수 있도록 상세하게 평가를 한다. 무슨 과목이 몇 점인지, 어떤 등급을 받았는지 통보하는 것이 아니라, 교육의 과정을 통해 학생들이 얼마나 성장하고 변화해 가고 있는지를 교사의 평가와 학생 자신의 평가를 담아 통지하고 학부모들의 의견을 담아 내려고 한다.

- 사물함, 책상 서랍 및 정리 정돈을 잘하고 내가 한 일을 끝까지 마치도록 노력하겠습니다. 또한 사회 시간에 적극적으로 참여하고 모둠원을 배려하며 친구들의 의견을 잘 모으려고 노력하겠습니다.
- 급식 시간에 편식하지 않고, 친구가 어려운 상황일 때 모른 척하지 않고, 도와주겠습니다. 부모님께도 예의 바른 말씨로 말하고 행동하겠습니다. 학습 영역에서는 수업 시간에 잘 듣고, 사회현상에 흥미와 관심을 가지고, 국어 시간에는 내 생각을 글로 표현하고 발표를 많이 하겠습니다.

                               — 2015학년도 1학기 중간 통지서(서울유현초등학교, 2015-e)

위의 인용 글은 한 혁신학교 5학년 학생들이 스스로 자기 평가 체크리스트를 작성한 후 앞으로 어떻게 할 것인지, 자기의 계획이나 다짐을 써놓은 내용이다. 이를 들여다보면 학교뿐 아니라 일상적인 가정생활에서도 학습의 어느 부분에서 부족하고, 어느 부분에서 더 노력해야 하는지 누구나 알 수 있다.

유현초등학교는 2012년 혁신학교로 지정되기 전에는 수학에서 단원이 끝날 때마다 단원 평가를 3회 실시하고, 점수 급간에 콩도장을 찍어서 내보내는 학교였다. 그러나 혁신학교가 되면서 새로운 평가와 통지 방법을 고민하며 실천하고 있다. 일제식 진단평가나 단원 평가를 모두 없애고, 수학 경시대회와 동요 부르기 대회, 영어 노래 부르기 대회, 미술 대회를 단계적으로 폐지했다.

정상적인 교육과정 운영에 집중하면서 학부모 상담 주간과 연계해 중간 통지표를 배부하고 있다. 중간 통지서의 내용은 학년마다 다르다. 2013년에 처음 교사들이 머리를 쥐어짜며 고민 끝에 만들었던 내용을 해마다 수정하고 보완하여 사용하고 있다. 어느 학년이든 학생들의 학습 상황이나 학교생활 등에 대해 실제적인 내용을 담기 위해 노력하고 있다.

설레임으로 시작했던 새 학년의 긴장감들이 어느새 익숙해진 관계와 생활로 접어드는 5월입니다. 가정에 두루 평안하시기를 기원합니다.

지난 두 달여 간의 학교생활을 통해 아이들이 성장하고 발달해 가는 과정을 지켜보는 것은 소소한 기쁨과 보람이면서 무엇이 최선이며 어떻게 하는 것이 교육적인 것인가를 늘 고민할 수밖에 없는 반성과 성찰의 시간이었습니다.

이 중간 통지표의 내용은 아이들 한 명 한 명 생각하면서 그간의 학교생활을 돌아보고 학습해온 과정을 갈무리한 것들입니다. 오늘 이 순간을 즐겁고 행복하게 보내며 내일의 꿈을 키워가는 길에 작지만 도움이 되기를 바랍니다.

'나의 학교생활 평가'는 아이들 스스로 학교생활을 돌아보고 지난 활동을 되새겨보는 과정으로, 스스로 자기 평가를 한 내용과 이를 토대로 앞으로의 다짐을 새롭게 세워보는 내용입니다. 아이들의 자기 평가를 존중해 주시고 학교생활과 가정생활 전반에 대해 더 깊은 이야기를 나누는 계기가 되길 바랍니다.

5학년 학생들은 신체적인 성숙과 심리적인 성숙이 함께 이루어지는 시기를 보내고 있습니다. 고학년이 되어 학습 부담이 늘어나는 것에 대한 심리적 부담감과 함께 신체적인 변화에 대한 막연한 호기심과 두려움이 있습니다. 또래들과의 10대 문화에 매료되어 합리적인 판단이나 행동보다는 일시적인 판단과 행동으로 친구들의 관심을 사고 싶어하는 특징을 보이기도 합니다. 누구나 겪어야 하는 지나가는 시기로 가볍게 지나갈 수도 있고 아주 힘들게 이 시기를 통과해 가기도 합니다. 가정에서 좀 더 면밀하게 살펴주시고 변화에 대해 미리 예측하고 행동할 수 있도록 도와주시기 바랍니다.

'선생님의 평가'는 교과학습과 생활면에서의 평가로, 담임교사로서 객관적으로 가감 없이 서술하려고 노력하였습니다. 가정에서의 모습과 학교에서의 모습은 다를 수 있고 겉으로 드러난 모습만 보고 평가하지 않으려고 했습니다. 다만 평가는 어떠어떠하다는 결과가 아닙니다. 부족한 부분에 대해 이해하고 그 부분을 채우기 위한 디딤돌이 되기를 바랍니다.

이 중간 통지물을 바탕으로 자녀와 함께 노력할 점을 서로 이야기 나누어주시고, 그 내용을 '부모님의 의견'란에 적어서 학교로 보내주시기 바랍니다. 자녀의 학교생활에 도움을 주는 자료로 활용하겠습니다.

2015년 5월 15일 5학년 담임교사 드림.

— 서울유현초등학교, 2015-e

교사들은 학부모들에게 보내는 중간 통지서 첫 장에 학년별 일반적인 발달과 그에 따른 학년의 교육과정 운영상 중점 사항, 가정에 부탁하고 싶은 내용 등을 담는다. 그다음에는 학생들이 스스로 자기를 평가한 체크리스트와 어떻게 하면 더 좋을지 자기 생각을 쓴 내용을 추가한다. 그리고 담임교사와 교과 전담 교사의 학생에 대한 평가 내용을 담는다. 중간 통지서를 받아 본 학부모는 자녀와 대화를 나누고 그 결과를 적어서 다시 담임교사에게 편지를 보낸다.

- 1학기 때와 비교하여 친구들과의 문제해결법도 좋아지고, 수업 시간에도 바른 자세로 앉아 집중하는 등 많이 좋아진 ○○이를 칭찬합니다. ○○이의 앞날을 염려하시는 부모님의 뜻을 알고 따라주기 위해 노력하고 있는 모습도 보입니다. 자신의 잘못을 알고 고치려고 노력하는 것은 용기와 꾸준함이 필요한 어려운 일입니다. 지금 ○○이의 다짐과 각오를 잊지 말고 흔들림 없이 앞으로 나아가 훌륭한 어른으로 성장해주길 바랍니다.(○학년 ○반 담임교사)
- 고학년이 되어서 신체적 심리적으로 성숙해 나감으로써 다소 예민해져 있는 부분도 보이지만 학교생활을 즐겁게 하고 학습태도가 많이 좋아졌습니다. 선생님의 관심과 지도 덕분입니다. 과제나 스스로 할 일을 찾아서 하는 부분도 많이 좋아지고 있습니다. 남은 5학년 기간도 많은 추억을 쌓으며 행복한 시간이 될 것을 믿습니다. 항상 수고해 주셔서 마음 깊이 감사드립니다.(○○이 엄마 드림)
- ○○는 5학년을 아주 아껴가며 남김없이 즐겁게 보내고 있습니다. 학습의 즐거움, 협력의 힘, 공동체의 따뜻함을 느끼며 지냅니다. 함께하는 5학년 ○반 친구들, 선생님께 감사드

립니다.(○○이 엄마 드림)

— 2015학년도 1학기 담임교사 중간 통지서 및 학부모 회신서(서울유현초등학교, 2015-e)

　오랜만에 만난 친척들이 서슴없이 "너 학교에서 몇 등 하냐? 평균이 몇 점이냐?" 하고 묻는 것이 우리의 현실이다. 그리고 그것이 우리 사회의 일반적인 통념일지도 모른다. 경쟁과 서열화라는 잣대에 익숙한 학부모들은 혁신학교의 평가 방법이 불만족스러울 수도 있다. 하지만 일률적인 시험 문제로 학생들을 서열화하는 평가가 정확하게 그 학생의 현재 상태를 알려 주고, 노력해야 할 방향을 보여 주는 것이 아니라는 것은 확실하다. 100점 혹은 1등이라는 결과는 시험 문제의 질적 수준이나 내용을 결코 담아내지 못한다. 국가 수준의 교육과정 평가관 역시 7차 교육과정부터 성적과 결과 중심 평가가 아니라 과정 중심의 평가, 목표 도달도에 대한 평가를 강조하고 있다. 그럼에도 시도별 학업성적관리지침에 연 2회 이상 일제고사를 실시할 것을 권장하는 지역이 있을 정도로 우리의 현실은 아직 암담하다.

　수업과 평가 방법을 혁신하기 위해 노력하는 혁신학교의 교사들은 자신들의 수고와 학생들의 삶을 서열화하고 몇 점짜리로 낙인찍는 것을 거부한다. 그래서 기꺼이 수업과 평가 과정에 진심을 담고 희망을 담으려고 오늘도 애를 쓴다. 그리고 이런 과정 속에서 학생과 교사가, 학부모와 학생이, 교사와 학부모가 서로의 성장과 배움을 위해 협력하며 단단해지고 있다.

4장
교사 전문성 강화에
기여하는 학교

교사라는 전문 직업은 어린이와 청소년들의 학습과 사회문
화, 경제적 발전에서 심장과 같은 위치에 있다. 그것은 사회적
가치(민주주의, 평등, 관용과 문화에 대한 이해, 그리고 각 개
인의 타고난 자유 존중)를 전달하고 인식하게 하는 데 없어서
는 안 되는 직업이다.

— 국제교원노조연맹, 2015

지난 수십 년간의 학교 효과 연구에서 현재까지 도출된 결론은
학교의 교육 효과에서 무엇보다 중요한 것은 '교사 요인'이라는
점이다. 이에 따라 '교사 요인'을 극대화하기 위한 다양한 연구와
정책들이 만들어졌다. 케임브리지대학교 석좌 교수인 존 맥베스
는 〈교사라는 전문 직업의 미래〉라는 논문에서 나라마다, 경제
환경마다 서로 다른 동기를 가지고 교사가 되며, 도전 과제와 보

상에 대한 기대치도 다양하지만 모든 교사에게 공통되는 욕구는 인정, 자율, 소속감에 대한 것이라고 밝힌다. 즉 전문가로서 결정권을 행사할 자유와 재량, 그런 주도권을 인정받고 위임받는 것, 아울러 이해관계와 동기를 함께 공유하는 동질 집단에 대한 소속감이 교사를 전문가로 성장시키는 핵심이라는 것이다(국제교원노조연맹, 2015).

학교 밖에서 보기에는 교사가 전문가로서 결정권을 행사할 자유와 재량권을 갖고, 자율적으로 판단할 수 있는 권한을 존중받으며, 교사 공동체에 소속감을 갖는 것이 그리 어렵지 않은 것처럼 보일 것이다. 그러나 우리 사회에서 교사는 대부분의 경우, 전문가로서 자유와 재량보다는 관료 조직 사회의 한 구성원으로서 기능적인 측면만이 과잉 부각되어 있다.

자율적으로 판단하고 결정할 수 있는 여지보다는 공문과 지침에 따라 하라는 대로만 해야 하는 일들을 일상적으로 경험하며, 학교 공동체에 대한 소속감보다는 '내가 맡은 일'에 대해서만 책임을 지는, 그래서 쓸데없이 일이 생기지 않기만을 바라는 부속품과 같은 존재로 오늘을 살고 있다. 존 맥베스 교수는 교직에 대한 '불만족 요인'과 '만족 요인' 사이에 균형이 깨지고 만족 요인이 커질 때 전문가로서의 재탄생이 이루어진다고 하지만, 우리의 학교 현실에서는 요원한 일이다.

이런 현실 속에서도 "혁신학교 교사가 되려면 3대가 덕을 쌓아야 한다"는 말이 혁신학교 교사들 사이에서 회자되기도 하고, "혁신학교에서 근무하다 일반 학교로 가는 게 두렵다"고 고백하는 교사들도 있다. 이런 현상은 혁신학교의 학교운영 시스템이 '관료주의'를 벗어나 교사들의 전문성, 자율성, 공동체적 소속감 등을 고양하고 있으며, 교직에 대한 '불만족 요인'보다 '만족 요인'을 키우고 있다는 것을 그대로 보여 주는 것이다.

1. 실천적으로 통합되는 교사 전문성

이제는 누구나 지식 기반 사회, 정보화 사회에 필요한 역량을 키워야 한다고 말한다. 지식과 정보를 축적하는 것에서 이를 해석하고 활용하고 통합하는 능력이 더 중요한 사회로 진입하고 있다. 교사의 전문성에 대한 정의 역시 이런 시대와 사회의 변화에 따라 달라져 온 것이 사실이다. 고병헌 등은 이에 대한 교육적 대응으로 '앎과 삶의 통합 교육'과 '학문 영역 간의 통합 교육'이 무엇보다 필요하며, 이를 위해 교사라면 누구나 기본적으로 갖추어야 할 능력을 다음과 같이 정리했다.

- 교육학적/교수법적 능력: 학습자의 배경·자격·경험 등과 맥락의 전체적인 틀, 학습 목적, 학습 내용, 교수·학습 방법과 교육과정, 평가와 같은 교수 환경과 학습 환경을 준비하고 조직하는 능력
- 의사소통 능력: 교육과정과 학습 과정을 의사소통 과정으로

이해하기, 대화 방식을 강화하고 촉진하기, 학습자들이 각자의 학습 과정을 어떻게 조직해야 하는지에 대해 의견 나누기, 교사가 학습자의 학습 과정을 조직하는 것에 대해 의견 나누기, 학습자와 교사의 관계에 대해 의견 나누기

● 성찰적 능력: 학습을 일종의 성찰 과정으로 이해하기, 성찰적 사고를 학습을 촉진하기 위한 수단으로 삼기, 성찰적으로 평가하기, 자신의 학습 과정을 성찰적으로 조직하기

● 학습·연구 능력: 자신의 전공 분야를 계속해서 학습하고 지식을 넓혀 가기, 가르치는 기술과 방법을 학습하고 개발하기, 최근 교육이나 청소년 학습 경향에 대해 학습하기

— 송순재 외, 2009

'교사는 궁극적으로 자기 양성 과정을 통해서 교육'되는 존재이기 때문에, 이런 능력들은 하루아침에 만들어지는 것도 아니고, 외적 강제를 통해서 주입할 수 있는 것도 아니다(송순재 외, 2009). 그렇다면 복잡해 보이기만 하는 교사 전문성에 대한 다양한 요구를 넘어, 교사는 어떻게 성장하는 걸까?

함영기는 교사의 전문성을 재개념화하면서 교사의 성장은 '교육적인 방법으로' 그가 가르치는 아이의 전인적인 발달을 조력하는 과정에서 이루어진다고 밝힌다. 전인적인 발달은 지적 발달만이 아닌, 신체적인 건강함과 타인과의 관계 능력까지를 포함하는 발달 개념으로, 이들이 서로 유기적으로 관계하며 연속적으로 재구성해 가는 경험의 과정을 통해 교사는 성장한다는 것이다(함영기, 2014).

'발달하는 존재'인 교사가 '발달하는 존재'인 학습자를 만남으로써 발생하는 교육적 사건 속에서 교사도 성장하고 학생도 성장한다. 교사는 고정된 실체가 아니다. 일상의 교육적 사건 속에서 교사도 성장하고 변화한다. 그렇기 때문에 과거와 달리 교육학적 · 교수법적 능력이나 학습 · 연구 능력을 넘어서 의사소통 능력과 성찰적 능력이 지식 기반 사회의 교사 전문성으로 강조되는 것이다.

혁신학교에서의 경험이 교사 전문성 향상에 어떻게 기여하는가를 살펴보는 과정은 두 방향으로 나누어 접근해 봐야 한다. 먼저 교사의 전문성과 자율성을 인정하고 공동체적 소속감을 서로 확인하는 학교운영 시스템의 혁신을 통해 교사들의 교직에 대한 불만족 요인보다 만족 요인을 키워 주고 있는가 하는 점이다. 또 하나는 다양한 의견을 나누고 조율하는 경험을 제공하면서 교사의 의사소통 능력과 성찰적 능력 향상에 기여하는 시스템을 갖추고 있는가 하는 점이다. 전혀 다른 맥락에서 접근하는 것 같은 이 두 방향이 결국 하나이며, 실제 혁신학교의 실천 사례 속에서는 통합적으로 나타나고 있다는 것을 확인할 수 있다.

교육과정 부장이 긴 시간을 투입하여 완성해 내는 학교 교육과정을 넘어서 각 학년의 교사들이 실제로 가르쳐야 할 내용을 구체화하며 재구성하는 혁신학교의 문화는, 교사의 전문성과 자율성을 인정하는 것이 교사의 책무성을 고양시키는 것일 뿐 아니라 교실의 수업 문화를 바꾸는 필요충분조건이라는 것을 확인할 수 있게 해 준다. 교사가 스스로 만들어 가는 교육과정 속에서 수업이 살아나고, 수업의 과정 속에서 학생들의 활동과 성취 정도에 대한 평가가 자연스럽게 이루어지는 것이다.

우리가 함께 만든 교육과정이기 때문에 좀 더 책임감을 갖고 운영하고, 운영 결과에 대해 실제적인 평가 과정을 거치게 되고, 그 평가 결과를 다음 학기와 다음 학년에 반영하기 위해 주체적으로 나서게 된다. 억지로 동원된 연수가 아니라 배우고 싶은 주제를 제안하고 동의하는 교사들이 자발적으로 연수를 받고 컨설팅을 받는 문화, 같은 고민을 갖고 있는 교사들이 모여서 소모임을 구성하고 서로의 공부를 나누는 학습공동체 문화 역시 모두 마찬가지다.

교육학적·교수법적 능력과 학습·연구 능력에 대한 교사의 전문성과 자율성을 인정하는 것이 바로 의사소통 능력과 성찰적 능력이 발휘될 수 있는 조건들을 만들어 주고 있다. 방편적으로 교사의 전문성을 네 가지 범주로 나누어 놓았지만, 결국 교사에게 그 능력들은 하나로 통합된다. 어느 한 능력만 특화되기 어려운 부분이기도 하거니와 어느 한 부분이 뛰어나다고 훌륭한 교사가 되는 것도 아니다. 서로가 서로의 바탕이 되어 '교사 전문성'이라는 것으로 수렴되는 능력이다.

2. 교육과정-수업-평가의 주인이 되는 교사

불과 몇 년 전만 하더라도 교사 연수에서 '교육과정 재구성'이라는 말을 사용하면 '교과서 재구성'이지 왜 '교육과정 재구성'이냐는 질문을 받았다. 교과서는 만고불변의 진리를 담은 경전이라는 교과서 정전주의 혹은 경전주의는 어느 정도 탈피했지만, 교육과정에 대해서는 그러지 못한 것이 사실이었다. 지금은 누구나 교육과정 재구성에 대해 이야기한다. 국가가 고시하는 문서로 존재하는 교육과정을 넘어, 각 시도 교육청의 편성 운영 지침을 넘어, 교사와 학생이 소통하며 넘나드는 현장의 숨결이 배어나도록 하는 것이 교육과정 재구성이며, 이것이 꼭 필요한 과정이라는 것을 누구나 공감하게 되었다는 것이다.

도대체 그동안 어떤 일이 벌어진 것일까. 교육과정 재구성이라는 현상은 예로부터 늘 있어 왔다. 교과서 재구성 역시 교육과정 재구성의 한 방법일 뿐이다. 재구성 과정 없이 교육과정대로만, 교과서대로만 가르치는 일은 있을 수 없는, 불가능의 역설이다. '재구성'의 개념이 등장하게 된 여러 가지 시대적·학문적 배경이 있지만, 적어도 교육과정 재구성이 전면으로 나서게 된 배경에는 혁신학교에서의 실천적 경험이 있다.

교과서 정전주의에서 벗어나야 한다거나, 교과서는 하나의 텍스트일 뿐이므로 가르치는 교사가 배우는 학생들의 상황과 맥락에 맞게 재구성해서 사용할 수 있다는 이야기들은 6차 교육과정

(1995~1999년) 시기부터 교육과정의 지방화·분권화와 함께 논의되기 시작했다. 정책적으로는 선언적 의미에서의 방향만 있었고, 교사 개인의 산발적인 수고와 노력은 있었지만, 하나의 단위 학교에서 연구하고 실천한 내용으로 실재하지는 못했다. 개인적인 노력과 실천으로 치부될 수밖에 없었던 구조와 배경이 존재했기 때문이다. 혁신학교는 그런 그릇된 구조와 배경을 혁신하는 것에 주력했고, 그런 과정에서 진정한 의미의 교육과정 재구성의 사례들이 만들어질 수 있었던 것이다.

'국가 교육과정'이라는 문서는 대한민국의 초·중·고등학교 학생들이 배워야 할 교과와 시간, 내용 등을 교육부가 고시로 정해 놓은 것으로, 교과별 교육과정과 교과서로 구체화되기도 하고, 시도 교육과정 편성운영 지침으로 구체화되기도 한다. 단위 학교에서는 총론 성격의 국가 교육과정과 각론 성격의 교과별 교육과정, 시도별 교육과정 편성운영 지침 등을 토대로 학교 교육과정을 만든다.

이렇게 문서상으로 존재하는 교육과정은 '상명하달식'으로 내려오는 지침이다. 이 문서를 교육의 현장인 '교실'로 가져와 살아 숨 쉬며 생동하는 것으로 만들어 내는 것은 오로지 교사의 몫이다. 날마다 만나게 되는 학생들의 현실과 삶을 바탕으로 교육 방향과 내용을 정해 놓는 것이 학교·학년·학급 교육과정이다. 이 것은 문서로 존재하는 고정된 실체가 아니다. 상황에 따라, 조건에 따라 역동적으로 변화하는 생성적 존재다.

2월, 새 학년이 꾸려지고 아이들과 만나기 전 교사들은 한 해의 살림살이를 준비한다. 3월에 만날 아이들과 일 년을 잘 보내기 위해 학급 경영과 학년 특색, 생활교육 등에 대해 동학년 선생님들과 다양한 의견을 나눈다. 그중 가장 중요한 부분은 교육과정의 큰 틀을 잡는 것이다. (중략)

혁신학교 개교 이후 3년간 교육과정에 대해 고민하고 주제를 중심으로 교육과정을 재구성하는 것은 이제 당연한 일이 되었다. 하지만 교육과정을 재구성하고 교육 활동을 구상하려면 상당한 시간과 노력이 들기 때문에 부담스러운 것이 사실이다. 더욱이 재구성의 틀은 세부 내용 전체를 담을 수 있도록 넓고 단단해야 하며, 세부 내용들은 여러 가지 경우의 수를 고려해야 한다. 또한 구체적인 활동에는 아이들의 의견이 가능한 한 많이 반영될 수 있도록 운영의 융통성을 두어야 한다. 나아가 교육 활동이 분산되지 않도록 동학년 협의, 연수, 교재 연구를 통해 지속적으로 교육 활동을 재검토해야 한다.

— 서울신은초등학교 교육과정 연구 교사모임, 2015

지난 2007 개정 교육과정에서는 5학년 학생들이 1년 동안 역사(한국사)를 배우도록 되어 있다. 신은초등학교 5학년 교사들은 '역사'를 중심으로 5학년 교육과정을 재구성했다. 처음 교육과정을 재구성할 때는 앞으로 교육과정이 어떻게 진행될지, 아이들의 반응은 어떨지 설레고 두려웠지만, 교육과정을 재구성하고 수업 준비를 위해 연구하면서 아이들과 더 많이 소통하게 되었다고 고백하고 있다. 아이들과 교사가 함께 교육 활동의 진정한 주체가 되는 과정을 경험했고, 그 과정을 통해 또 다른 보람과 성취감을 느낄 수 있었다는 것이다.

5학년 1년 동안 역사를 배운다지만 가르치고 배워야 할 내용에 비해서 시간은 턱없이 부족한 것이 사실이다. 그렇기 때문에 많은 교사와 학생들이 역사를 외워야 하는 교과로 인식하기도 한다. 40분 수업 시간 동안 선사시대의 몇십만 년을 뛰어넘고, 역사시대의 몇천 년 혹은 몇백 년을 뛰어넘는 것이 예사이기 때문에 중요 사건만 정리하고 넘어가야 하기 때문이다. 이런 한계를 넘어서기 위해서 다른 교과와 주제 통합 수업을 시도하는 것이다.

국어 시간에는 '역사적 사건'에 대해 글을 쓰거나, 토론을 하거나, 주요 인물의 생애에 대한 글을 읽고 내용을 정리해 보거나, 모둠별로 역사적 사건을 정해서 연극이나 역할극을 만들어 보는 식으로 수업을 운영한다. 국어 교육과정에 나와 있는 주요 학습 내용(성취 기준)을 토대로 하지만 교과서에 나와 있는 텍스트가 아니라 사회(역사) 시간에 공부한 내용을 텍스트로 삼는다.

누가 만들어 주는 교육과정이 아니라 가르치는 교사들이 서로 협력하면서 만들어 가는 교육과정은 이렇게 수업에 활기를 불어넣는다. 누군가 만들어 준 교과서만 가지고 하는 수업이 아니라 우리가 함께 만든 자료와 함께 고민해서 구성한 활동들로 수업을 진행하면 수업의 질이 달라지는 것이다. 수업은 몇 가지 수업모형과 방법론으로 바뀌지 않는다. 모형과 방법은 딱 그 수준만큼만 수업을 바꾼다. 여전히 교사가 외부의 전문가들이 만들어 놓은 교과서와 방법론에 의지해야 한다는 암묵적 전제를 깔고 있기 때문이다. 모든 모형과 방법론은 어디에서 뚝 떨어진 것이 아니라 전문가인 교사의 현장적 실천들을 일반화해 놓은 것에 불과하다.

　교육과정, 수업, 평가의 주인이 되는 교사는 교사의 전문성과 자율성을 믿고 맡기는 학교문화 속에서 만들어진다. 교사가 학생을 믿고 조력할 때 교육적 효과가 발생하듯이, 학교 관리자가 교사를 믿고 필요한 것에 대해 지원할 때 교사의 전문성은 신장되는 것이다. 그 지점이 바로 교직에 대한 불만족 요인보다 만족 요인이 커지는 지점, 그래서 '아, 이 직업 할 만 하구나'라고 느끼게 되는 그 지점을 만들어 내게 된다.

3. 자기 성찰을 담는 교육과정 운영 평가

　모든 계획은 평가에서 시작되어야 참되다. 해야 할 일, 하라고 하는 일의 당위성보다 바로 그 학교 현장에 필요한 일을 찾는 것에서 출발해야만, 해야 할 일의 당위성을 실현할 수 있기 때문이다. 학교의 교육과정은 '교육기본법'과 현행 국가 교육과정, 시도 교육청의 교육 방향 등을 담는 것으로 시작되는 것이 일반적이다. 그러나 이러한 것들은 선언적이거나 규정적인 것 이상이 되지 못하는 것도 현실이다. 교육부가 해마다 선정하는 100대 교육과정보다 의미 있는 것은, 학교 구성원들이 중요하고 필요하다고 생각하고 합의한 것을 구체적인 교육 계획에 담아서 실천하는 교육과정이다. 어떻게 학교 교육과정의 운영에 대해 평가하고 그것을 토대로 다음의 계획을 세웠느냐의 문제이다.

혁신학교의 부푼 꿈을 안고 1년을 좌충우돌 보낸 후 방학과 함께 맞이한 첫 번째 평가회는 밤 12시까지 진행되었다. 불필요한 많은 것을 버리고 새로운 문화와 시스템을 만들어 보았던 터라 이때는 주로 학교 교육과정 평가에 대부분의 시간을 보냈다. 둘째 해부터는 학년 교육과정 평가가 주를 이루었다. 첫 해의 연구결과에 더해 한 걸음 더 성숙한 교육과정을 만들어내기도 하고 새로운 학년과 새로운 영역에 집중수업과 재구성 수업 연구가 확산되기 시작했다. 셋째 해는 집중수업과 교육과정 재구성의 꽃을 피우는 시기이기도 했지만 성찰을 시작하는 해였다. 전년도의 연구 성과를 충분히 체화하지 못하고 따라가는 데 바빴다는 이야기와 발도르프 연구물을 너무 쉽게 끌어오고 있으며, 충분한 고민 없이 재구성을 위한 재구성을 하고 있다는 비판이 제기되었다. 그러나 우리의 고민은 그 당시 무르익지 않았으며 비판에 대한 충분한 토론으로 이어지지 못하고 재구성을 위한 노고를 인정하는 것으로 끝냈다.

올해의 여름 학기 평가회는 4년의 경험들을 총평하는 자리라 교육과정 재구성과 수업, 아이들의 학력, 특수아동의 이해, 아이들의 생활지도라는 영역으로 5일간 나눠 진행했다. 좌절할 만큼 비판의 소리도 높았으나 비판과 성찰 그리고 우리가 어떻게 가야 하는지를 고민하고 나름의 대안을 제시하기도 했다.

— 서울강명초등학교, 2014

'다 잘했다, 모두 수고했다, 우린 최선을 다했다'는 식의 상투적인 평가보다 '어떤 것이 한계가 있었다, 이런 건 수정해야 한다'는 따끔한 비판과 성찰이 혁신학교 운영 4년의 과정에 녹아 있다는 것을 확인할 수 있다. 그래서 쉽고 편한 요식행위와 같은 자리가 아니라, 어렵고 불편하고 힘든 시간이었다는 것이다. 한 학기 동안, 한 해 동안 운영했던 교육 활동 과정을 성찰하는 시간이 속 빈 강정처럼 되지 않도록 하기 위한 철저한 자기반성의 시간이었으며, 이를 토대로 그다음 해 교육과정을 더 단단하게 만들어 갈 수 있었을 것이다.

〈표 5〉 서울강명초등학교 2014년 계절별 교육과정 평가회 일정

	봄 학기	여름 학기	가을 학기	겨울 학기
날짜 (일수)	4월 29일 (1일)	7월 14~23일(3일) 8월 28일~9월 5일(5일)	9월 23일 (1일)	12월 중 (6~7일)
진행 내용	- 봄 학기 운영 내용만을 가지고 진행 - 학년이나 개인이 논의거리 제안	- 해마다 봄·여름 학기 업무 관련 내용과 학년 교육과정 운영 결과 보고회를 2일간 별도로 운영함. - 2014년에는 깊이 있는 논의를 위해 하루를 더 운영함. - 봄·여름 학기 평가회에서 나온 내용에 대한 집중 논의가 더 필요하다는 결정에 따라 개학 후에 5일 추가 논의를 진행함.	- 가을 학기 운영 내용만을 가지고 진행 - 학년이나 개인이 논의거리 제안	- 1년 학교 교육과정 운영 전반에 대한 내용과 가을·겨울 학기 학년 교육과정 운영 결과 보고회를 2일간 별도로 운영함.

서울강명초등학교, 2014

1년 동안 운영한 교육과정 평가회를 보면 시기별로 다르다는 것을 확인할 수 있다. 봄 학기와 가을 학기 평가는 간단하게 바로 다음 학기에 적용할 수 있는 것을 중심으로 운영하고, 여름 학기와 겨울 학기 평가는 주제를 미리 정해서 깊이 있게 논의하고 그 내용이 다음 학년도에 반영될 수 있도록 한다. 겨울 학기 평가회 마지막 날에는 전체 교원이 모여서 다음 학년도 업무 전담팀 부장과 학년 담임을 결정한다고 한다. 이런 과정 자체가 어렵고 힘들지만 교사들로 하여금 교육과정 전문가이면서 학교교육 운영의 주인이 되도록 만들어 주는 것이다.

〈표 6〉 2014학년도 서울유현초등학교 교육과정 운영 및 평가 일정

일시	주제	내용
3월 7일	교육과정 연수	2014학년도 학교 교육과정 운영계획 및 예산 운영에 대한 전 교직원 연수 및 공유
3월 18일	1학기 학교 교육과정 설명회	학부모와 함께하는 교육과정 설명회 시간으로 2014학년도의 주요 학사 일정, 학년별 특색 교육 활동 안내, 학급 교육과정 안내의 시간으로 진행
7월 7~11일	1학기 교육과정 설문	2014학년도 교육 계획, 1학기 교육과정 운영에 대한 학생, 학부모, 교사 설문 주간으로 온라인 설문으로 운영함
7월 17일	학부모 대표자 회의를 통한 설문 결과 공유	학부모 대표자 회의를 통해 설문 결과를 공유하고, 대안을 함께 논의함
7월 21일	1학기 교육과정 평가회-1	교사들의 교육과정 운영 평가의 자리로 전 교사가 모여 1학기 설문 결과를 확인하고 해석을 공유한 후에 학년별로 교육과정 운영에 대한 평가회 진행
7월 22일	1학기 교육과정 평가회-2	학년별로 평가했던 내용을 다 함께 모여서 공유하고, 질의 응답, 제안하는 시간으로 전 학년에 공통되는 내용은 마지막 날 논의 안건으로 제안함

7월 23일	1학기 교육과정 평가회-3	업무팀장의 평가 결과를 공유하고, 평가회를 통해서 제안되었던 논의 안건을 정선, 구체적인 논의를 진행해서 차기 연도 교육과정에 반영하도록 함
9월 2일	2학기 학교 교육과정 설명회	1학기 교육 활동 결과를 참가한 전체 학부모와 공유하고, 1학기 교육과정 평가회에서 제안된 내용으로 학부모 연수를 진행, 학년별로 모여서 1학기 교육과정에 대한 설문 결과를 공유하고 2학기 계획을 안내함
12월 8~12일	2학기 교육과정 설문	2015학년도 교육계획 및 교육과정 운영에 대한 학생, 학부모, 교사의 의견을 묻는 설문 주간. 학교교육 목표, 재량 휴업일, 9시 등교, 4학기제 운영, 학교 시설 개선 등에 대한 구체적인 항목으로 진행함.
12월 15일	2학기 교육과정 평가회-1	교사들의 교육과정 운영 평가의 자리로 전 교사가 모여 2학기 설문 결과를 확인하고 해석을 공유한 후 학년별로 교육과정 운영에 대한 평가회 진행
12월 16일	2학기 교육과정 평가회-2	학년별로 평가했던 내용을 다 함께 모여서 공유하고, 질의 응답, 제안하는 시간으로 전 학년에 공통되는 내용은 마지막 날 논의 안건으로 제안함
12월 17일	2학기 교육과정 평가회-3	업무팀장의 평가 결과를 공유하고, 평가회를 통해서 제안되었던 논의 안건을 정선함
12월 18일	2학기 교육과정 평가회-4	1~2학기 교육과정 평가회를 통해서 제안되었던 안건 중에 논의가 필요한 안건을 합의하에 정선하고 구체적으로 논의를 진행함. 논의를 마무리 짓지 못한 내용은 TF팀으로 이양하는 것을 합의. 2015학년도 교육과정을 위한 TF팀 구성
12월 19~30일	2015학년도 교육과정 수립을 위한 TF	교육과정 평가회를 통해 정선된 안건의 논의를 마무리하고 구체적인 교육계획에 대해 협의함
1월 9~10일	2015학년도 교육과정 수립을 위한 TF 워크숍	평가회 및 TF 논의로 정리된 내용으로 교육 기본 계획을 세우기 위한 워크숍
1월 26일	TF 보고회	TF를 통해 정리된 내용 및 교육계획을 전 교사가 공유하고 수정 제안하고 확정함
2월 12일	전입 교사 설명회	2015학년도 교육과정 기본계획에 대해 전입 교사에게 설명하고 안내함
2월 13일	가정통신문 안내	교육과정에 대한 설문 결과 및 2015학년도 교육계획 반영 여부, 건의사항에 대한 진행 정도를 가정통신문으로 안내함

서울유현초등학교, 2015-f

〈표 6〉은 교육과정 운영 계획을 전 교직원 및 학부모가 공유하고 운영하며 평가한 다음, 이 평가 내용을 다시 공유하며 이를 다음 연도 교육 계획에 반영하고 안내해 주는 1년 과정을 담고 있다. 가장 핵심적인 내용은 1학기 말과 2학기 말 3~4일 동안 운영되는 교사들의 교육과정 평가회다. 학부모, 교사, 학생들의 설문 결과를 공유하고 해석하는 작업과 함께 학년별로 운영했던 내용을 정리하고, 그 내용을 모든 학년의 교사들이 모여서 공유하고, 수정했으면 하는 내용이나 의견을 제안하고, 이를 다시 다음 연도 교육과정에 반영하는 과정이 충실하게 담겨 있다. 형식적으로 해야 하는 과정이 아니라 '교육적으로' 필요하기 때문에 하는 과정임을 알 수 있다.

〈표 7〉 2014학년도 서울유현초등학교 3학년 1학기 교육과정 운영 평가

1. 무엇이 우리를 즐겁게 했나?
  − 조소 활동 프로그램: 아이들에게 심리적으로 안정되는 시간, 정서 교육에 유의미했다.
  − 수업과 아이들의 생활지도에 전념할 수 있는 학교 업무 구조
  − 업무팀 ○○ 사랑 프로젝트와 교장 선생님 감미료 수업
  − 3학년 아이들이 하는 예쁜 짓, 아이들이 갖는 혁신학교라는 자부심
  − 서울시 교육혁신지구 사업으로 동아리 활동을 다양하게 할 수 있었던 점
  − 에어컨 사용에 대해 제재하지 않고 자율권을 준 것과 에어컨 내부 세척 작업
  − 학습준비물 등 학년 프로그램 운영 지원 체제
  − 다양한 수학 교구 구입으로 재미있는 수업 지원이 가능했던 점

2. 무엇이 우리를 지치게 했나?
  − 힘든 아이들이 많아서 끊임없이 돌봐주고, 이야기를 들어 주어야 하는 상황이다. 아이들의 태도를 보면 자기 이야기만 끊임없이 해야 하고 들어 달라고 하면서 대화할 줄 모르고, 다른 친구들의 이야기를 들어 주지 않는다. 그래서 교사가 많이 지친다.

－ 학부모 교육이 필요하다. 몇몇 엄마들의 친목 활동이 건강한 육아를 위해 도움이
되는 것이 아니라 서로 스트레스를 받고 그걸 또 아이들에게 푸는 상황이 발생하
고, 아이들은 학교에서 그걸 해소하고 싶어 하는 것 같다. 또 부모들이 개인적인 친
분 관계를 학교교육 활동에서 드러내는 것을 전혀 조심하지 않는다. 개인적인 친
분 관계를 전혀 객관화하지 못한다.
－ 우리 아이들은 지연능력(당장의 욕구를 지연시키는 능력)이 부족하다. 뭐든지 바로
해결되어야 한다(자발적 주의능력과 연관됨. 즉 자극-반응-보상의 기제에만 익숙해
지고, 자발성에 근거한 욕구 지연은 생활 속에서 이루어지지 않았다는 것, 그런 부
분에서는 상벌점제나 급수제 등을 전반적으로 재고해 봐야 함)
－ 2학기 교육과정 설명회(학년 중심)에서 이런 부분에 대해서 언급하고, 학부모 연수
등을 적극적으로 해야 한다. 아이들 상담과 지속적인 연계 교육이 필요한 부분이 있
는데 그런 아이들이 학교 방문 상담교사나 지역사회 전문가, 지역단체 등과 연계되
는 시스템을 마련하면 좋겠다. 내년에 혁신학교 예산이 예년처럼 마련된다면 학교
에 상담교사를 배치하는 데 사용하면 좋겠다.

3. 내년에 다시 3학년을 한다면 무엇을 바꾸고 싶나?
－ 2011 개정 교육과정 적용 첫 해여서 교과서도 늦게 나오고 해서 재구성을 하지 못
한 것이 아쉽고, 여전히 수업에 대한 압박으로 작용했다. 2학기 교과서도 아직 나오
지 않아서 답답하지만 8월 초중에라도 나오면 다 같이 모여서 교과서 내용과 교육
과정을 살펴보고 재구성해서 활용하고 싶다. 1학기를 지내 보니 재구성이 가능한
단원이나 내용이 보인다. 그런 부분을 간단하게라도 정리하면 좋겠다.
－ 심성 교육 프로그램과 부모 교육 프로그램이 필요하다. 끊임없는 소비와 비교의 악
순환에서 어느 누구도 자유롭지 못하고 서로 스트레스를 주고받고 있는 상황인 것
같다. 그런 부분을 조금이라도 바꿔 가고 스마트폰이나 TV가 아니라 아이들과 10
분이라도 대화하는 시간을 갖도록 돕는 활동이 필요하다.
－ 3학년 현장학습 중 지역역사 문화탐방 프로그램은 내용도 너무 어렵고 강사들의
교육 능력도 문제가 있다. 00구청에 적극 문제를 알려야 할 거 같다.

서울유현초등학교, 2014-b

이런 과정을 통해 교사들은 어떤 내용을 이야기할까. 1학기 평
가회에서 나온 학년 평가 내용을 보면 한 학기 동안 힘들었던 일,
즐거웠던 일, 다시 한다면 바꾸고 싶은 일에 대해 솔직하게 의견
을 나누는 것을 알 수 있다. 2학기 평가회에서는 교과 및 창의적

체험활동에 대한 평가, 생활교육에 대한 평가를 중심으로 한다. 이런 평가회는 혁신학교가 민주적인 협의 문화를 정착하지 않았다면 결코 만들어 내기 어려운 현상이다. 또한 이런 과정을 통해 교사의 교육과정 전문성이 강화될 수밖에 없다.

4. 교사 연수, 배우고 싶은 것을 배우는 교사

"오늘 오후 3시부터 시청각실에서 교원 연수가 있습니다. 선생님들께서는 한 분도 빠짐없이 시청각실로 모여 주시기 바랍니다."

어느 학교에서나 들을 수 있는 안내 방송이다. 주로 교장이나 교감, 혹은 연구부장의 개인적인 친분 관계 등에 의해서 교사 연수나 컨설팅 강사가 정해지고, 강사가 정해지면 그에 따라 주제도 정해진다. 충분히 의미 있는 내용으로 진행되기도 하고, 교사인 내가 근무하고 있는 학교의 맥락과는 전혀 다른 시간 때우기, 실적 보고용 연수나 컨설팅이 진행되기도 한다.

이런 문화는 학교의 오래된 관습이었다. 교사가 먼저 모이자고, 모여야 하는 것 아니냐고 제안하거나 먼저 해 보자고 하기 보다 모이라고 하면 모이고, 가라고 하면 가고, 하라고 하면 하고. '가만히 있으면 중간이나 가지만, 앞에 나서면 일만 늘어난다'는 암묵적 전제 하에 가만히 있기를 강제하는 학교문화 속에서 교사도, 학생도 숨 쉴 빨대 하나씩 마련해 놓아야 했다. 그 빨대가 대부분 누군가에 대한 뒷담화였다는 것은 참으로 씁쓸한 현실이다.

혁신학교에서는 관리자가 아니라 교사가 먼저 모이자고 한다. 교사가 먼저 해 보자고 한다. 대표적인 것이 교사 연수와 컨설팅이다. 누군가에 의해 정해진 시간에 정해진 주제와 정해진 강사에게 듣는 연수가 아니라, 교육과정을 운영하면서 필요하다고 생각하는 내용, 함께 고민해 보면 좋겠다고 생각하는 내용을 제안하고 함께 협의하여 결정하는 연수를 운영한다.

어느 날 갑자기 교사들에게 올해 어떤 연수를 받으면 좋겠는지 의견을 달라고 한다고 이런 문화가 만들어지는 것은 아니다. 일상적인 학교문화와 학교운영 시스템이 교사의 전문성을 존중하고, 교사 회의를 통해서 학교의 교육 활동에 대해 자유롭게 토론하고 의견을 제시할 수 있는 문화가 바탕이 되어야 한다. 그런 문화들을 혁신학교가 만들어 가고 있다.

서울의 한 혁신학교 1년 차 시절, 교사들이 자발적으로 수업을 열고 그 수업에 대해 진지하게 협의하는 문화를 만들고자 한 달에 한 번, 전체 공개수업이라는 형태로 교사 연수를 운영했다. 문제는 교장 선생님이 그 자리에 참석하지 않은 교사가 누구인지 확인하려고 했다는 점이다. 교사들은 교사 회의에서 이 문제를 논의했다. 논점은 학교 전체 행사로 진행하지만 그날 참석하지 않은 교사들에게 특별한 사정이 있을 수도 있었는데, 그것에 대해 확인하지 않고 왜 참석하지 않았느냐고 일방적으로 통보했는 점과, 그래서 모든 교사가 의무적으로 참석한들 참여하겠다는 의지가 없는 상태에서 머릿수만 채우는 것이 과연 그 교사의 전문성 향상에 도움이 되겠냐는 점이었다.

두 가지 논점을 통해서 나온 결론은 전체 제안 수업에 참여하지 않은 교사가 있다면 그럴 만한 특별한 사정이 있음을 인정해야 하고, 억지로 동원되기보다 자발적으로 배우고 싶은 마음으로 참여하는 것이 더 의미 있다는 것이었다. 그럼 이런 결론 이후에 열린 전체 공개수업에 교사들의 참여율이 더 떨어졌을까? 그렇지 않았다. 관리자의 감시의 시선, 외부의 시선이 두려워 머리만 채우는 수동적인 학교문화에서는 실제적인 교사 전문성 강화가 이루어지기 어렵다는 것을 다시 한 번 확인하게 된다.

2013년 5월 어느 날, 1학년 우리 반 아이들이 놀이 시간에 애벌레 죽이기 놀이를 하고 왔다고 자랑을 한다. 무슨 일인지 자초지종을 확인하니, 학교 화단 화살나무에 징그러운 애벌레가 엄청나게 많은데, 그 애벌레들이 화살나무 잎들을 다 갉아먹어서 보안관님이 벌레가 보이는 대로 밟아 죽여야 한다고 했다는 것이다. 그래도 어떻게 애벌레를 다 밟아 죽일 수 있느냐고, 너무하는 거 아니냐고, 불쌍하지 않았냐고 물어 보자 아이들은 모두 '보안관님이 그렇게 해야 한다고 했어요'라며 슬금슬금 발을 뺐다. 보아하니 어제오늘 일만은 아닌 것 같았다.

생명의 소중함을 알고, 자연과 더불어 사는 인간이라는 존재를 이해하며, 생태적 감수성을 키워 갈 수 있도록 달마다 두 번씩 생태 교육을 진행했지만, 정작 학교 구성원 전체의 의견을 조율하지 못하고, 학교 안에서의 자연 생태계가 어떻게 살아 움직이고 있는지 관심을 두지 못해서 벌어진 문제였다. 그래서 바로 교직원 전체에 메시지를 보내, 놀이 시간에 이런 일이 있었는데 이 문제를 해결하기 위한 방법을 같이 찾았으면 좋겠다고 했다. 돌아온 답은 '살충제를 뿌려서 아이들이 애벌레를 죽이는 일이 없도록 하겠다.'는 것이었다.

간단한 문제가 아니라고 판단해 교사 회의 안건으로 올리고, 애벌레의 이름, 생태적 습성, 방제 방법 등에 대해 간단히 정리한 내용을 공유했다. 교사 회의에서의 결론은, 화살나무 울타리 바로 아래가 텃밭인데 살충제를 뿌린다는 것은 근시안적인 방식이며, 생태계의 순환 속에서 그 애벌레가 어떻게 텃밭 생태계를 파괴하는지, 혹은 도움을 주는지, 애벌레의 주요 공격 대상은 어떤 작물인지 알아보는 '교육적 과정'으로 삼으면 좋겠다는 것이었다. 그리고 그런 부분에 대해서는 교사들과 교직원들도 너무 모르니 함께 연수를 받으면 좋겠다고 했다. 그런 과정을 거쳐 곤충 전문가를 모셔 와서 강의를 듣고, 실제 화살나무 울타리가 있는 텃밭에 가서 그 곤충을 살펴보고, 우리 학교 안의 곤충 생태계를 공부하는 계기로 삼은 적이 있다.

실제적인 우리 학교의 문제, 우리 아이들의 문제, 우리 학교 자연 생태계에 대한 문제를 전 교직원이 관심을 갖고 공유하는 과정을 갖는다는 것을 기존의 학교문화에서는 상상이나 할 수 있을까. 그저 관심 있는 몇몇 교사나 관리자의 일이거나, 화학적 방제 대상이었지 않을까. 그러나 교사가 자발적으로 제안하고 의견을 공유하고 결론을 찾아가는 과정은 이렇게 학교의 교육 활동 전반에 생명력을 줄 수 있다.

2013년 1학기 교육과정 운영에 대해 함께 평가하는 자리에서 한 교사가 '평화샘 프로젝트'라는 학교 폭력 예방 교육에 대해 교사 연수를 진행하면 좋겠다는 제안을 했다. 6학년 교사들이 자발적으로 연수를 받고 공유한 후 지난 학기 동안 실천해 봤는데 매우 의미 있는 프로그램이라는 결론을 내렸고, 이 내용을 전체 교사가 공유하면 좋겠다는 것이다. 그래서 2학기가 시작하자마자 3시간짜리 총론 연수를 받게 되었다.

연수를 받으며 기존의 학교 폭력 예방 교육들이 매우 형식적이었던 것에 반해, 폭력이 발생하는 구조에 대해 매우 현실적인 처방을 내리고 구체적인 실천 방침들을 공유할 수 있는 의미 있는 프로그램이라는 결론을 내렸다. 몇몇 교사는 자발적으로 그 이후의 구체적인 방법론들에 대해 공부하기 위해 자율 연수를 받았다.

2학기 교육과정 평가 회의를 진행하면서 내년에는 학교의 생활문화 교육을 '평화샘 프로젝트'로 진행하면 좋겠다는 제안이 나왔고, 교사들이 동의해 심화 연수를 진행하는 것으로 결정했다. 그 과정을 거쳐서 교사들이 연수를 받고, 학년별로 내년도 교육과정을 짜면서 구체적인 운영 계획을 만들고 실천했다. 그리고 그렇게 1년을 운영한 이후의 평가는 더 심화된 내용에 대해 컨설팅을 받자고 합의했다. 이렇게 교사들의 전문성을 신뢰하고 지지해 주는 학교문화는 자발적인 학습 문화를 만들어 간다.

5. 교사 학습공동체

교사 전문성 신장의 한 방안으로 전문적 학습공동체나 교사 학습공동체(PLC)에 대한 논의가 활발해지고 있다. 교사들의 자발적인 학습 모임에 대한 연구나 실천 사례들이 발표되면서 교육부나 교육청에서도 교사들의 학습 모임을 장려하고 있다. 창의인성교육연구회, 독서교육연구회 등은 교육부가 예산까지 지원하면서 운영을 확산시키는 대표적인 학습 모임이다. 각 시도 교육청마다 교과교육연구회라는 이름으로 조직화된 모임도 있다. 자발적인 교사들의 학습 모임은 그 역사가 깊다.

1980년대 후반 정부의 철저한 통제로 인해 교사들의 자주성과 전문성이 숨 쉴 틈조차 없던 시절, 민주화의 물결과 함께 이러한 비주체적인 자세에서 벗어나 창의적이고 올바른 교육 내용을 스스로 연구하고 만들어 가려는 노력들이 그 시작이었다. 교육의 주체로 서고자 했던 교사들의 욕구가 분출되면서 다양한 교과 모임이 급속하게 만들어진 것이다. 교과 모임은 수업 시간에 '무엇을, 왜, 어떻게' 가르칠 것인가를 고민하는 교사들이 만든 자주적

연구 실천 모임으로, 교육과정을 포함한 교육 내용의 민주화를 스스로 이루어 내려는 교사들의 자발적인 운동이었다(전국교직원노동조합, 2012-b).

1983년 초·중·고·대학교 선생님 47명이 첫 모임을 가지면서 창립한 한국글쓰기교육연구회 역시 교사들의 학습과 실천 공동체이다. '어린이와 청소년들의 인간다운 삶을 키워 갈 수 있는 글쓰기 교육을 실천하고 연구하는' 것을 목적으로 정하고 전국적인 활동을 했다. 회보를 발간하고, 정기적·비정기적 모임을 통해 서로 가르치고 배우면서 '삶을 가꾸는 글쓰기'란 말이 우리나라에서 참교육의 알맹이를 가리키는 말처럼 되게 했고, 글쓰기로 훌륭한 교실 문화를 만들었다(한국글쓰기교육연구회 누리집). 혁신학교 운동에 기여하는 교사들 중 한국글쓰기교육연구회에서 공부한 교사들이 많은 것도 사실이다.

교사들의 전국적인 연구 모임을 넘어 한 학교를 함께 바꾸어 보려는 혁신학교는, 나름의 연구 역량을 지닌 교사들이 모여서 일상적인 공부 모임을 만들어 가려고 노력한다는 점에서는 조금 다른 측면들이 있다. 내가 날마다 얼굴을 마주하며 학교생활의 모습을 고스란히 보여 주는 사람들, 하나의 안건을 두고 얼굴을 붉히면서 찬반 논쟁을 하던 사람들과 함께 바로 오늘의 이 현장에서 공부 모임을 만들어 가는 것이다.

혁신학교 교사들이 자발적으로 연구 모임을 만드는 이유는 '나'를 넘어서는 관계의 경험을 통해 모두가 성장할 수 있는 계기가 된다는 것을 알기 때문이다. 교사라는 직업이 지닌 속성이 기계를 다루는 것이 아니라 인간의 성장과 발달을 돕는 것이기 때문에 교사라는 직을 수행하는 인간의 자기 성장과 발달이 어쩌면 그 어떤 역량보다 깊이 있게 이루어져야 한다. 세상을 널리 이롭게 한다는 홍익인간(弘益人間)의 정신을 자기 삶으로 구현하려는 교사의 진실된 삶이 사실은 그 어떤 전문성보다 우위에 있어야 하며, 그런 진실된 삶, 자기 성찰적 능력은 교사의 가르침에 진정성과 힘을 부여해 준다. 방법론과 기교에 매몰된 교사를 넘어 철학하는 교사로서의 정체성은 나를 넘어서는 관계의 경험을 통해서만 가능하다.

학년협의회, 제자리 찾기

모든 학교에는 학년협의회가 존재한다. 초등학교나 중등학교나 마찬가지다. 초등학교는 학교의 많은 부분이 동학년 중심으로 운영되기 때문에 좀 더 긴밀한 모임으로 운영되는 반면, 중등학교는 교과 중심으로 운영되는 경향이 강해서 형식적인 모임이 되는 경우가 많다. 그러나 혁신학교의 학년협의회는 친목 모임이나 형식적인 모임을 넘어서 학년협의회의 진정한 의미를 찾으려고 노력한다.

신은초등학교에 와서는 항상 시작부터 다시 생각해보는 버릇이 생겼다. 혁신학교의 1학년은 어때야 할까? 입학식은 어때야 할까? 교과의 말투와 눈빛은 어때야 할까? 교실에서 아이들은 어떤 이야기를 나눌까? 돌이켜 보면 겉으로 보이는 모습은 전에 근무하던 곳과 크게 다르지 않을 수도 있다. 하지만 안에서 보는 아이들과 교사들은 혁신 3년간 고민의 크기만큼 정말 많이 달라져 있었다. (중략)

아이들을 향한 우리의 바람을 위해 교사들끼리 작은 약속도 정해본다. 경쟁을 유발하는 상벌점이나 수상 등의 요소를 없앴으며, 영상 매체를 사용하지 않기로 했다. 교사의 명령이 아니라 아이들 사이의 논의를 통해 학급을 함께 가꾼다. (중략) 수많은 교육 활동에 매몰되지 않고 아이들의 성장을 실현하기 위해서는 이 같은 1학년 교사들의 고민과 논의가 중요한 역할을 했음을, 그리고 동료 교사들의 축적된 연구 자료가 바탕이 되었음을 분명히 하고 싶다. 아이들뿐만 아이라 교사도 공부하며 함께 발전하는 경험을 갖는 것은 무척이나 설레고 기쁜 과정이었음을 고백한다.

— 서울신은초등학교 교육과정 연구 교사모임, 2015

학년부장 중심으로 각자 분야를 나누어 만들던 학년 교육과정 내용을 교사들이 다 함께 모여서 검토하고 새롭게 교육과정을 재구성하는 것에서부터, 주간 학습 계획을 같이 논의하고 자료를 공유하는 것까지, 학년협의회는 교사의 전문성을 신장하는 데 감초와 같은 역할을 한다. 교사들이 겪고 있는 어려움들, 학생 지도 문제나 교수법 등에 대해 털어놓고 이야기하는 것이 그 출발이다.

중등 혁신학교의 경우 변화의 폭이 더 크고 넓다. 교과별로 분과화되어 형식적으로 이루어지던 학년협의회가 교과별로 넘나들면서 '내가 가르치는 교과'로만 학생들을 보지 않고 다양한 관점으로 바라보게 된다. 학년에서 교육 내용이나 방향 등을 함께 논의하고 운영하는 과정들이 학교의 문화를 새롭게 바꾸고 있는 것이다.

〈그림 12〉 다양한 교사 모임

서로 배우는 수업협의회

혁신학교의 교실은 언제나 열려 있다. 누구나 원하면 사전 협의 과정을 거친 후 교실에 들어와서 수업을 볼 수 있다. 그럼에도 공식적으로 학년별, 학급별로 다양하게 수업을 공개하고 자기 수업을 돌아볼 수 있는 장치들을 마련해 놓고 있다. 수업에 대해 가장 정확하게 평가할 수 있는 사람은 다른 누구도 아닌 수업을 진행한 교사 자신이다. 수업을 공개한다는 것은 자신의 수업 능력을 '평가'받기 위한 것이 아니라 수업 능력을 '향상'하기 위함이다. 그렇기 때문에 자발적으로 자신의 수업을 열어 두고 다양한 관점에서 수업을 다시 생각해 볼 수 있는 인위적인 계기를 만들어 보는 것도 참 의미 있는 일이다.

혁신학교에서는 많은 선생님이 자발적으로 학교 전체 선생님들에게 자신의 수업을 공개한다. 수업 지도안은 길게 쓸 필요가 없다. 교사가 어떤 관점에서 수업을 준비했는지, 수업의 흐름은 어느 정도로 계획했는지, 학생들의 자리 배치는 어떤지 간략하게 A4 한 장 분량으로 준비한다. 일상적인 수업을 공개하는 것이기 때문에 요란하게 준비하지 않는다. 일상적인 수업 속에서 성찰할 것들과 배워야 할 것들이 더 많기 때문이다.

수업에 참관한 교사들은 수업하는 교사를 보지 않는다. 학생들을 본다. 보통 수업 참관을 가면 교실 뒤에 서 있지만, 혁신학교에서는 교사들이 학생들 바로 옆에 서서 수업을 참관한다. 그래야 학생들이 잘 보이기 때문이다. 아이들이 수업에 어떻게 참여하는지, 어떤 활동에 어떤 반응을 하는지, 어떻게 시도하고 실패하며 어떻게 성공하는지, 학습이 일어나는 과정을 본다. 그리고 그렇게 지켜본 과정은 내 수업 과정에, 우리 반 학생들의 반응이나 모습에 고스란히 투사된다.

수업을 마치고는 참관한 교사들과 수업을 한 교사가 모여서 수업에 대해 이야기꽃을 피운다. 수업을 한 교사는 어떤 관점에서 수업을 준비했는지 자기 고민을 털어놓는다. 참관을 한 교사들은 수업을 통해 배운 점을 자신의 맥락에서 이야기한다. 섣부르게 비판하지 않고 지적하지 않는다. 무엇보다 수업의 실패와 성공 요인이 있다면 수업을 한 교사 자신이 가장 먼저, 가장 잘 알 것이기 때문이다. 그리고 마지막으로 수업을 한 교사가 전체를 돌아보고 성찰한 내용을 풀어 놓는다.

〈표 8〉 공개수업 협의록

서울유현초등학교	교과1실	수업자	한희정
수업 교과	영어	지도 단원	I Like Apples

〈수업한 교사의 관점 나누기〉
- 영어를 싫어하는 아이들, 영어 수업으로 극복하려 노력
- 영어 사교육을 받은 아이와 그렇지 않은 아이들 사이에서 즐겁게 영어를 할 수 있는 방법은?
- 내가 좋아하는 야구, 그것을 표현하려고 하는 아이들
- 문법의 구조를 반복적으로 가르치면 알 수 있을 것이라는 잘못된 관점
- 영어와 국어의 차이를 아이들에게 명시적으로 가르쳐 줄 필요가 있다고 생각함
- 자폐 아이, 국제학교(중국) 다니다 온 청강생 두 명 특수한 학생이 있었음

〈함께 돌아보기〉
- 아이들이 허용적인 분위기에서 모두가 참여하여 오늘 주제에 대해 발화하였음
- 청강생 어린이가 매우 잘 하는 어린이로 많은 내용을 종이에 적었는데 발표는 다른 아이들의 수준으로 하였음. 나중에 게시하여 공유할 필요도 있을 듯
- 3학년에서는 알파벳 정도만 쓰는데 문장도 쓸 수 있다는 것을 보여 줌. 모둠 안 관계는 조금 덜 익숙한 듯
- 영어 수업에서 교사가 얼마나 중요한지 느낌
- 언어 수업에서 선생님이 진행한 방법이 말하기, 읽기, 듣기, 쓰기 모두를 활용하여 한 가지 주제로 진행한 점에 감동
- 영어 수업할 때 맥락보다 언어 지식과 기능 전달하려 노력하였는데 맥락 중심의 수업
- 수준이 다르지만 맥락 속에서 진행한 영어 수업
- 영어에 노출되는 시간이 많았음
- 스트레스 받지 않고 영어에 참여하는 모습이 좋았음

- 허용적이었지만 교사가 정확하게 오류를 짚어 주는 점 - 싫어하다와 좋아하지 않다는 다름
- 예스 아이 두와 예스 아이 엠의 차이에 대한 설명
- 2학년 수업에서 세 문제 정도 하면 아이들이 참 힘들어하는데 집중력 매우 강한 느낌
- 국어가 아니라 영어인데도 지치지 않고 열심히 하는 모습 배움
- 활동2가 매우 어렵다고 생각하였는데 아이들과 쉽게 접근하는 모습이 매우 인상적
- 실수해도 두려워하지 않는 모습이 인상적
- ○○이는 옆에서 챙겨야 하는 친구인데 영어 시간에는 처음에는 그냥 앉아 있었는데 늦었지만 뭔가를 하는 모습, 배움의 속도가 느리지만 느린 속도대로 열심히 하니 걱정 마시라 중간 통지 써 줌. 영어 시간의 ○○이는 평소보다 잘 하고 있음
- 다양한 교사에게 노출되는 것이 좋다는 느낌
- 발표도 잘하고 열심히 잘 해서 뿌듯한 수업
- 영어 수업 궁금했는데 영어 알파벳을 그려오던 아이들이 문장까지 잘 쓰는 아이들 보며 대단하다고 생각함
- 교사: 능력자. 학교 일, 국어 수업에 영어까지 잘 하면 어쩌란 말인가? 자신감 있는 교사의 모습, 외국인에게도 묻고 / 공부를 싫어한다는 아이에게 끝까지 물어서 수학이 싫다는 것을 알아내며 관심 갖게 해 준 모습이 인상적 / 여유 있고, 실력 뿜어 나오는

(중략)

- 초3 때부터 배운 영어, 영어 울렁증 있는데 영어를 못 해도 모두가 참여할 수 있는 수업
- 그림으로 그려도 되고, 칠판에 있는 것 보고 그리기
- 칠판에 있는 단어뿐만 아니라 다양한 단어들을 사용
- 각자 다른 수준의 아이들이 자신을 표현한 수업
- 책 만들기 활동이 이면지 접어서 풀칠해서 포트폴리오로 만든 점 좋은 아이디어
- 기능적인 단어가 아니라 일상 삶의 단어들을 사용하는 교사
- 1모둠의 아이들, 열심히 좋아하는 것, 싫어하는 것 쓰고, 모르는 것 선생님한테 묻고 영어로 쓰려고 하는 욕구 보여 줌
- 돌아가면서 할 때 못하는 친구 없이 모두 잘하는 교실 매우 놀라움

공개수업 협의록 보고서(서울유현초등학교, 2014-a)

5장
특색 있는 교육과정으로
즐거운 학교

국가 주도의 세분화된 교육과정은 본래 의도한 바가 어떻든 학교의 교육 활동을 획일화하는 경향이 크다. 교육 당국이 '영어교육 강화' 정책을 쏟아 내면 전국의 모든 학교가 영어 교실을 만들고 영어 캠프를 운영하느라 들썩이고, '학교 폭력' 정책을 쏟아 내면 이와 관련한 교육 활동이 만연한다. 그 정책의 적실성 문제는 그 학교에 그런 '교육 활동'이 필요한 것인가에 대한 학교의 자체적인 판단에서 출발해야 한다. 그러나 그런 것과 관계없이 해야 할 '일'로 주어진다. 그리고 '보고'한다.

특색 있는 교육과정은 학교의 지역적·문화적 특성을 살려서 학생들이 배우고 싶어 하고, 학부모들이 의미 있는 교육 활동이라고 지지하며, 교사들이 하고 싶고 할 수 있는 교육 활동을 그 학교의 교육과정에 담아 내는 것이다. 이는 학년별 교육과정 재구성, 문화예술 교육, 생태 체험 교육, 인권 · 평화 교육, 자율적인 동아리 활동 등으로 구체화된다. 이런 활동들이 혁신학교에서는 어떻게 구체적으로 펼쳐지고 있는지 살펴보자.

1. 학생 발달을 고려한 학년 교육과정

초등학교 학령기 학생들은 발달의 스펙트럼이 넓다. 가정이나 어린이집, 유치원을 떠나 좀 더 넓고 큰 사회적 관계 속으로 들어가기 위해 첫발을 내딛는 1학년부터 초등학교 6년의 시기를 마무리하고 또 다른 관계의 장에 들어갈 준비를 하는 6학년까지 변화의 폭이 크다. 그렇기 때문에 학생들의 발달 특성을 고려한 학년별 교육과정 운영이 무엇보다 필요하고 중요하다.

우리나라의 교과 교육과정은 초등학교 학생들의 발달 특성을 고려하기보다 중등학교 교과 체제에 종속되어, 교과의 내용적 논리에 따라 하향식으로 개발된다. 모든 교과가 그렇지만 수학 교과를 예로 들면, 고등학교 3학년 과정에서 도달해야 할 교과 목표와 내용을 정해 놓고 고등학교, 중학교, 초등학교 수학 교육과정으로 내려 넣는 방식이다. 고등학교가 국민 공통 기본 교육과정에서 벗어나 선택 교육과정이 되었지만 이런 관행은 아무리 문제제기를 해도 바뀌지 않는다.

초등학교 1학년 학생들의 발달 특성에 근거해 1학년 수학 교육과정과 교과서를 개발하고, 그 토대 위에서 2학년부터 6학년까지의 교육과정을 만들며, 초등학교 6학년 학생들의 일반적인 성취 수준을 기초로 하여 중학교 수학 교육과정을 개발해야 한다는 지극히 상식적인 이야기 역시 현실화되지 못하고 있다. 정부에서는 교육과정을 개정할 때마다 교육 내용을 감축하고 적정화한다고 내세우지만 실제로 그렇게 되었다고 현장 교사들이 평가하는 것은 한 번도 듣지 못했다. 공부하는 학생은 뒷전이고 교과의 내적 논리에 따라 분수를 2학년에 넣었다 3학년에 넣고, 방정식과 비례식을 초등학교 6학년에 넣었다 다시 중학교로 보낸다. 문제해결을 하나의 단원에 넣었다 모든 단원 마무리에 끼워 넣는 식으로 왔다 갔다 하는 등 갈팡질팡이다.

이런 상황이 수학 교과만의 문제가 아니라 모든 교과 교육의 문제라는 데 그 심각성이 있다. 초등부터 고등까지 상향식 체계가 만들어지기 전까지 국가 교육과정이 정상화되기는 어렵다. 이런 한계를 극복하기 위해서 학교마다 '학년 교육과정'을 만든다. 그 학년 학생의 발달 특성에 맞게 교과 교육을 비롯한 학년의 교육 내용을 전체적으로 조율하고 조정하는 작업이다. 교육과정의 적정화를 단위 학교의 학년 교육과정에서 구현하겠다는 뜻이다.

그러나 실제로 일반 학교에서 학년 교육과정이 만들어지는 현실은 교과 내용과 학생들의 발달 특성에 대한 전반적인 조율과 조정보다 교과별 시수 운영 계획, 진도 계획을 중심으로 만들어진 학년 부장의 작품이거나 전년도 학년 담당 교사들의 작품인 경우가 많다. 학년 교육과정은 있지만 교실 현장에서 실제적으로 구현되지 않고 교과서로 교육 활동이 구현된다. 이런 관습에서 벗어나기 위해 혁신학교 교사들은 적극적인 교육과정 재구성을 통해 학생의 발달과 학교의 상황, 지역사회의 조건 등을 반영한 학년 교육과정을 만들어 가려고 노력하고 있다.

〈표 9〉 1학년 교육 활동 운영 계획

삶을 가꾸는 체험과 놀이로 오늘이 행복한 어린이

교육과정 재구성을 통해 모두가 함께 배우는 수업

- 어린이의 성장과 발달을 돕는 교육과정, 학급 교육과정 운영과 지속적 평가에 따라 만들어가는 교육과정
- 활동, 협동, 공유가 있는 수업으로 모두가 호기심을 가지고 즐겁게 함께 참여하는 수업 만들기
- 교육과정 중심의 현장 재구성을 바탕으로 아이들이 삶과 연결된 교과 내용으로 수업 디자인하기
- 한 명도 소외되지 않고 탁월한 배움을 이루어가는 수업 만들기
- 잘 들어주는 교실, 무언의 소리도 놓치지 않는 교실과 평등한 관계로 함께 배우는 수업 만들기
- 안전한 발언의 기회, 어느 누구도 차별하지 않는 평등한 관계 속에서 함께 배우는 수업 만들기

교과 교육과정과 통합된 창의적 체험활동 운영

- 어린이의 사회적, 인지적, 정서적 발달 과정을 고려한 교과 학습 활동과 이를 심화하는 창의적 체험활동 운영
- 학교적응활동, 기초한글학습, 생태체험교육, 창의음악활동, 독서체험활동, 개인 문집 만들기 등 어린이의 심미적 감수성, 정서적 안정, 언어적 표현력, 사회적 관계성을 함양할 수 있는 다양한 창의적 체험활동 운영
- 담임교사의 교과학습 전문성과 창체활동 교사의 특수 영역 전문성을 결합한 협력교수-학습활동 운영

평화롭고 안정된 학급 문화 만들기

- 1학년 어린이들의 사회성과 정서 발달 과정을 고려한 학급 운영
- 괴롭힘이 없는 평화로운 교실을 만들기 위한 학급 규칙을 만들고 실천하기
- 다툼이 생겼을 때 "멈춰!"를 하고 역할극을 통해 상황을 파악하고 대화를 통해 해결하기
- 서로의 이야기를 먼저 들어주고 겉으로 드러난 현상보다는 과정과 맥락을 이해하는 상담 활동
- 다 함께 하는 놀이를 통해 서로 협력하는 관계, 서로 배려하는 관계, 서로 좋아하는 관계 만들기
- 다양한 전래 놀이, 놀이감 놀이, 실내놀이를 통해 안정적인 정서를 주고, 자존감 키우기

기초기본교육 내실화 + 독서활동 강화 + 창의인성 교육

- 주제가 있는 삶을 가꾸는 글쓰기
- 입말과 배운 개념 어휘를 중심으로 한 받아쓰기
- 텃밭 가꾸기를 통해 노작 활동의 즐거움과 가치 알고, 소근육 발달시키기
- 매일 아침 책 읽기와 선생님이 읽어주는 책 듣기 및 독서체험교육 활동 주간 운영

삶을 가꾸는 체험과 놀이로 오늘이 행복한 어린이

- '오늘을 행복하게 살아본 자만이 내일도 행복하게 살 수 있다'는 마음 갖기
- 모든 것을 내일로 유보시키도록 두려움을 양산하는 오늘의 문화 극복하기
- '개념과 덕목은 주입될 수 없다. 개념과 덕목은 직접 교수될 수 없다.'는 생각으로 아이와 만나기
- 삶을 가꾸는 체험과 놀이를 통해 오늘을 즐겁고 행복하게 살아가는 어린이 문화를 만든다는 믿음 갖기
- 단계별 평가, 경쟁적 평가, 서열 중심의 평가, 지필 평가만이 강조되는 평가가 아닌 각각의 아이들의 소중한 배움을 돕는 인간적인 평가로 불안함보다는 안정감 있는 1학년 생활하게 하기

서울유현초등학교, 2015-d

〈표 10〉 2학년 교육 활동 운영 계획

신나는 학교, 즐거운 교실, 행복한 우리

함께 하는 독서 시간 운영

- 운영시간: 매일 아침 8시 40분 - 9시
- 운영계획: 매일 아침 스스로 책 읽기 10분, 선생님이 읽어주는 책 듣기 10분 실행

2학년 권장도서 100권 목록 지정
  - 다양한 독서 후 활동(학습지, 말놀이, 독서퀴즈, 그리기 등)
  - 도서관 이용 학습 내실화(국어시간 활용)
  - 스스로 책 찾아 읽기의 습관화
  - 매일 1권씩 읽기(도서실 활용)

기초기본교육 내실화

- 국어교육의 내실화- 바르게 읽고 자신의 생각을 분명히 나타내며 부담 없는 글쓰기교육에 주안점을 두고 1분 말하기. 일기쓰기, 받아쓰기, 친구들에게 이야기 들려주기, 매일 책 대여하여 책읽기 실천
- 기초 셈하기 교육 강화
  - 수학 수업 후 교사 판단에 따라 과제를 수준별로 제공
  - 종이파일에 누적을 통해 자신의 부족한 점 스스로 찾아 공부하기 지도

협력강사와 함께 하는 생태-예술-체육 교육 활동

- 생태체험교육: 3월부터 12월까지 격주 화요일 1블럭(총 15회, 30시간)
  - 3월 17일부터 격주로 운영, 생태체험강사는 1학급에 2인으로 구성하여 9~10명으로 구성된 두 모둠으로 활동을 진행, 봄 · 여름 · 가을 · 겨울 대주제 통합교과 학습과 연계하여 교육 활동을 계획
- 창의 음악교육: 3월부터 12월까지 격주 화요일 1블럭(총 15회, 30시간)
  - 3월 17일부터 격주로 운영, 창의 음악강사와 담임교사의 협력 수업으로 유현어울터 동아리실 활용, 창의적 체험활동 동아리 활동으로 편성하여 통합교과 교육과정과 연계하여 진행.
- 인라인스케이트: 3월부터 5월까지(총 8회, 16시간)
  - 스포츠강사와 협력수업으로 즐거운생활 교과 연계 활동, 기초체력강화 및 저학년 신체 발달을 고려한 체육활동 운영

교과교육과정과 통합된 현장체험학습 운영

- 봄—능동 어린이 대공원, 여름—두물머리 애벌레 생태학교, 가을—한국민속촌, 겨울—캐롤과 함께하는 연극 감상 등 교과 내용과 연계하여 진행
- 어린이의 사회적, 인지적, 정서적 발달 과정을 고려한 교과 학습 활동과 이를 심화하는 현장체험학습 운영

평화샘 프로젝트와 월별 학급 세우기 활동을 통한 평화로운 학급·학년 공동체 만들기

- 평화샘 프로젝트는 학급에서 학생과 교사가 하나 되어 평화로운 학급을 만드는 규칙을 만드는 프로젝트
  가) 학기 초 평화샘 프로젝트 오리엔테이션 및 학기 중 상시 운영
  나) 학년공동체의 규칙 정하기와 실천에 따른 평화로운 학년 분위기 조성
  다) 학년의 모든 선생님들이 평화의 본보기가 되어 정서적 안정 도모
  라) 억지로 하게 하는 외적 규제가 아닌 스스로 즐겁게 생활하는 학년 문화 만들기
- 학급 세우기 활동이란 다른 환경과 경험을 가진 학생들이 적극적인 학습공동체가 되어 가는 과정으로 저마다가 스스로를 학급의 일원이라 생각하고 포용적인 학급을 만들기 위해 노력하는 다양한 활동을 의미함.
  가) 연중 각 달의 학급 세우기 프로그램을 운영
  나) 단순한 게임에서 벗어나 협동적 학급 분위기 조성
  다) 다양한 관계 맺기와 사회적 역할을 학습

서울유현초등학교, 2015-d

1~2학년 학생들은 신체의 감각 발달과 문자 교육을 통한 읽기 쓰기 능력 및 수 개념의 발달이 중요한 시기이다. 따라서 몸을 움직이며 직접 체험해 보고 주변의 세계를 탐구해 보는 것, 놀이를 통해서 관계를 맺고 규칙을 몸에 익혀 가는 활동들을 중심으로 통합교과 수업을 운영한다. 학교와 나, 가정, 이웃, 우리나라와 같은 공간의 확대에 따른 자신의 존재와 관계에 대한 이해와 봄·여름·가을·겨울과 같은 계절의 변화에 따른 주변 세계와 생활 세계의 변화를 탐구하고 적응하는 것을 주로 학습한다.

서울유현초등학교에서는 이런 1~2학년 학생들의 발달 특성과 교과 내용의 특성을 반영하여 학년별 교육과정 운영계획을 만든다. 학교 바로 뒤에 산과 계곡이 있는 자연 조건을 활용하여 격주로 전문 강사와 함께 생태 교육을 진행하면서 봄·여름·가을·겨울과 같은 계절의 변화를 직접 탐구한다. 문화적으로 소외되

어 있어 다양한 문화 체험을 할 수 없는 조건을 고려하여 격주로 창의 음악 전문 강사와 함께 다양한 악기를 탐색하고, 음악을 이루는 요소들을 배워 가며 직접 하나의 이야기 노래극을 완성해서 무대에 올리는 과정으로 1년간 협력수업을 진행한다. 1학년 학생들에게 글말을 읽고 이해하는 것에 흥미를 주기 위해서 아침 열기로 교사가 책을 읽어 주는 교육 활동을 운영하고, 독서 체험 주간을 두어 책 한 권으로 할 수 있는 다양한 체험활동을 할 수 있도록 구성한다. 또한 아이들은 상자 텃밭을 가꾸면서 생명이 자라나 꽃을 피우고 열매를 맺는 과정을 함께 경험하며 생명의 소중함을 배운다. 이런 특색 활동들은 창의적 체험활동으로 운영되지만 국어, 슬기로운생활, 즐거운생활과 같은 교과 교육과정의 내용과 연계되어 있기 때문에 수업 활동을 더 풍부하게 해 준다.

〈표 11〉 3학년 교육 활동 운영 계획

배움과 나눔으로 생각이 자라는 어린이
심미적 감수성과 표현력, 창의성 함양을 위한 창체 활동과 교과교육과정의 통합 운영
•어린이의 사회적, 인지적, 정서적 발달 과정을 고려한 교과 학습 활동과 이를 심화하는 창체교육 활동 •생존과 안전을 위한 필수적인 삶의 기술, 수영교육 •학교적응활동, 조소 활동, 창의 음악교육 활동, 아침독서 활동, 학급 마무리 잔치 등 어린이의 심미적 감수성, 정서적 안정, 언어적 표현력, 사회적 관계성을 함양할 수 있는 다양한 창체활동 운영 •담임교사의 교과학습 전문성과 창체활동 교사의 특수 영역 전문성을 결합한 협력교수-학습활동 운영

평화샘 프로젝트를 활용한 평화롭고 안정된 학급 문화 만들기

- 서로의 이야기를 먼저 들어주고 겉으로 드러난 현상보다는 과정과 맥락을 강조하는 상담 활동
- 다른 사람의 의견을 존중하며 스스로 의사 결정을 하는 학급 다모임
- 평화샘 프로젝트 4대규칙과 함께 만들어가는 학급 규칙을 통한 평화로운 학교문화 만들기
- 3학년 어린이들의 사회성과 정서 발달 과정을 고려한 학급 운영
- 아이들의 정서적, 사회적 현실 인식에 대한 심도있는 이해를 돕기 위한 교장선생님과 함께 하는 감성미술 수업 운영

기초기본교육 내실화 + 독서활동 강화 + 창의인성 교육

- 읽기, 쓰기, 셈하기 기초기본 교육 내실화
- 아이들이 쓰는 말, 교과 공부에서 학습 내용을 중심으로 한 받아쓰기와 생활 글쓰기를 통한 글쓰기 공부
- 다양한 수학 교구를 활용한 재미있고 창의적인 수학 공부
- 파닉스와 읽기교육을 중심으로 영어 기초학습 능력 다지기
- 아침활동(책읽어주는 선생님, 아침 책읽기, 선배와 함께 책읽기), 도서관 교육, 학급도서, 100권독서 등을 통한 독서교육
- 억지로 하게 하는 외적규제가 아닌 스스로 즐겁게 공부하는 학교 학급문화를 통한 창의인성 교육과 자발성 교육

학년 공동체 프로그램으로 심성 및 인성 교육 프로그램 운영

- 놀이시간과 점심시간을 활용한 다양한 전래놀이 및 몸놀이를 통해 신체 발달, 관계성 및 사회성 기르기
- 5학년 형님들과 이촌 맺기 프로젝트 활동을 통해서 소통과 공감의 인성 기르기
- 장애이해교육, 학년공동체 놀이, 교실야영 활동 등으로 더불어 함께 행복한 어린이, 민주시민으로서의 자질 기르기
- 조소 활동, 창의 음악, 인권 교육 등 다양한 프로그램 운영으로 협력 중심 문제해결 능력 기르기

교사와 학생의 협력으로 함께 만들어가는 교육과정과 과정 중심의 평가

- 어린이의 성장과 발달을 돕는 교육과정, 학급 교육과정 운영과 지속적 평가에 따라 만들어가는 교육과정
- 점수와 서열 중심의 평가를 지양하고 개별 어린이의 발달 과정을 기록하는 평가
- 교과서 진도 빼기식 수업이 아닌 교육과정 중심의 현장 재구성을 바탕으로 한 교과 교육과정 운영
- 교육과정과 통합된 다양한 행사를 통한 활동 중심의 주제통합수업

서울유현초등학교, 2015-d

〈표 12〉 4학년 교육 활동 운영 계획

함께 성장하고 서로 도와주며 꿈을 키워가는 어린이

만들어가는 교육과정 운영

- 인지적 영역뿐 아니라 정서적·사회적 영역을 포괄하는 진단 활동
- 삶을 바탕으로 하는 살아있는 글쓰기 교육, 체험과 활동 위주의 수학교육, 지역사회와 연계한 체험형 사회과 학습, 실험과 탐구를 바탕으로 하는 과학교육을 통한 기초기본 교육의 내실화
- 국어, 사회, 과학, 수학 교과의 학생들의 발달을 고려하여 재구성한 주제중심 통합 교육과정 운영
- 교육 활동을 스스로 재구성하여 발표할 수 있는 능력을 키우는 전산 교육 신설

평화롭고 안정된 학급 문화 조성

- 학년 초 다양한 놀이와 활동을 통해 협력하고 소통하는 학급세우기 프로그램 운영
- 배려하고 도와주는 학급 문화 형성을 위한 평화샘 프로젝트 실시
- 심리적·정서적인 이해를 돕기 위한 학년 초 감성미술 프로그램 운영
- 민주적인 학급 문화 정착을 위한 활발한 학급·학년 다모임 지원

도예와 창의 음악 활동을 통한 감성 교육

- 흙의 감촉을 느끼고 다양한 공예 도구들을 사용하는 경험을 통해 섬세한 감각을 일깨우고 자신의 존재를 인식하는 도예 활동
- 이야기를 다양한 악기와 몸짓으로 표현하고, 함께 노래를 만들고 부르는 과정을 통해 음악 속에 담긴 의미를 이해하고 감수성을 발달시키는 창의 음악 활동
- 흙을 통해, 그리고 소리와 악기, 몸짓을 통해 자신의 감정 조절 및 감정 표현하는 방법 습득

다양한 활동을 통한 독서 교육의 활성화

- 아침열기 시간을 활용한 담임 선생님과 함께 하는 독서 시간 운영
- 교과 시간과 연계한 도서관 활용을 통해 독서 환경 조성
- 학생 스스로 만들어 가는 권장도서 목록을 통한 독서의 생활화
- 독서 활동과 연계한 학급신문을 통해 풍부한 사고력과 표현능력 신장

공동체 프로그램을 통해 더불어 살아가는 유현 공동체 형성

- 다름을 인정하고 모두 함께 어울려 살아가는 인권 수업
- 함께 나누고 협력하는 과정에서 스스로 성장해 가는 교내 이촌 맺기 활동
- 월 1회 이상의 학년 공동체 놀이로 원만한 또래 관계 형성
- 시티투어, 문화체험 활동, 동아리 활동, 교실야영, 수련활동, 스키캠프를 통해 자립심과 문제해결 능력 신장

서울유현초등학교, 2015-d

3~4학년 학생들은 우리말 발달이 어느 정도 완숙해지고 나와 세계에 대한 인식이 시작되는 시기다. 동시에 국어, 수학, 통합교과로 되어 있던 교과가 국어, 수학, 과학, 사회, 영어, 음악, 미술, 체육, 도덕으로 분화되어 혼란과 어려움을 겪는 시기기도 하다. 글말에 숙달하면 자발적 주의 집중 능력이나 논리적 기억 능력이 발달한다. 따라서 이야기 글의 세계에서 설명하거나 주장하는 글로 확대되고, 수학적 추상 능력을 넘어 곱셈과 나눗셈의 원리를 이해하고 계산할 수 있는 능력의 숙달이 필요한 시기다. 내가 살고 있는 동네, 자치구에 대한 이해로 시작하는 사회 교육은 아이들이 가장 어려워하는 과목 중 하나다. 주변을 관찰하고 탐구하는 정도였던 것을 넘어 실험을 계획하고 변인을 통제하면서 실험을 진행하고 개념을 학습해야 하는 과학도 간단하지 않다. '즐거운생활'로 통합되어 있던 음악, 미술, 체육도 나뉘고, 새롭게 영어 교과가 도입되면서 학습 부담도 가중된다.

이 때문에 3~4학년 교육과정을 만들 때는 이런 학생들의 발달 특성이나 교육과정상 교과별 내용의 특성을 고려해야 한다. 글말 쓰기 능력을 위한 생각장, 학급 공책 쓰기, 독서 100권과 같은 읽기 프로그램, 부교재를 활용한 수학적 추상과 논리적 연산 능력의 숙달, 지역 탐방을 기반으로 하는 사회과 수업, 미술의 조형 요소에 대한 학습에서 출발하는 흙 작업, 음악적인 요소들로 자신을 표현하는 창의 음악 수업, 다양한 공동체 체육 활동, 학기 초 학급 규칙의 제정과 학급 문제를 함께 해결하는 것을 기초로 하는 도덕 수업 등으로 학년별 특색 교육 활동을 운영한다.

〈표 13〉 5학년 교육 활동 운영 계획

"늦더라도 못하더라도 함께 하자" 초등학교는 공부할 수 있는 힘, 살아갈 수 있는 힘을 키우는 때

정서 체험과 표현 활동을 바탕으로 한 예술교육

- 일상적 정서 체험을 표현하는 생활 글쓰기와 주제가 있는 글쓰기
- 나를 표현하는 방법을 탐색하는 음악 · 미술 · 체육 교과 수업
- 도예 수업을 통한 노작 활동과 예술 활동(1학기, 10주, 20시간, 미술 교과(10) 연계)
- 단소와 오카리나 수업을 통한 기능의 연마와 예술 활동(2학기, 14주, 12시간, 음악 교과 (6) 연계)
- 예술교육에 바탕을 둔 동아리 활동(1학기, 9주, 18시간 / 2학기, 8주, 16시간)
- 국악강사와 함께 하는 국악체험 활동(2학기, 10주, 10시간 음악 교과(10) 연계)

내 삶의 주인 되는 길 찾기, 진로교육

- 나와 우리 가족의 삶과 역사 돌아보기, 아픔에 공감하며 나의 삶 내다보기
- 우리 사회에 빛과 소금이 되는 일 찾기 프로젝트 수업
- 직업의 세계 탐방을 위한 체험학습(1학기, 키자니아, 실과(2) 진로(4))
- 우리가 만드는 진로 · 직업 박람회

배려와 협력, 합리성에 바탕을 둔 민주시민교육과 다모임

- 학급 · 학년 세우기 활동과 함께 하는 평화샘 프로젝트
- 함께 만들고 함께 지키는 학급 규칙과 학년 규칙, 3주체 생활협약
- 학교생활의 주요한 의제를 스스로 찾고 함께 풀어가는 학년 다모임(월 1회, 8회, 12차시)
- 교실야영을 통한 우리 반, 우리 학년 공동체 관계맺기 프로그램(1학기, 1박2일)

새로운 교과서 적용에 따른 교육과정 재구성과 기초기본교육 내실화

- 2009 개정 교과 교육과정에 대한 이해 및 새 학년 연수를 통한 교육과정 재구성(2월 중 15시간)
- 3월 진단활동을 통한 개인별 평가와 이를 바탕으로 한 수업 준비, 과정 중심 평가 활동
- 책 읽어주는 선생님 활동과 함께 하는 아침 독서 활동
- 학습장과 글쓰기 교육을 통한 표현 능력, 사고 능력 신장

교과와 창의적 체험활동을 연계한 다양한 체험교육 운영

- 텃밭: 실과+도덕+국어+음악+미술+창체
- 역사 탐방: 사회+국어+도덕+창체(2학기, 암사동 선사유적지, 경주 삼국시대유적지 2박 3일)
- 천문 교육: 과학+국어+창체(광진구 청소년수련관)
- 지형 탐방: 사회+과학+도덕+창체(한강유람선)
- 영어 캠프: 영어+국어+음악+미술+체육+도덕+창체(1학기, 수유영어마을, 무박2일)
- 스키 캠프: 체육+도덕+창체(엘리시안강촌리조트)

서울유현초등학교, 2015-d

〈표 14〉 6학년 교육 활동 운영 계획

꿈꾸는 나, 사랑하는 너, 함께 하는 우리
함께하는 배움으로 꿈과 끼를 키우고, 나눔과 배려를 실천한다.

정서체험과 표현 활동을 바탕으로 한 예술교육

- 다양한 가락과 박자를 익히고, 표현하는 창의 음악
- 어린이들의 끼와 능력을 바탕으로 한 자발적인 동아리 운영
- 우리의 가락과 장단을 통하여 특색있는 음악교육의 틀 마련을 위한 국악 교육
- 모든 어린이들이 예술적인 작품활동에 참여하고, 표현하는 유현교육 활동 발표회

교과와 창의적 체험활동을 연계한 다양한 체험교육 운영

- 생태적인 감수성 향상과 도전의식 고취를 위한 천마산 산행
- 우리나라의 지형과 그 속에서의 인간생활을 알 수 있는 수학여행
- 바다생태생물 관찰 및 해양 스포츠 교육을 통한 수련 활동
- 교육과정의 목표 도달에 적합한 다양한 체험활동 실시

배려와 협력, 합리성에 바탕을 둔 민주시민교육과 다모임

- 학급 · 학년 세우기 활동과 함께 하는 평화샘 프로젝트
- 함께 만들고 함께 지키는 학급 규칙과 학년 규칙, 3주체 생활협약
- 학교생활의 주요한 의제를 스스로 찾고 함께 풀어가는 학년 다모임
- 장애 어린이와 비장애 어린이가 함께 크는 통합학급 인권교육

새로운 교과서 적용에 따른 교육과정 재구성과 기초기본교육 내실화

- 3월 진단활동을 통한 개인별 평가와 이를 바탕으로 한 수업 준비, 과정 중심 평가 활동
- 특색 있는 학급별 프로그램을 통한 아침활동 운영
- 학습 공책과 글쓰기 교육을 통한 표현 능력, 사고 능력 신장
- 학생들의 상황과 여건 수준에 맞는 교육과정 운영을 통한 학년 및 학급운영

●우리의 몸, 성역할 등 인권 중심의 성교육 실현
●나를 살리고, 우리를 살리는 심폐소생술
●건강한 10대 생활을 위한 흡연 교육

서울유현초등학교, 2015-d

5~6학년 학생들은 신체적 변화와 함께 심리적 성숙이 함께 이루어지는 시기다. 고학년이 되었다는 것과 중학교 진학이라는 부담이 자연스럽게 찾아온다. 고학년이 되어 학습 부담이 늘어나는 것에 대한 심리적 압박감과 함께 신체적인 변화에 대한 막연한 호기심과 두려움을 느낀다. 또래들과의 10대 문화에 매료되어 합리적인 판단이나 행동보다는 일시적인 판단과 행동으로 친구들의 관심을 사고 싶어 하는 특징을 보이기도 한다. 누구나 겪어야 하는 시기, 지나가는 시기이지만 가볍게 지나가기도 하고 아주 힘들게 통과하기도 한다.

자기 생각이 분명해지기도 하지만 친구들의 생각에 별생각 없이 따라가기도 하는 시기가 바로 이때다. 국어, 수학, 과학, 영어 등의 교과는 꾸준한 자기 학습이 없으면 따라가기 힘들고, 사회 교과에서는 역사, 정치, 경제, 지리 영역 등 다양한 학습을 하기 때문에 무척 어려워한다. 간단한 표현을 익히거나 단어 읽기 정도의 수준을 요구했던 영어 교과는 문장을 읽고 쓰는 수준까지 요구하게 된다. 실과 교과가 새롭게 도입되고, 생활기록부에는 진로에 대한 구체적인 계획, 즉 부모가 생각하는 진로, 학생이 생각하는 진로, 앞으로의 계획 등을 요구한다.

흔히 사춘기라고 하는 시기를 초등학교 고학년 시기에 통과하는 학생들도 있다. 이런 5~6학년 학생들의 일반적인 특성을 고려하여 학년 교육과정을 구성한다. 가장 필요한 것은 학생들이 자신의 마음을 털어놓고 이야기를 나눌 수 있는 관계를 만들어가도록 돕는 것이다. 그리고 그런 관계적 기반과 함께 학급 다모임이나 학년 다모임을 통해 학교생활에서 겪게 되는 다양한 문제, 실제적인 삶의 문제를 함께 토론하고 이야기하면서 해결해가는 구체적인 경험이다. 이런 경험들은 사회 교과 학습이나 국어 교과 학습에 상당한 도움이 된다. 다양한 동아리 활동이나 창의적 체험활동을 통해 문화예술 교육을 경험할 수 있도록 하고, 진로교육 프로그램을 통해서 진로에 대해 구체적으로 고민해 보는 계기를 마련해 준다. 성교육 집중 시기를 통해서 자신의 몸의 변화와 성징에 대해 알고 그에 맞게 행동할 수 있도록 돕는다. 이런 모든 과정은 바로 기초 기본 교육의 내실화로 이루어진다. 정서적으로 안정되고 학교생활을 즐기는 학생들이 학업에서 더 나은 성취를 보인다는 것은 이미 누구나 인정하는 결론이다.

　혁신학교인 유현초등학교의 사례를 중심으로 학년별 발달 과정에 맞는 교육과정 재구성의 내용을 살펴보았다. 하나의 사례이지만 이 문제는 모든 혁신학교에서 고민하는 내용이다. 적을 알아야 싸움에서 이길 수 있듯이, 학생들을 잘 알아야 잘 가르칠 수 있다. 학생들의 삶과 생활에 밀착된 교육, 그래서 뚝 떨어진 것처럼 존재하는 국가 교육과정의 성취 기준을 학생들의 삶 속으로 가져오는 노력을 아끼지 않는 것이다.

2. 깊이 있는 정서 체험

정서(Emotion)란 사람의 마음속에서 일어나는 여러 가지 감정, 또는 감정을 불러일으키는 기분이나 분위기를 말한다. 유쾌하냐 불쾌하냐, 흥분되느냐 이완되느냐에 따라 네 가지 영역으로 정서를 나누기도 한다. 즐거움, 기대, 기쁨, 경이, 환희 등과 같이 유쾌하면서 흥분되는 정서와 좌절, 불안, 분노, 공포처럼 불쾌하면서 흥분되는 정서, 만족과 평온, 안도, 편안함 등 유쾌하면서 이완되는 정서, 우울과 슬픔, 피로, 권태 등 불쾌하면서 이완되는 정서로 거칠게 분류할 수 있다.

이런 정서에 대해 우리는 단순히 기분이나 분위기로, 주관적인 경험에 따른 기질이나 성격에 관련이 있는, 그래서 이성적이고 합리적인 판단과 별개의 것으로 이해해 왔다. 그러나 뇌과학의 발전은 이런 이해에 큰 변화를 가져왔다. 인간이 중요한 의사결정을 하거나 어려운 문제를 해결할 때 주로 작동하는 뇌의 부분이 감정과 연관된 뇌의 부분과 함께 작동한다는 것을 밝혀낸 것이다. 이성적인 결정이나 문제를 해결하는 작업을 할 때 감정적인 요소가 개입한다는 것을 확인하게 되면서 정서지능(Emotion Intelligence)이 새롭게 주목받고 있다.

논리적이고 합리적인 이성이 작동할 때 정서가 함께 작동한다는 것은, 정서적으로 안정되고 편안한 상태에서 더 나은 학습 성취를 보여 준다는 연구 결과를 뒷받침해 준다. 불안과 공포 속에서는 어떠한 학습도 이루어지기 어렵다는 것이다. 이것을 뒤집으면 어떤 정서적 체험과 경험은 인간의 합리적이고 이성적인 판단을 뒤틀리게 만들 수도 있다는 것을 의미한다.

깊이 있는 정서 체험을 통해 정서지능의 발달을 돕고, 정서에 대해 인식하고 이해하는 것을 넘어 정서를 활용하고 정서를 조절할 수 있는 능력이 발달할 수 있도록 돕는 것은 어쩌면 모든 교육이 지향해야 할 목표이기도 하다. 부정적인 정서보다는 긍정적인 정서를 기반으로 모든 학생이 즐거운 학교생활을 할 수 있도록 돕기 위한 다양한 교육 활동이 혁신학교에서는 펼쳐지고 있다.

즐거움, 만족감, 기대감, 기쁨과 같은 긍정적인 정서를 체험해 볼 수 있는 기회를 제공해 주는 것으로 텃밭 가꾸기 만한 것이 없다. 작은 씨앗 한 톨을 심고 작은 모종 하나를 심은 뒤 날마다 들여다보고 물을 주고 가꾸었더니 점점 자라나 잎을 키우고 꽃을 피워 열매를 맺고 익어 가는 과정은, 그 자체로 경이로운 체험을 선사해 준다. 얼마나 자랐는지, 얼마나 익었는지 기대감을 갖고 텃밭을 들여다보고, 잘 자라는 것에 기쁨을 느끼며, 열매를 수확하여 함께 나누어 먹는 과정에서 성취감과 만족감이 극대화한다.

〈그림 13〉 텃밭 가꾸기

내가 2012년 1학년 담임을 하면서 상자 텃밭을 가꿀 때 일이다. 5월 어느 날 딸기가 딱 3개 익었다. 놀이 시간에 아이들과 함께 발견하고 딸기를 따서 교실로 들어왔다. 깨끗하게 씻은 딸기를 아이들에게 보여 주면서 "이걸 누가 먹을까?" 하고 물어 보았다.

1학년 아이들답게 "딸기를 발견한 사람이 먹어요.", "물을 잘 준 사람이 먹어요.", "딸기를 심자고 한 사람이 먹어요." 등등 여러 답이 나왔다.

"애들아, 딸기를 발견한 사람이 먹으면 우리 반 중에 딱 한 사람만 즐겁고 나머지 23명은 아쉬울 텐데, 이거 우리 다 같이 나눠 먹을까?" 했더니 아이들이 한 목소리로 "에이~" 한다. 딸기 3개, 혼자 먹어도 모자랄 텐데 24명이 나누어 먹는다니, 말도 안 된다고 생각하는 것이 눈에 보였다.

나는 딸기 3개를 반으로 나눠서 6쪽, 다시 반으로 나누어 12쪽, 다시 반으로 나누어 24쪽으로 만드는 과정을 아이들에게 보여 주었다. 그리고 이쑤시개로 하나씩 찍어서 아이들 입에 다 넣어 주었다. 그때 아이들은 "세상에서 가장 맛있는 딸기를 먹었다."며 즐거워했다. 객관적인 당도를 따진다면 그 조그만 딸기 한 조각이 얼마나 달았겠는가만은 모두 함께 나누어 먹었다는 기쁨의 정서가 가장 맛있는 딸기를 먹었다고 인식하게 한 것이다.

한 달쯤 지나 6월 어느 날, 놀이 시간에 아이들이 방울토마토를 따 왔다. 5개를 따 왔는데 2개는 안 익었고 3개만 제대로 익었다. 익지 않은 것은 다시 텃밭으로 보내 거름이 되게 하자고 하고, 나머지 토마토 3개를 보여 주면서 "우리 이거 어떻게 먹을까?" 하고 물어 보았다. 그랬더니 모두 이구동성으로 "다 같이 나눠 먹어요!" 한다. 지난번에 딸기를 나누어 먹은 일이 기쁨과 즐거움의 정서로 깊이 각인된 것이다. 나는 토마토 3개를 24조각으로 나누었다. 그런 다음 이번에는 옆에 앉은 친구가 가장 맛있을 것 같은 것을 골라서 옆 친구에게 먹여 주자고 했다. 둥그렇게 둘러앉아 토마토를 먹여 주는데, 깔끔 떠는 여자아이들이 더럽다고 안 먹는다고 할까 봐 걱정했는데 기우였다. 토마토 알레르기가 있는 아이까지 모두 맛있게 토마토를 먹었다. 정서적 체험이란 바로 이런 것이 아닐까.

자신과 타인의 감정을 이해하고 수용하면서 자기감정을 조절하는 능력을 정서지능이라고 한다. 정서를 느끼고 정서에 대해 아는 능력, 정서를 사용하고 조절하는 능력으로 나뉘는데, 정서를 느끼고 아는 능력은 선천적으로 갖고 태어나는 능력에 가깝고 정서를 사용하고 조절하는 능력은 후천적으로 길러지는 능력이라고 한다. 정서라는 것이 본능과 습관을 넘어 지성과 자유의지의 층위와 연결되어 있다는 것이다. '지식'을 학습하는 것을 넘어 '정서'를 다룰 줄 아는 능력을 배우는 것 역시 매우 중요하다. 혁신학교마다 텃밭을 가꾸거나 다양한 공동체 프로그램을 운영하는 것은 이런 통합적인 발달을 지향하기 때문이다.

자신의 감정이나 기분에 휘둘리는 것이 아니라 이를 메타적으로 인지하고 조망하며 조절할 수 있는 능력은 단순히 개인만의 문제는 아니다. 사회·역사·문화적 존재인 우리는 여러 관계망 속에서 만들어지는 정서를 경험하게 된다. 긍정적인 정서를 경험하는 것은 선천적으로 긍정적이기 때문이 아니라 어떤 정서적 환경에서 자랐느냐가 중요한 것이다. 문제가 생겼을 때 그 문제를 어떻게 해결하는지를 경험하고, 그 과정에서 학습하며, 그것을 자신의 문제해결 방식으로 내면화하는 과정은 매우 중요한 학습이다.

일반 학교에서는 청소년 단체에 들어가야 경험하는 교실 야영이나 수련회, 야영 같은 공동체 프로그램을 혁신학교에서 정규 교육과정으로 적극적으로 도입하는 이유가 여기에 있다. 우리는 공동체적인 관계로 살아가는 존재이며, 그 과정에서 서로에게 미치는 영향이 매우 크기 때문에 서로 좋은 관계를 유지하기 위해 배려하고 협력하는 관계가 매우 중요하며, 그런 관계 속에서 깊이 있는 정서 체험이 가능하다는 믿음이 바탕에 깔려 있다.

〈표 15〉 교실 야영: 학년 학급 공동체 관계 맺기 프로그램

(1) 일시: 2015년 4월 24일~25일(1박2일)
(2) 장소: 우리 학교 곳곳, 북한산둘레길
(3) 프로그램 내용

일시	시간	내용	준비물
4월 24일 (금)	17:00~18:30	① 학교로 모이기 ② 학급별로 한솥 비빔밥 만들어 먹기 ③ 설거지하고 교실 정리하기	개인이 먹을 만큼의 밥, 반찬 1가지, 수저, 도시락통, 잠옷, 활동하기 편한 옷과 신발, 세면도구, 침낭이나 이불 등

	18:30~19:30	① 공동체 놀이(다목적실):
		  너리기펀지기
		② 학급 대항 소체육대회
		  (타이어줄다리기, 림보,
		  릴레이)
			다목적실,
			방송시설,
			체육대회 용품 등

	19:30~21:00	① 대동놀이: 강강술래 ② 한밤중 학교 탐방 보물찾기	보물(과자 선물), 이동식 무선마이크, 손전등 등
4월 25일 (토)	7:00~7:30	1. 세수, 준비 2. 아침 운동	개인용품
	7:30~8:30	1. 아침 산행	마실 물, 운동화 등
	8:30~9:30	1. 아침 식사 2. 뒷정리	김밥, 사과, 어묵국
	9:30~10:00	1. 마무리 모임 2. 귀가	개인짐 정리

서울유현초등학교, 2015-c

〈그림 14〉 교실 야영

　서울유현초등학교에서 2015년 4월에 실시한 공동체 관계 맺기 프로그램을 보자.

　금요일 저녁 서로 가져온 반찬 한 가지, 밥 한 그릇을 커다란 양푼에 담아 교실에 앉아 한솥 비빔밥을 만들어 먹는다. 모둠별로 서로 어떤 반찬이 좋을지 의논해서 각자 가져올 것을 정하기도 한다. 달걀부침, 고추장, 참기름, 나물 등 각자 가져온 것이 모아져서 비빔밥이 된다. 저녁을 먹고 운동장에 모여 공동체 놀이를 한다. 밀고 당기는 줄다리기, 림보, 이어달리기의 마지막은 강강술래 같은 대동놀이다. 깜깜한 학교의 교실과 복도를 지나 보물을 찾아오는 보물찾기는 아이들에게 인기 있는 프로그램이다.

다 함께 찾은 보물을 나누어 먹고 교실에 누워 담임 선생님과 함께 잠을 잔다. 이른 아침 일어나서 운동을 하고 산책을 하고 간단하게 준비한 아침을 나누어 먹고 헤어진다.

이렇게 한 학급이, 한 학년이 함께하는 관계 형성 프로그램은 학생들이 즐겁게 학교생활을 하고, 친구들을 서로 믿고 배려하는 관계를 맺는 데 중요한 역할을 한다. 외향적이고 활달한 친구들의 모습을 보면서 내성적이거나 소심한 친구들도 서툴지만 자신을 표현하려고 한다. 나 아닌 다른 친구들에 대해 알아 가는 것, 평소에는 왈가닥 같았는데 실제 하룻밤을 같이 지내 보니까 여린 면도 있는 친구라는 것을 알게 되는 것이다. 다양한 인간의 성격과 행동에 대해 이해하게 된다. 일상적인 학교생활에서는 겪을 수 없는 새로운 경험은 어떤 상황에서 정서적으로 어떻게 대처하고 해결해 가는 것이 좋은지 무수한 실패와 함께 깨닫게 해 준다.

3. 문화예술 교육

학교 다니는 십 수 년 동안 매주 5~6시간씩 음·미·체 수업을 지속적으로 받는데도 대부분의 학생에 별 소용이 없는 이유는 무엇일까? 타고난 재능의 차이를 감안할 때 음·미·체 활동은 많아야 대 여섯 명씩 수준별로 모아놓고 가르쳐야 효과적일 텐데 학교에서는 수십 명을 한꺼번에 가르치기 때문일 것이다. 그렇다면 음·미·체 교육을 의미 있게 하기 위해서는 음·미·체 교사가 지금보다 두세 배는 늘어야 한다. 최소한 1인 교사에 2인 보조 교사를 붙여서 수준별 소그룹 레슨이 가능하게 해야 한다.

교육재정을 더 투입해야 하지만 아까워할 것 없다. 이것보다 좋은 사회적 투자는 없다. 의학기술의 발달로 평균수명 100세 시대가 머잖아 올 것이다. 학교에서 배운 문예체 역량을 최소한 80~90년간 써먹을 수 있다. 문·예·체는 더불어 활동할 때 더 큰 즐거움을 준다. 사회성과 창조성, 상상력을 키우는 데 문·예·체 활동만 한 것이 없다. 4대강 사업 같은 데 쓸 돈이나 국·영·수 선행 학습에 쏟아 붓는 사교육비의 절반만 세금으로 더 내도 문·예·체 교육을 실질화하고 그밖에 공교육 정상화에 필요한 추가적 공교육 재정을 충분히 확보할 수 있다.

— 곽노현, 2014

문화예술 교육의 중요성은 누구나 인정한다. 문제는 학교의 현실이 문화예술 교육을 꽃피우기에는 너무나 열악하다는 것이다. 전문 강사나 협력 강사를 채용할 재정적 여유도 없고, 그런 프로그램을 운영하는 데 꼭 필요한 전용 교실이나 교구, 악기 등도 구비되지 않은 것이 현실이다. 그래서 많은 혁신학교가 문화예술 교육에 공을 들이고 많은 예산을 사용한다. 혁신학교 운영 지원금에 문화예술 교육에 대한 이해가 더해진 결과이다.

서울강명초등학교는 감성을 깨우는 문화예술 교육을 '가람결 배움'이라고 이름 짓고 창의 음악, 조소, 목공, 수공예 네 가지 영역에서 교육을 실시하고 있다. 가람결 배움의 목적은 다음과 같다. 첫째, 어린이들이 아름다움을 느끼며 활동하는 과정을 통해 문화와 예술에 대한 감수성을 키울 수 있도록 한다. 둘째, 자연 소재로부터 얻을 수 있는 재료를 이용한 수업으로 도시 공간에 사는 아동들에게 생태적인 감수성을 키울 수 있도록 한다. 셋째, 생활과 관계된 분야를 선택하여 문화예술이 생활 속에서 창조적 인 과정임을 배울 수 있도록 한다. 넷째, 감각 체험이 서로 상반 되는 작업 과정을 통해 아동 발달에 따라 조화로운 성장을 도울 수 있도록 한다. 다섯째, 천천히 오랫동안 작업할 수 있는 과정을 통하여 삶의 의지력을 형성하고 작업이 완성되었을 때 얻을 수 있는 창조의 기쁨을 맛볼 수 있도록 한다는 것이다. 1학년부터 6 학년까지 네 가지 영역을 봄·여름·가을·겨울 4학기로 나누어 각각 7주 과정을 함께 공부하는데, 담임교사 외에 전문 협력 강사 를 채용해서 좀 더 실질적인 교육이 되도록 운영하고 있다.

〈표 16〉 가람결 배움 계획안

※ 가람결 교육의 방향

1) 감성을 깨우는 배움 학습으로 자연 소재와 감각 체험이 상반되는 목공, 조소, 창의 음악, 수공예 4영역으로 운영한다.
2) 창의적 체험활동(1~6학년), 관련 교과 시간에 운영한다.
3) 4학기제 운영에 따라 각 학기말에 발표회 및 전시회를 열어 서로의 작품을 감상하고 배울 수 있는 기회를 갖는다.
4) 각 영역에 따른 감각 체험 요소

영역	감각 체험 요소	영역	감각 체험 요소
조소	차가움, 부드러움, 유연성, 가변성	수공예	수렴, 자기 이해, 정교성
목공	따뜻함, 딱딱함, 엄격성, 견고성	창의 음악	발산, 타인 이해, 융통성

※ 세부 추진 계획

1) 강사는 조소, 목공, 수공예, 창의 음악의 전문 분야에 기능과 자격을 갖춤과 동시에 아동 발달단계를 이해하는 교육과정을 이수한 사람으로서 우리 학교 문예체 교육의 목적에 부합하는 자로 하여 담임교사와 함께 수업이 이루어지도록 한다.
2) 시간 편제 및 운영 시간표: 전 학년 모두 1주에 2시간 운영으로 1학기에 14시간씩 1년에 4개의 영역을 고르게 체험하도록 한다.
3) 4개 영역을 4학기에 고르게 배정하기 위해 부득이하게 2학년과 5학년은 A(1~3반), B(4~6반)로 나뉘어 시간표를 배정한다.
4) 봄 학기에 손가락 분화 발달단계와 힘의 조절력 발달이 비교적 이루어진 고학년을 목공과 수공예로 배치하고 창의 음악과 조소는 저학년부터 배정한다.
5) 학년 그룹을 가(1학년, 2A), 나(2B, 3학년), 다(4학년, 5A), 라(5B, 6학년)로 구분하여 각 영역을 다음과 같이 배정한다.

〈 4학기별 각 학년 그룹 운영 시간표 〉

영역 / 학기	창의 음악	조소	수공예	목공
봄	가	나	다	라
	전시회 및 발표회 (새싹 잔치: 5.1(화))			
	봄 방학			
여름	나	가	라	다
	전시회 및 발표회 (푸름 잔치: 7.20(금))			
	여름 방학			
가을	다	라	가	나
	전시회 및 발표회 (열매 잔치: 10.26(금))			
	가을 방학			
겨울	라	다	나	가
	전시회 및 발표회 (맺음 잔치: 12.21(금))			
	겨울 방학			

6) 4학기, 7주 운영 방침에 의한 운영 기간

학기	주	운영 기간
봄	7	3.12(월) ~ 4. 27(금)
여름	7	5.14(월) ~ 6. 29(금)
가을	7	9. 3(월) ~ 10.19(금)
겨울	7	11.5(월) ~ 12.21(금)

서울강명초등학교, 2012

〈표 17〉 목공, 수공예, 창의 음악, 조소 활동의 내용

수작업 목공은 장난감 연장이나 성인이 사용하는 전동공구가 아닌 손으로 일하는 도구를 사용하여 자연으로부터 온 나무들을 직접 다루어서 온 몸의 감각기관을 발달시키는 교육이다. 실제 수작업에 필요한 연장(망치, 못, 대패, 톱과 조각도 등)을 안전하게 사용하는 방법을 통해, 성장하는 학생들에게 신체의 섬세한 감각을 일깨워 스스로 하는 작업을 통해 할 수 있다는 의지를 길러주는 것을 목표로 한다.

실제로 일을 하는 과정을 온 몸으로 느끼고 자신감과 창작의 기쁨을 느낄 수 있다. 학년별, 개별적인 발달 정도를 파악하여, 개인 안에 내재되어있는 섬세한 감각기관이 잘 발달될 수 있도록 작업의 난이도를 구분하여 통합적이면서도 개별적인 지도가 이루어지도록 한다. 또한 집중과 반복을 통해 온 몸으로 익숙해지도록 지속적으로 지도하며, 학년에 따라 점진적으로 성취감이 높은 작업에 도전할 수 있도록 한다.

손이 하는 일을 온 몸으로 느끼며, 수공예의 의미를 배우고 손가락 운동과 감각 열기를 통해 의지가 발현될 수 있도록 돕는다. 양모, 면실 등 여러 가지 실을 계절에 따라 느껴보면서, 계절과 우리들의 생활과 밀접한 관계를 이해하도록 한다. 손가락으로 뜨기, 코바늘로 뜨기, 대바늘로 뜨기 등 다양한 작업을 통하여 손가락이 미세하게 분화 발달 할 수 있도록 돕는다. 아이들의 양손이 같은 무게중심으로 움직일 수 있는 소 근육 발달을 강화하며 시각, 촉각, 고유 운동감각, 균형감각을 육성하고 손끝의 감각을 예민하게 자극하여 두뇌 발달에 도움을 준다. 인내심과 배려를 바탕으로 함께 배우고 나누는 공동체 의식을 아이들의 내면에 싹트게 한다. 각 학년에 맞는 발달을 도울 수 있는 작품으로 구성한다. 봄, 여름 학기에는 면사를 사용하고, 가을, 겨울 학기에는 양모실을 사용하여 계절에 따라 사용하는 실이 다르게 한다. 바느질과 염색 등을 곁들여 작업할 수 있고, 자연색의 아름다움을 경험하게 한다.

목공

수공예

가람결 교육

창의 음악

조소

창의 음악은 음악에 대한 포괄적 경험을 통해 세상과 소통하는 음악을 배우는 프로그램이다. 온몸으로 느끼고 이해하는 음악 활동을 통해 음악에 대한 흥미 및 동기를 부여하고, 음악 감수성 자극하여 잠재된 음악성 발현하도록 한다. 다양한 음악 요소들을 익혀서 상황과 맥락에 따라 음악적 요소들을 재구성하는 능력을 키우는 것을 목표로 한다.

듣기, 신체표현, 노래, 연주, 즉흥연주 등 다양한 활동 속에서 음악의 구조와 원리를 이해하고 음악활동의 기초가 되는 음악적 개념(리듬, 음높이, 조성, 셈여림, 빠르기, 형식 등) 습득한다. 여러 가지 목소리와 악기를 탐색하고, 악기의 어울림과 목소리의 어울림으로 풍부한 음악적 환경을 조성하고 악기 연주를 통해 신체 통제력을 발달시킨다. 이렇게 학습한 음악적 개념과 악기를 활용하여 자신의 생각과 느낌을 담아서 표현하고 창작할 수 있도록 한다.

점토 작업(조소)은 두 손을 사용한다. 차고, 눅눅하고 끈적거리는 느낌을 견뎌내고 주무르기, 형태 만들기, 만든 것 없애기, 누르기, 찢어내기, 붙이기 등의 작업 활동을 한다. 형태가 나타났다가 사라지고, 움직임이 많은 역동적인 것이 되기도 하고, 고요하게 보이는 형태를 만들기도 한다. 이런 작업을 통하여 점토인 원재료는 서서히 예술적인 형태를 표현할 수 있게 된다. 조소 작업은 어린이들의 손과 손가락이 작업 도구이기 때문에 사지의 힘이 강해지고 신진대사가 활발하게 이루어지게 하여 건강하고 고른 발달을 이루어 온전한 성장을 돕도록 한다. 흙의 기본 특성을 알아가고, 기본 형태를 만들고 변형하고, 생명력 표현하기, 사람 만들기 등 자신이 만들고자 하는 것을 맘껏 표현하는 시간이 되도록 하여, 작업을 통해 손과 눈의 협응력, 촉감각과 시감각, 균형감각, 표현력, 집중력, 조형 활동을 통한 형성력과 의지를 기른다.

서울강명초등학교, 2012

무엇인가를 만든다는 것은 학생들에게 살아 있는 경험이면서 창조적인 노작 활동이다. 놀이로만 한정된 만들기 활동을 넘어서서 아이들이 생활하는 데 필요한 실제적인 도구를 만들어 보는 것은 더 큰 보람과 성취감, 만족감을 느끼게 한다. 서울도봉초등학교에서는 목공건축 프로젝트를 통해 학생들이 생활하는 학교에 필요한 공간(목공 작업실, 야외 학습장, 비닐하우스 등)과 도구(도서관 의자, 한옥 창문 등)를 만들었다.

사용하지 않는 급식실 창고를 정비해서 목공실을 만들고, 실과 실습실과 통합하여 공구 등을 구매하여 재정비하였다. 건축에 필요한 재료는 가급적 주변 환경에서 구하는 것을 원칙으로 하고, 한옥의 원리를 반영한 건축 활동을 체험하고 응용할 수 있도록 하면서도 모든 작업 활동에서 학생들이 주체가 될 수 있도록 기회를 부여하고자 했다(서울도봉초등학교, 2014).

천왕초등학교에서 경험한 교육과 활동으로 예술 활동(뮤지컬, 영화, 목공, 조소)이 있습니다. 뮤지컬 수업은 대본도 직접 써보고 오디션을 통해 역할도 정해보고 연기도 해보고 노래도 녹음해보고 공연도 해보면서 자신감도 키우고 뮤지컬에 대해 이해할 수 있었습니다.

영화 시간에는 영화의 역사, 미니어처 만들기, 영화를 보기도 하고 대본도 써보고 연기도 해보고 촬영도 직접해보고 영화를 만들 때 필요한 것들도 알게 되고 직접 영화도 편집해보고 무비 메이커를 사용할 수 있게 되었고 영화에 대해 이해하기가 쉬웠

〈그림 15〉 조소 활동

습니다.

목공 시간에는 나무에 대해 알게 되고 나무의 소중함도 알게
되고 나무로 만들 수 있는 많은 것들에 대해 많이 알게 되고 톱
도 여러 가지 톱을 이용해 나무를 잘라보기도 하고 망치를 이
용해 못도 박아보고 사포를 이용해 나무를 부드럽게 만들기도
하고 자를 이용해 나무에 나온 뾰족한 부분도 없애보고 조각칼
을 이용해 나무의 꺼칠한 부분도 없애보기도 하였습니다.

제가 천왕초등학교에서 변화된 점은 평소에 자신감이 많이
없었는데 연극이나 예술 활동 중 뮤지컬과 영화를 통해 자신감
을 많이 키웠습니다. 또 나무에 관심이 전혀 없었던 제가 나무

에 관심도 가져보고 조소를 통해 흙에 대해 관심도 가지게 되었습니다. 또 학년 다모임을 통해 의견도 내보며 생각할 수 있는 시간을 늘려 보았습니다. 음악에 관심이 별로 없던 제가 천왕초등학교에서 했던 많은 음악 체험 덕분에 음악에도 관심을 가지게 되었습니다.

— 서울천왕초등학교, 2015

손을 이용해서 세상의 물질과 작업하는 수공예, 목공, 조소 활동, 다양한 소리 탐색 활동을 통해 음악의 요소를 이해하고 이를 다시 창작 활동으로 표현하는 창의 음악, 실제로 필요한 물건과 공간을 창조해 내는 건축 활동, 종합예술로서 문예체 교육의 의미를 더하는 뮤지컬과 연극, 영화. 이런 다양한 문화예술 교육으로 혁신학교의 창의적 교육과정이라는 꽃은 활짝 피어나고 있다.

4. 생태 감성 교육

문화는 자연을 정복하거나 변형시킨 것이라 정의하고, 인간만이 문화를 통해 자연을 변형하고 통제할 수 있다고 보는 근대 서구적 사유와 시각에서는 자연과 문화가 대립적 관계였다. 그러나 현재는 이런 근대적 시각을 넘어 자연과 문화는 대립하는 것이 아니라 생태적 감수성을 통해 서로 연결될 수 있다는 인식이 확산되고 있다. 문화는 자연을 기반으로 자연과 상호작용을 통해 존재할 수 있음을 기억하고 행동하는 것이 생태적 감수성이다.

생태적 감수성을 살리는 교육은 환경교육이나 생태 교육에서는 오래된 미래이다. 환경교육, 에너지 교육, 물 보호 교육, 지속가능 발전 교육, 녹색 교육, 녹색 성장 교육은 모두 생태적 감수성 문제와 연결되어 있는 범교과 주제 학습의 영역이다. 그동안 지속적으로 국가 교육과정을 통해 강조되어 왔지만 생태적 감수성을 키우는 교육으로 나아가지는 못했는데, 이는 학교 전반의 문화가 생태적 감수성을 키우는 교육 활동 대신 일회성 체험 행사로 흘렀기 때문이다. 그러나 혁신학교에서는 생태적 감수성을 키우는 교육을 강조하면서 일회성 체험 교육이 아니라 삶의 교육이 될 수 있도록 지원하고 있다.

〈표 18〉 생태 환경교육 학년별 계획

학년	내용	관련 교과
1학년	− 창체: 생태 체험교육을 통한 환경감수성 교육(14주 28차시) − 봄 · 여름 · 가을 · 겨울 대주제 학습을 통한 환경 이해 교육 − 슬기로운생활: 상자 텃밭 가꾸기	바른생활, 슬기로운생활, 창체, 생활지도
2학년	− 창체: 생태체험교육을 통한 환경감수성 교육(15주 30차시) − 봄 · 여름 · 가을 · 겨울 대주제 학습을 통한 환경 이해 교육 − 슬기로운생활: 상자 텃밭 가꾸기	바른생활, 슬기로운생활, 창체, 생활지도
3학년	− 도덕: 4. 생명을 존중하는 우리 − 국어: 5. 내용을 간추려요 − 과학 · 창체: 벼농사 체험 − 과학: 1. 동물의 생활	도덕, 국어, 과학, 창체

4학년	− 도덕: 자연·초월적 존재와의 관계, 환경보호, 녹색 성장 − 과학: 생명과 지구, 식물의 한살이 − 체육: 건강 활동 중 식생활 교육 − 과학·창체: 벼농사 체험	도덕, 과학, 체육, 생활지도
5학년	− 도덕, 사회: 환경문제에 대한 올바른 인식 − 실과, 창체: 텃밭 가꾸기를 통한 녹색 교육 − 국어: 환경문제와 관련된 책을 읽고 토론하기	도덕, 사회, 실과, 창체, 국어, 생활지도
6학년	− 국어: 물을 지키자 단원을 통한 환경교육 − 실과, 창체: 동물 기르기 − 과학: 생태계와 환경	국어, 실과, 창체, 과학

서울유현초등학교, 2015

유현초등학교는 북한산 자락에 자리 잡은 비교적 작은 규모의 도시 학교다. 2012년 혁신학교로 처음 지정되었을 때는 창의적 체험활동이나 학교의 특색 교육 활동에 대해 큰 그림을 그리면서 시작하지는 않았다. 학년마다 자율권을 주고 예산을 지원하면서 각 학년 교사들이 학년 교육과정 내용과 학생들의 발달 특성, 학교의 주변 환경 등을 고려해서 교육 활동을 펼칠 수 있도록 했다. 2012년 첫해에, 1~2학년은 통합교과 교육과정과 북한산 인근에 자리한 지역적 특성을 활용해 협력 강사와 함께하는 생태 교육을 중심에 두고 교육과정을 운영했다. 3~4학년은 마음과 생각이 자라는 시기로 보고 집단상담과 연극놀이를 통한 표현 활동을 중심에 두었다. 5~6학년은 학생들의 자발성과 흥미를 반영할 수 있는 예술 활동 중심의 동아리 활동을 운영했다. 이런 첫해의 경험을 토대로 학년군별 특색 교육 활동을 1~2학년군 생태, 3~4학년군 감성, 5~6학년군 예술 활동으로 정리할 수 있었다.

1~2학년 때는 다양한 생명체들을 만나고, 계절의 변화와 자연의 변화를 눈으로 보고 만지고 놀이를 하면서 온몸으로 겪어 보는 경험이 무엇보다 중요하다는 생각에 격주로 봄, 여름, 가을, 겨울 숲에 들어갔다. 5월이면 숲 속에 진동하는 아까시 꽃 내음을 맡으며, 알에서 깨어나기 시작한 다양한 애벌레들을 만나고, 매미 허물 찾기 놀이를 한다. 교사 1명이 20명 이상의 학생을 데리고 숲 체험 활동을 하기 어렵기 때문에 학급당 생태 강사 2명씩을 배치해서, 10~12명의 아이들을 한 조로 묶어서 모둠 활동을 할 수 있게 조건을 만들어 주는 것도 필요했다.

격주로 생태 체험활동을 하는 것과 함께 상자 텃밭에 열무 씨와 상추 씨를 뿌리고 가꾸면서 생명의 신비함과 소중함을 함께 경험할 수 있게 했다. 날마다 있는 놀이 시간마다 상자 텃밭을 둘러보고, 열무 싹이 올라올 때 솎아서 두부 샐러드에 올려서 함께 나누어 먹고, 상추를 따서 함께 쌈을 싸먹기도 했다. 특별하게 준비를 한 것이 아니라 학교 밥상 메뉴를 보고 수확할 시기를 정했기 때문에 채소를 씻어서 준비만 해 놓으면 그날 점심시간은 어떤 날보다 풍성했다.

1~2학년 시기의 창의적 체험활동과 통합교과로 운영했던 생태 교육과 상자 텃밭 가꾸기는 3~4학년의 벼농사 체험으로 이어질 수 있게 했다. 상자 논을 지원받아 학생 1명이 상자 하나의 논에 모를 심고 가꾸도록 한 것이다. 학기 중에는 아이들이 열심히 상자 논에 물을 채우고, 방학에는 학교의 주무관님이 고생을 했

다. 가을 추수기가 되면 낫을 들고 벼를 베고, 홀태와 탈곡기, 도정기 등을 이용해서 낟알이 쌀이 되는 과정을 함께 경험했다. 그리고 짚으로 새끼를 꼬고, 쌀로 인절미를 만들어서 나누어 먹었다. 5~6학년은 이런 경험을 바탕으로 학교의 유휴지로 만든 텃밭에서 좀 더 본격적인 농사를 지어 보게 했다.

<표 19> 서울도봉초등학교 텃밭 운영 계획

학교 유휴지를 활용하여 텃밭을 조성하고, 대형 화분을 구입하여 화분형 텃밭을 만들어서 전교생이 참여하는 가운데 유기농 텃밭 가꾸기 체험학습을 진행하였다. 상추, 치커리 등의 야채를 길러 직접 수확하여 급식 시간에 먹어보기도 하고, 감자를 수확하여 전체 학생들이 삶아먹기도 하였다. 8월에는 배추와 무 등을 심어 11월에 수확을 해서 어린이들이 배추를 한 포기씩 집에 가지고 가서 음식을 만들어 먹고, 무를 수확한 것으로 학교에서 깍두기를 만들어 급식 시간에 나누어 먹기도 하였다. 김장을 해서 어려운 이웃과 복지 기관에 나누는 행복 나눔 행사도 매년 진행하고 있다.

월	주제	활동 내용
3~6월	밭 일구기 감자 심기 봄 채소 가꾸기 강낭콩 가꾸기	-텃밭을 일구고 거름주기를 한다. -감자를 심고 가꾼다. -상추, 쑥갓, 청경채 같은 봄 채소를 기른다. -강낭콩을 심어 가꾼다.
7~9월	열무 심고 가꾸기 고구마 심고 가꾸기 배추 모종 심기 방울토마토 가꾸기	-열무를 심어 가꾸고 열무김치를 담가본다. -고구마를 심고 가꾼다. -가을배추 모종을 심고 가꾼다. -방울토마토를 심고 가꾼다.
9~11월	가을배추 가꾸기 가을무 가꾸기 김장하기	-가을배추를 가꾼다. -가을무를 심어 가꾼다. -가을배추와 무를 이용하여 김장을 한다.

서울도봉초등학교, 2014

학교에서 사용하는 물품이나 먹을거리를 친환경적인 것으로 바꿈으로써 나의 건강, 우리 아이들의 건강, 우리 모두의 건강을 지키는 것을 넘어, 지구 생명 공동체의 안전과 건강을 지키면서 일회성 체험이나 전시성 행사가 아니라 환경교육을 생활화하여 생태적 감수성을 일깨울 수 있는 교육 활동을 지속적으로 지원하는 것은 단순히 몇몇 혁신학교만의 전유물이 아니다. 대부분의 혁신학교에서 실천하고 있는 내용이자, 지속가능한 사회와 미래 세대를 위해 더 확장해야 할 내용들이다.

5. 인권·평화 교육: 인권 교육, 평화샘, 진단 활동 등

사람이면 누구나 태어나면서부터 갖는 기본적인 권리를 '인권'이라고 한다. '학생'이라는 특정 시기를 보내는 아동·청소년의 인권을 '학생 인권'이라고 한다. 성적에 따라 차별당하고, 머리 모양이나 옷차림을 단속당하며, 언어적인 폭력뿐 아니라 신체적인 폭력에 노출되어 있는 학생들의 인권을 존중해야 한다는 사회적 합의로 경기, 광주, 서울, 전북 등에서 '학생인권조례'가 제정되어 실시된 지 몇 년이 지났다.

'인권친화적 학교+너머 운동본부'와 전국교직원노동조합 참교육연구소가 함께 실시한 '2013 전국 학생 인권·생활 실태조사' 결과에 따르면, 학생인권조례가 시행 중인 지역과 그렇지 않은 지역의 인권 침해 사례는 유의미한 차이를 보인다. 혁신학교와 일반 학교에서의 인권 의식이나 교육 실태 역시 차이가 있다는 것을 확인할 수 있다(전국교직원노동조합 외, 2013).

체벌, 언어 폭력 발생률의 차이

체벌이나 언어 폭력이 가장 자주 일어나는 장소가 어디냐는 질문에 대한 응답에서 혁신학교 학생들과 일반 학교 학생들은 많은 차이가 났다. 일반 학교 학생 75%가 학교를 꼽은 데 반해, 혁신학교 학생은 38.5%만 학교를 꼽았다.

〈그림 16〉 체벌, 언어폭력 빈발 장소의 차이(전교조 외, 2013)

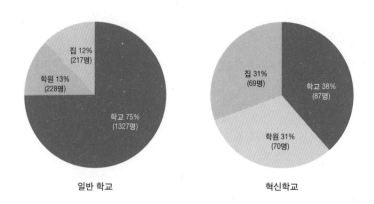

집 12%
(217명)

학원 13%
(228명)

학교 75%
(1327명)

일반 학교

집 31%
(69명)

학교 38%
(87명)

학원 31%
(70명)

혁신학교

성적에 따른 우대의 차이

학교의 교직원들이 공부를 잘하는 학생에게만 특별히 잘해 준다고 생각하는 학생들은 얼마나 될까? 이 질문에는 혁신학교와 일반 학교의 차이가 특히 컸다. 일반 학교에서는 그런 일이 '자주 있다'고 답한 학생이 14%나 됐지만 혁신학교 학생들 중에는 4%에 불과했다. 그런 일이 '전혀 없다'고 응답한 학생이 일반 학교는 20%인 반면, 혁신학교는 34%였다. 학생들의 다양성을 인정하고 학교문화를 바꾸고 수업을 혁신하려고 애쓴 혁신학교의 노력이 이런 차이를 낳은 것으로 보인다.

<그림 17> 성적에 따른 우대의 차이(전교조 외, 2013)

공부 잘하는 학생만 특별히 잘해 주기

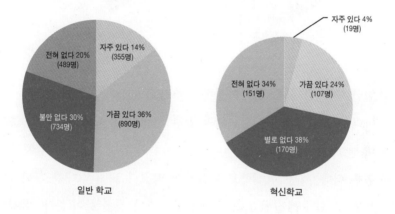

일반 학교

혁신학교

인권침해에 대한 대처 방식의 차이

학교에서 인권침해가 발생했을 때 학생들은 어떻게 대응하고 있을까. 이런 대처 방식에서도 유의미한 차이가 있었다. 혁신학교의 경우는 '담임교사에게 건의한다'는 학생이 38.8%로 일반 학교 학생 22.2%보다 높다. 더 주의 깊게 살펴볼 것은 '어차피 해결되지 않을 테니 참거나 못 본 척한다'고 응답한 비율의 차이다.

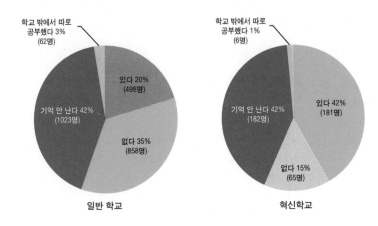

〈그림 18〉 인권 교육 경험의 차이(전교조 외, 2013)

학생 인권의 뜻과 내용, 학생 인권을 지킬 수 있는 방법 등에 대해 학교에서 배운 적이 있습니까?

일반 학교 학생의 43%, 혁신학교 학생의 24%가 참거나 못 본 척한다고 응답했다. 인권 침해와 같은 사회적 불의를 보고 체념하며 살고 있다는 혁신학교 학생들의 비율이 일반 학교 학생들보다 훨씬 적다. 이는 혁신학교 학생들이 학교나 교사에 대한 신뢰가 높고, 문제가 해결될 거라는 기대도 높다는 것을 보여 준다. 실제 혁신학교의 사례들을 살펴보면, 막연히 기대만 높은 것이 아니라 실제로 해결해 가는 과정을 함께 경험했기 때문인 것을 알 수 있다.

학교에서는 학생들에게 인권 교육을 하고 있을까? 혁신학교 학생들 중 42%가 받았다고 응답한 반면, 일반 학교는 20%만 받았다고 응답해서 두 배 차이를 보였다.

〈그림 18〉에서 의미 있는 내용은 학생 인권에 대해 '학교 밖에

서 따로 공부했다'고 응답한 학생의 비율이다. 혁신학교에서는 1% 학생만이 학교 밖에서 따로 공부했다고 응답한 반면, 일반 학교에서는 3% 학생들이 따로 공부했다고 응답했다. 일반 학교 학생들이 학생 인권에 대한 목마름으로 학생 인권 교육을 찾아다니며 배우고 있다는 것을 알 수 있다.

학교가 학생들을 차별하느냐는 질문에 '매우 그렇다'고 응답한 학생들이 혁신학교에서는 2.7%에 불과했지만 일반 학교는 15.6%에 이르렀고, '전혀 그렇지 않다'고 응답한 학생들이 혁신학교에서는 52.3%나 되었지만 일반 학교에서는 24.4%나 됐다.

학교 규칙(생활지도) 때문에 스트레스를 받고 있느냐는 질문에 '매우 그렇다'고 응답한 학생이 혁신학교에서는 4.1%에 불과하지만 일반 학교에서는 21.4%나 되었다. '전혀 그렇지 않다'고 응답한 학생이 혁신학교에서는 55.7%나 되었고 일반 학교에서는 23.2%에 불과했다.

학교가 학생 인권을 존중하는 쪽으로 변하고 있느냐는 질문에도 '매우 그렇다'고 응답한 학생이 혁신학교에서는 26.2%, 일반 학교에서는 10.4%로 나타났다. '전혀 그렇지 않다'고 응답한 학생도 혁신학교에서는 10.0%였지만 일반 학교에서는 18.2%로 나타났다.

체벌이나 언어 폭력 발생률, 폭력이 발생하는 장소, 성적에 따른 우대, 인권침해에 대한 대처 방식, 차별을 받고 있는지, 학교 규칙 때문에 스트레스를 받고 있는지, 학교는 인권을 존중하는 방식으로 변하고 있는지에 대한 모든 문항에서 혁신학교와 일반 학교는 큰 차이를 보여 주었다. 이것은 인권을 강조한다고 어느 날 갑자기 만들어진 결과가 아니라 꾸준히 인권 감수성을 높이는 교육과 활동을 해 왔기 때문에 나타난 결과이다. 학생들에게만 인권 의식을 심어 준 것이 아니라 교사들도 함께 학생들의 인권을 존중하기 위한 노력을 게을리하지 않았다는 것이다.

혁신학교에서 인권·평화 교육을 위해 운영하는 프로그램은 평화샘 프로젝트, 회복적 생활교육, 감정코칭, 비폭력대화 등 다양하다. 평화샘 프로젝트는 서로의 인권이 존중받을 수 있는 구조적인 문제에 집중한다. 많은 학교 폭력 사안들이 가해자와 피해자의 일대일 구도가 아니라 가해자와 피해자, 가해자를 돕는 조력자와 다수의 방관자라는 구도에서 발생하기 때문에 구조화되고 조직화된 폭력을 야기한다는 이해를 바탕으로 한다. 가해자가 되어 보고 피해자가 되어 보는 역할극을 통해서 상대방의 마음과 심리 상태를 공감하고 이해할 수 있도록 도와주면서, 못 본 척하고 침묵하는 방관자가 아니라 피해자를 돕는 조력자가 되겠다는 약속을 함께 한다.

> 규칙 1. 우리는 다른 친구들을 괴롭히지 않을 것이다.
> 규칙 2. 우리는 괴롭힘을 당하는 친구를 도울 것이다.
> 규칙 3. 우리는 혼자 있는 친구들과 함께할 것이다
> 규칙 4. 만약 누군가가 괴롭힘 당하는 것을 알게 되면, 우리는
> 　　　　학교나 집의 어른들에게 이야기할 것이다.
> 　　　　　　　　　　　　－ 평화샘 프로젝트 4대 규칙(평화샘 누리집, 2011)

평화샘 프로젝트는 괴롭힘이란 무엇인지, 자신은 언제 괴롭다고 생각하는지 친구들과 생각을 나누는 것으로 시작한다. 째려보거나 하지 말라고 하는 데도 장난처럼 계속하고, 비교하며, 자신에 대한 쪽지를 돌리는 것 등 구체적인 경험을 통해 괴롭힘을 정의한다. 괴롭힘을 당한다고 생각했을 때 자신의 느낌과 마음을 떠올려 보고 함께 친구들을 괴롭히지 않겠다고 약속한다. 괴롭힘을 당하는 친구들을 돕고, 혼자 있는 친구들과 함께하도록 하며, 누군가 괴롭힘을 당하는 것을 알게 되면 도움을 청하겠다는 약속

으로 이어진다.

'규칙 4'는 때에 따라 선생님은 평화의 수호자가 되겠다는 약속으로 이어지기도 한다. 폭력에 대해 눈감지 않고, 폭력을 없앨 수는 없지만 그 폭력을 평화로운 방법으로 해결하면서 평화의 공동체를 유지하겠다는 자기 암시적인 약속이다. 이런 다양한 노력과 시도들을 통해서 혁신학교의 학생 인권은 보호받고 지지받는다. 그리고 이렇게 인권을 존중받는 학생과 교사들이 타인의 인권도 존중할 수 있다. 타인의 처지와 상황에 대한 이해와 공감 없이는 자신의 인권을 지키기도 어렵다는 것을 함께 배우고, 공감하고 이해하는 것에서 인권·평화 교육을 시작하기 때문이다.

학년별 발달 특성을 반영한 학년 교육과정, 깊이 있는 정서 체험을 위한 공동체 프로그램, 심미적 감수성을 키워 주는 문화예술 교육 활동, 생태적 감수성을 통해 지속 가능한 미래 세대의 꿈을 지켜 주는 생태 감성 교육, 너와 나의 인권에서 시작하는 인권·평화 교육은 모두 대부분의 혁신학교에서 중요한 특색 교육 활동으로 강조하고 있는 것들이다. 단순히 혁신학교에서 하고 있는 프로그램이라기보다는 우리가 지속 가능한 사회를 만들어 가기 위해 꼭 필요한, 문명과 사회에 대한 성찰과 사유를 담은 내용들이다. 이런 실천과 활동들이 일반 학교로 확산되어 학생과 교사들의 웃음꽃이 피어나는 날이 오기를 기다리고 기대한다.

6장

민주적 협의와 자치로
깊어지는 학교

참여, 협력, 소통, 집단지성과 같은 낱말들이 우리 시대 새로운 화두가 된 지 오래다. 자발적 의지를 갖고 참여하고, 서로 협력하며, 소통을 통해 갈등을 해결해 가는 것이 정도라는 것은 누구나 알고 있지만, 내가 살고 있는 삶의 현장, 내가 하고 있는 노동의 현장에서 그런 것을 실천하며 살아가는 것은 그리 쉽지 않은 일이다. 쉽고 간단한 일이 아니기 때문에 시대의 화두이기도 하고, 가장 중요하고 필요한 일이라는 반증이기도 하다.

기존의 학교문화는 위로부터 내려오는 공문이나 관리자의 지시에 의해 움직이는 수직적이며 일방적인 전달 문화였다. 그러나 우리 시대가 요구하는 것은, 바로 우리 학교의 문제는 함께 모여 해결 방법을 찾아가야 한다는 것이다. 곧 집단지성을 통해 합리적으로 해결해 가는 민주적인 협의 문화다. 교실 안에서, 학년에서 학생들이 민주적으로 소통하고 협의하는 문화, 교사들이 모여 '자기 말'을 할 수 있는 회의 문화, 학교의 문제를 터놓고 논의하는 학교운영위원회가 바로 민주적 협의 문화의 밑거름이며 민주 시민 양성의 주춧돌이 될 것이다.

1. 혁신학교 제1 과제, 학교운영 혁신

새롭게 혁신학교를 시작한다고 할 때 가장 먼저 해야 할 것으로 꼽는 것이 학교운영의 혁신이다. '수업이 바뀌면 학교가 바뀐다'라는 말에는 가능성과 위험성이 동시에 담겨 있다. 학교운영의 체제가 바뀌기 어려운 상황에서 교사 개인의 주체적인 노력과 변화를 통해 수업이라도 바꿔 가야만 하는 현실, 그리고 그런 끈질긴 시도와 노력들이 바로 체제를 바꿔 갈 주체를 양성해 가는 과정이라는 가능성이다. 그런데 이 말은 '수업만 바꾸면 학교가 바뀌는데 교사들이 수업을 안 바꾸니 학교가 안 바뀐다'는 말로 왜곡될 위험성이 있다. 이런 위험성의 징후들은 교장 중심의 혁신학교에서 학교운영의 혁신은 뒷전으로 두고 수업 혁신을 우선으로 삼고 있는 현실이나, 혁신학교나 학교운영의 혁신을 시도하기 어려운 지역에서 수업 혁신에 대한 교사들의 학습 열기가 높게 나타나는 현상에서 찾아볼 수 있다.

이에 대해 '학교가 바뀌면 수업도 바뀐다'는 말로 응답하고 싶은 이유는 기존의 학교운영 체제가 '학생'보다는 '교사' 중심이었고, '교사'보다는 '관리자와 교육청' 중심이었으며, '교육'보다는 '업무'를 중시하는 철저한 관료주의에 기반하고 있기 때문이다. 옴짝달싹할 수 없는 구조 속에서 개인의 노력으로 바꿀 수 있는 것에는 한계가 있다. 그 구조를 바꿔 한계를 넘어서 보자는 것이 혁신학교에서 학교운영 혁신을 제1 과제로 내세우는 이유다.

"지금부터 직원 종례를 시작하겠습니다."

"각 계에서 하실 말씀 있으면 해 주십시오."

"평가계에서 말씀드립니다. 이번 주 금요일까지 학년별 수행평가 계획을 완료해 주시기 바랍니다."

"교감 선생님 말씀이 있겠습니다."

"교장 선생님 말씀이 있겠습니다."

"이상으로 교무 회의를 마치겠습니다."

매주 월요일 오후 전국의 일반 학교에서 열리는 직원 종례의 일상적이고 상투적인 모습이다. 간부 회의 혹은 부장 회의를 통해서 다 만들어진 계획을 일방적으로 전달하고 통보한다. 그대로 하라는 것이다. 그렇게 결정되어 내려온 '안'에 대해서 반대 의견을 이야기하려면 엄청난 용기가 필요하다. 분명히 '비교육적'이지만 나서서 그것이 왜 그렇게 결정되었느냐고 물어 보는 것조차 허락되지 않는 분위기다. 어쩌다 용기를 내어 일어나 '이런 점은 문제가 있지 않느냐. 이렇게 해야 하지 않느냐'라고 얘기를 하면 교사들의 동조를 얻기도 하지만 회의 시간만 잡아먹는다는 눈총을 받기도 한다. 조용한 호수에 돌을 던졌다고 뭇매를 맞는 것이다. 하라는 대로 하고, 시키는 대로 하면 아무 문제 없이 잘 굴러가는 것 같은 것이 보통의 학교 모습이다.

학교운영의 혁신은 '교사'보다는 '학생'을, '관리자와 교육청'보다는 '교사'를, '실적과 업무'보다는 교육을 앞세우는 방향으로 학교를 운영하겠다는 것이다. 교사를 위해 존재하는 학생이 아니라 학생을 위해 존재하는 교사로, 실적이나 업무 성과보다는 실질적인 교육의 과정을 중요하게 생각하면서 학교의 중요한 사안들을 결정하고 실행하겠다는 것이다. 예산 편성 계획을 세울 때도 겉으로 번드르르하게 보이는 것보다 학생 교육을 위해 먼저 필요하다고 생각하는 곳에 사용할 수 있도록 하고, 일방적인 지시와 전달이 아니라 함께 협의하면서 하나하나 주체적인 책임감을 갖고 결정해 나가는 것을 목표로 한다.

〈그림 20〉 학교교육 계획을 함께 고민하는 교사 다모임

2. 학생, 학부모, 교사 3주체 생활협약

초등학교에 다니던 어린 시절에 나는 '교장 선생님'이 학교의 주인인 줄 알았다. 좀 더 머리가 커서 중·고등학생이 되면서는 무소불위의 권력을 휘두르는 것만 같은 '선생님'이 학교의 주인인 것 같았다. 예비 교사 시절, 20대 대학생이 되어서야 학교의 주인은 학생, 교사, 학부모라는 것을 배웠다. 대학을 졸업하고 학생이 아닌 교사로 초등학교에 다니기 시작하면서는 다시 '교장이 학교의 주인인 거나 마찬가지구나!' 하고 생각했다.

내가 처음부터 혁신학교에 관심을 가진 것은 아니었지만, 곽노현 전 서울시교육감이 구속되는 과정을 보면서 '혁신학교'를 위해

무엇인가를 해야겠다고 생각하고, 혁신학교 준비 소모임에 참여했다. 그리고 혁신학교 초빙 교사로 들어가 근무한 지 4년이 된 지금, 나는 내가 학교의 주인이라는 것을 깨닫고 있다. 예전에 학교에 다닐 때는 누군가가 "복도 불을 꺼라", "휴지 버리지 않게 지도하라"고 하면 잔소리처럼 들렸는데 요즘에는 내가 먼저 복도에 떨어져 있는 휴지를 줍고, 환한 대낮에 복도에 불이 켜져 있으면 스위치를 찾아 불을 끈다. 화장실 변기 레버가 잘못되어 물이 새고 있으면 제자리로 돌려놓거나 수리하는 기사님께 부탁한다. 학교에서 보이는 하나하나가 다 신경 쓰이는 걸 보면 내가 학교의 주인이 되어 가는 것이 맞는 것 같다.

학교의 중요한 일들이 학교 관리자나 부장 교사 몇몇의 논의로 결정되고, 대다수 교사는 그런 결정 사항을 단순히 실행하는 존재라면 이런 '주인 의식'은 결코 만들어지지 않는다. 우리 학교 문제가 바로 자신이 고민하고 생각해야 할 문제가 되고, 자신이 참여해서 바꿀 수 있고, 자신이 참여해야만 바뀔 수 있다는 생각을 할 수 있게 학교문화를 바꾸고 있기 때문에 가능한 일이다.

학생들은 교사, 학부모와 더불어 신명나게 '새로운 학교 만들기 프로젝트'를 수행하는 주체입니다. 신설학교로서 학생 생활 규정을 처음부터 제정하는 과정에서부터 교사, 학부모와 더불어 교육의 3주체로서 참여했습니다. 수차례 토론을 통한 학급 단위의 의견 수렴, 학생회의 토의, 3자 참여 공청회 등 3개월여에 걸친 규칙 제정 과정을 거쳤고, 또 이를 준수하도록 하는 캠

페인과 실천 운동을 학생회 중심으로 자발적으로 전개하는 등 민주 시민의 자질을 키우고 전인적인 성장을 이루기 위한 노력을 했습니다. 이후 개정 과정에서도 마찬가지의 과정과 절차를 지켜오고 있습니다. 학생 생활 규정 제정부터 시작된 자발적이고 창조적인 학생 중심 문화는 이제 삼각산고의 전통으로서 자리매김하고 있습니다. 참여수업, 학생회, 동아리, 학습 두레, 테마별 수학여행 등에서 활기 넘치는 학생들의 모습을 찾아볼 수 있습니다.

— 김지수 외, 2014

교사뿐 아니라 학생도, 학부모도 모두가 학교의 주인이라는 생각을 갖고 학교가 교육 공동체로서 제구실을 다할 수 있도록 함께 노력하는 혁신학교의 문화는 하늘에서 뚝 떨어진 것도 아니고, 땅에서 갑자기 솟아난 것도 아니다. 학교의 관리자가 민주적인 지도력을 발휘하며 학교 구성원 모두의 이야기에 귀를 기울이고, 자율성이 주어진 만큼 교사, 학부모, 학생들도 자발적으로 책임을 다하려고 하는, 그리하여 위에서 아래로, 아래에서 위로 서로를 지지해 주는 역동적 과정에서 만들어 가고 있는 문화다.

몇몇 혁신학교에서 학생·교사·학부모가 모두 교육 공동체를 이루는 주체로 함께하겠다는 약속을 하는데, 바로 '3주체 생활협약'이다. 교사가 일방적으로 정하고 시행하는 학생 생활 규정을 넘어서, 교사·학생·학부모가 함께 공동으로 규정을 만들고 자율적으로 책임을 다해 지키겠다는 약속을 하는 것이다. 학생들에게만 지켜야 할 것을 나열하고 강요하는 것이 아니라, 부모는 부모로서 지켜야 할 최소한의 것을 약속하고 지키고, 교사도 교사로서 지켜야 할 것을 함께 정하고 지켜 가면서 책임을 지는 방식이다.

학생의 입장에서 본다면, '선생님이나 부모님도 잘못하는 경우가 많은데 왜 우리만 통제하고 규제하느냐'라는 불만을 제기할 수밖에 없는 현실이다. 그러므로 교사와 학부모도 스스로를 규제하는 규정을 만들고 함께 지키자고 약속하고 지켜 나가는 것으로 서로의 입장을 이해할 수 있게 된다. 이는 수평적인 상호 신뢰 관계와 애정을 바탕으로 각 주체들이 자주적으로 자정하는 능력을 키우고, 참여하며 소통하는 학교 공동체를 유지하는 데 기본 토대가 된다(선사고등학교, 2013).

혁신 고등학교인 선사고등학교가 3주체 생활협약을 만들었던 과정을 살펴보자. 2월 말 신입생 오리엔테이션에서 학생들의 의견을 수렴하여 임시로 준수해야 할 공동체 생활협약을 잠정적으로 정하고, 이를 바탕으로 3월 한 달 동안 각 주체별 공동체 생활협약안의 내용을 정했다. 학생 협약안은 학급자치회와 전교학생회를 조직한 후에 전교학생회 주관으로 학생과 관련된 생활협약 내용에 대한 의견을 수렴하고, 학생회 운영위원회에서 토론과정을 거쳐서 만들었다. 학부모 협약안은 학부모회를 중심으로 학부모와 관련된 생활협약안에 대한 의견을 수렴하고, 학부모회 내부의 토론회를 거쳐서 마련하였다. 교사 역시 교사회를 중심으로 교사와 관련된 생활협약안에 대한 의견을 수렴하고, 교사회에서 토론하여 교사 협약안을 만들었다. 각각의 협약안에 대해서 학생 협약안은 학생에게, 학부모 협약안은 학부모에게, 교사 협약안은 교사에게 설문 조사를 실시하고 의견을 수렴했다. 그리고 4월 초 전체 학생이 참여한 가운데 학생, 학부모, 교사 각각 2인의 대표자가 나와 상호 공개 토론회 형식으로 공청회를 열었다. 공청회 이후에 다시 각 주체별 의견을 수렴하는 과정을 거치고, 5월 말 학교 개교식에서 3주체 공동체 생활협약식을 함께 열었다. 학생들은 랩으로, 교사들은 판소리로, 학부모들은 낭독으로 각 주체별 약속을 나누고 함께 지킬 것을 선언한 것이다. 그리고 마지막으로 학교운영위원회를 통과하는 과정을 거쳤다.

이런 과정을 거쳐 수렴된 학생, 학부모, 교사의 약속은 어떤 내용일까? 교사들이 약속한 내용을 보면 혁신학교뿐 아니라 우리 사회의 모든 교사가 함께 지키도록 노력해야 하는 기초적이면서 기본적인 것들이라는 것을 알 수 있다. 학생들이 지키겠다고 선언한 내용은 또 어떤가. 학생으로서 지켜야 할 가장 필요한 내용들이다. 이런 약속들을 학생들이 스스로 만들어 내고, 함께 지키겠다고 약속한다. 지키지 못하는 일도 물론 발생하겠지만, 스스로 만들어 낸 규칙이기에 지키려고 노력하는 모습이 그려진다면 그야말로 꿈의 학교 아닐까. 학부모들의 약속 역시 마찬가지다. 가정에서 아이들의 밥을 챙겨 주고, 한 달에 한 번은 자녀와 함께 여가를 보내고, 자녀의 자기결정권을 존중하기 위해 노력하는 학부모가 되겠다는 약속은 그 내용만으로도 충분히 감동을 준다.

◆교사의 약속

① 체벌을 하지 않는다.

② 준비를 철저히 하여 지루하지 않게 학생이 참여하는 수업을 한다.

③ 학생의 자율성을 존중한다.

④ 학생에게 기회를 균등히 주고 학생 의견을 경청하며 차별하고 비교하지 않는다.

⑤ 학생을 인격적으로 대하고 감정적이고 모욕적인 언사를 하지 않는다.

⑥ 학생 개개인의 조건과 상황에 따라 일대일 상담을 많이 한다.

⑦ 학생들에게 친절하고 상냥하지만 혼낼 때는 단호하고 따끔하게 한다.

⑧ 칭찬을 많이 하고 학생의 작은 실수는 관용과 사랑을 바탕으로 이해해 준다.

⑨ 원인 행위가 없을 경우는 학생의 소지품을 검사하지 않는다.

⑩ 학부모와 항상 거리감 없는 대화와 상담을 한다.

⑪ 교사 각자의 학습·교육 자료를 공유하고 힘든 일은 서로 도우면서 함께한다.

⑫ 항상 밝고 웃으며 많은 대화와 소통으로 즐거운 학교가 되도록 노력한다.

⑬ 일체의 촌지를 받지 않는다.

― 3주체 생활협약(선사고등학교, 2013)

◆학생의 약속

① 수업 시간에 졸거나 불필요한 잡담을 하지 않고, 성실하게 수업활동에 참여한다.

② 교실, 복도 등에 껌, 침을 뱉지 않고, 쓰레기 없이 항상 교실을 깨끗이 사용한다.

③ 감정적 대꾸보다는 타인의 말을 존중하고 이성적 대화를 예의바르며 소신 있게 한다.

④ 학생 상호간에 욕을 하지 않고, 존중하며 친절한 태도로 대한다.

⑤ 컴퓨터 사용 시간을 줄이고, 게임을 자제한다.

⑥ 학교 비품을 파손하지 않고 아끼고 청결하게 사용한다.

⑦ 급식 시간에 새치기를 하지 않겠다.

⑧ 교실, 복도 등에서 큰소리로 떠들거나 심한 장난을 치지 않고 정숙한 학습 분위기를 만든다.

⑨ 지정된 교복을 단정하게 입는다.

⑩ 거짓말, 핑계, 내숭을 떨지 않고 솔직하게 말한다.

⑪ 아침 일찍 일어나고, 정리 정돈과 청소를 자율적으로 한다.

⑫ 일과 중 무단 외출을 하지 않는다.

⑬ 서로 인사하며 배려하고 웃음이 넘치는 학교분위기를 만들겠다.

⑭ 가정에서 외출할 때는 꼭 어른의 허락을 받는다.

⑮ 두발, 화장, 피어싱은 개성의 표현을 존중하되, 공동체에 지나친 위화감을 줄 경우는 3주체 공동체 생활협약 위원회의 결정에 의해 시정을 요구할 수 있다.

— 3주체 생활협약(선사고등학교, 2013)

◆ 학부모의 약속

① 학교 일에 관심을 갖고 적극적으로 참여하면서 서로 소통한다.

② 학교 일에 뒤에서 비난하지 않고 자신 있게 공식적 통로를 통해 의견을 개진한다.

③ 학생과 1주일에 한 번 이상 대화하고, 학교생활에 관심을 갖는다.

④ 학생들의 사춘기 상황을 이해하고 차분하고 냉정하면서 이성적인 대화를 한다.

⑤ 아침 밥은 꼭 먹이며, 군것질보다는 가정에서 간식을 챙겨준다.

⑥ 한 달에 한 번 이상 자녀와 등산, 영화 보기, 연극 관람, 운동 경기 등을 함께한다.

⑦ 친한 친구의 이름을 알고, 관심을 갖고 내 자식처럼 대한다.

⑧ 자녀의 자기결정권(장래 희망, 꿈, 진학, 진로 등)을 존중한다.

⑨ 타 학생과 비교하거나 간섭하지 않고 잔소리보다는 자녀를 신뢰하며, 인격적으로 존중한다.

⑩ 성적으로 모든 것을 평가하지 않고, 인성적 측면에서 감싸준다.

⑪ 촌지를 갖다 주지 않는다.

⑫ 학생 앞에서 선생님을 비난하지 않고, 학교의 교육적 전문성을 존중한다.

⑬ 잠을 충분히 재운다.

— 3주체 생활협약(선사고등학교, 2013)

학교의 주인은 교장이 아니다. 학생, 학부모, 교직원 모두가 학교의 주인으로 서로 각자의 역할을 다하는 교육 공동체가 되어야 한다. 그런 의미에서 많은 혁신학교에서 시도하고 있는 3주체 생활협약은 모두가 학교교육의 주인이 되게 하는 과정을 잘 보여 주는 사례이다.

3. 학생, 학부모, 교사가 함께 만들어 가는 교육과정

"큰아이 때는 한 번도 이런 평가를 학부모로서 받아 본 적이 없습니다. 교육과정 운영 평가 설문지를 보니 '의례적 평가가 아닌, 학교 공동체로 의견을 들으려고 하는구나!'라는 느낌을 받네요. 두 번째 느낌은 '우리 학교가 이렇게 운영되는구나!' 하는, 학습의 시간이 되겠다는 생각도 들었습니다. 한눈에 학교운영이 눈에 들어옵니다."

한 학기가 끝날 때마다 실시하는 '교육 공동체 구성원 학교 교육과정 운영 평가'를 위한 설문지를 받아 보고 나서 한 학부모가 보내 준 내용이다. 교육청이 시켜서, 학교 평가에 들어가서 해야 하니까 하는 형식적인 만족도 조사가 아니라 '학교 공동체 구성원으로서 학부모를 존중하며 의견을 듣기 위한 설문지'라는 것과, 동시에 그 설문지의 문항 내용이 학교운영 전반의 내용을 담고 있기 때문에 학부모에게도 학교운영 방식에 대해 알 수 있는 기회가 될 수 있겠다는 감탄과 감사를 담고 있다.

학생, 교사, 학부모가 함께 만들어 가는 교육과정은 이렇게 학생과 학부모를 교육과정 운영과 평가의 주체로 인정하는 것에서 시작한다. 교사조차도 학교교육의 계획 혹은 학교 교육과정의 주체로 인정받지 못하고 대상화되어 있는 게 일반 학교 현실이다. 학교 관리자인 교장과 교감이 하고 싶은 것과 교육청에서 하라고 하는 것을 담아서 교육과정 부장이 요리하는 것이 학교 교육과정의 현실적인 모습이다. 일반 교사들이 철저하게 소외되어 있는데 학부모와 학생의 의견을 담는다는 것은 얼마나 어려운 일이겠는가.

그러나 혁신학교는 다르다. 관리자가 요구하는 것도, 교육청이 요구하는 것도 중요하겠지만 먼저 학생, 교사, 학부모의 교육과정 운영에 대한 평가와 피드백을 중요하게 생각한다. 그래서 학기가 끝날 때, 학년을 마무리하고 새 학년을 준비해야 할 때마다 정성스럽게 설문 문항을 구안하고, 설문을 받고, 통계를 내고, 이를 학생과 교사, 학부모와 공유하는 작업을 게을리하지 않는다. 평가만 제대로 되면 다음 연도 교육과정을 계획하는 작업이 훨씬 수월하기 때문이다. 부족한 것을 더 채워 넣고 넘치는 것을 줄이면 되기 때문이다.

1학기 말 설문은 교육과정 운영에 대한 평가를 중심으로 한다. 그 해의 교육목표, 구체적인 방향, 세부적인 프로그램 등등에 대한 설문 문항이다. 목표 설정은 잘 되었는지, 구성원의 뜻은 잘 담겨 있는지부터 학교의 시설 정비, 재량휴업일 지정, 개별 프로그램에 대한 만족도까지 많은 내용을 담는다. 설문 결과는 교사들이 먼저 분석하고, 논의가 필요한 내용에 대해서는 심도 있게 논의하는 자리를 마련한다. 그리고 그런 내용을 학년별 학부모 다모임이나 2학기 교육과정 설명회 등을 이용해 학부모들과 공유하고, 실행의 어려움이나 극복 방안 등을 같이 나눈다. 학생들의 평가 역시 학급에서 함께 공유하고 이야기를 나눈다. 2학기에 바로 반영할 수 있는 것들은 반영하고, 장기적인 과제는 다음 해 교육과정에 반영될 수 있도록 따로 정리를 한다.

〈그림 21〉 학부모 다모임, 교육과정 설명회

<그림 22> 학교의 교육 방향이나 중요한 변화에 대한

학부모들의 의견을 묻는 설문 결과(서울유현초등학교, 2015-b)

설문: 우리 학교의 교육 방향은 배우고 나누며 참 삶을 가꾸는 유현공동체로 학교 구성원
의 뜻과 실제적인 교육 활동 내용에 따라 잘 설정되었다.

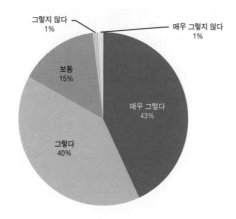

설문: 녹색학부모회의 교통 안전 지도를 모든 학년과 학급에서 지원하도록 한 것은 적절
한 방향이다.

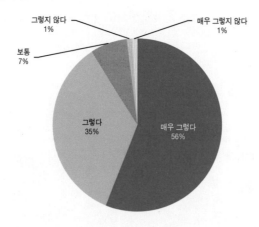

학년 말 교육과정 운영 설문은 다음 해 교육과정을 계획하고

수립하기 위한 의견 수렴 과정을 중심으로 한다. 12월 초에 실시한 이 설문 내용을 토대로 해서 학교 교육과정 운영의 기본 방향을 잡는다. 학교운영 전반과 학부모회 운영, 시설 보수, 학교행사, 1학기 평가 내용에 대한 구체적인 반영 방식 등에 대해 묻는다. 그리고 새 학년이 시작되기 전에 그런 내용들이 어떻게 학교교육 계획에 반영될 것인지 학부모와 학생들에게 미리 알려 준다.

이런 방식의 학교 교육과정 운영 평가 및 계획은 관리자인 교장과 교감이 교사를 신뢰하고, 학부모를 신뢰하고, 교사와 학부모가 학생들을 신뢰할 때 가능하다. 서로에 대한 신뢰를 바탕으로 서로가 교육 공동체를 이루는 주체임을 인정하고 존중하는 것이다. 한 혁신학교는 이런 설문을 4년 동안 진행하면서 1년 차보다는 2년 차, 2년 차보다는 3년 차, 3년 차보다는 4년 차에 학부모의 설문 참여, 응답률, 만족도 등이 더 높아지고 있다는 것을 확인했다고 한다.

서로 믿고 존중하는 과정에서 터놓고 얘기하는 학교문화가 만들어진다. 감추려고 하기보다 건강하게 드러내고, 모르는 척하기보다 먼저 이야기를 들어주려고 노력하는 것이다. 오해와 불신의 벽을 쌓고 정해진 선 안에서만 움직이려고 하지 않고, 종횡으로 가로지르며 소통하려는 자세는 교사, 학부모, 학생 모두에게 필요하다. 너무나 다양한 생각을 가진 사람들이 같은 학교에서 근무하는 교사라는 이유만으로, 같은 학구에 살아서 한 학교에 자녀를 보내는 학부모라는 이유만으로, 같은 학년, 같은 반이 되었다는

〈표 20〉 학부모 의견 조사 결과를 반영한 학교 교육과정 안내 가정통신문

배우고 나누며 **참삶을 가꾸는 유현공동체**

받는 대상 : 1-6학년	가정		통신	〈2014-303호〉 발행일: 2015. 2. 13. 담당자: 한 희 정

(우142-886)서울특별시 강북구 인수봉로37길 24 http://www.youhyeon.es.kr
교무실: 985-3122 / FAX: 985-4844

2015학년도 학사 일정 및 학부모 의견 수렴 결과 안내

입춘이 지나고 곧 우수입니다. 귀 댁에 좋은 봄소식이 함께 하기를 기원합니다.

지난 12월 2015학년도 학교운영을 계획하기 위한 학부모·학생·교사 설문조사를 실시하였습니다. 그 결과에 따라 2015학년도 학사일정 및 학교운영 계획을 수립하여 다음과 같이 안내드립니다.

2015학년도 학사일정 및 학교운영 기본계획 안내

1. 9시 등교: 현행대로 8시40분 등교, 9시에 정규수업을 시작합니다.
   (※현행 48%, 9시 등교 35%)
2. 학기제 운영: 현행 1·2학기제의 틀을 유지하면서 혼합형으로 운영합니다.
   (※현행 혼합형 41%, 단기방학형 25%)
3. 자율휴업일: 어린이날 연계(5월4일, ※72% 동의), 개교기념일(6월5일, ※77% 동의),
   한글날 연계(10월8일, ※65% 동의), 수능일(11월12일, 69% 동의) 총 4일
4. 방학·개학일: 시업식·입학식(3월2일), 여름방학식(7월24일), 개학식(8월24일)
   겨울방학식(12월21일), 개학식(1월25일), 종업식·졸업식(2월5일)
5. 녹색학부모회: 모든 학년과 학급에 학기당 5일씩 배정합니다.
   (※매우만족 38%, 만족 32%, 보통 16%, 부동의 7%, 매우불만족 5%)
6. 학부모동아리: 4개의 학부모동아리 부서를 신설합니다.
   (악기, 배드민턴, 생태교육, 아버지모임)
7. 학부모회: 서울시의 조례 제정에 따라 학교의 공식기구로 운영될 예정입니다.
   우리 학교의 모든 학부모는 학부모회의 회원입니다.
   (3월 2주에 첫 모임을 갖고 학부모회장, 부회장, 감사 등을 선출하여 운영)
8. 학교시설: 체육관 개관(2.11), 도서관 소파 교체(2월 중), 학생 사물함 교체(2월 중),
   현관 입구 신발장 설치(3월 중, 신주머니 없는 학교운영),
   칠판 교체 및 교실 롤블라인드 설치(강북구 교육경비보조금 예산 신청)
   ※ 표시는 2014년 12월 학부모 설문 결과입니다.

2015. 2. 13.
서울유현초등학교장

이유만으로 만났다. 서로를 위해, 최선을 다해 교육적인 관계를 맺어 가는 지난한 과정이 교육 공동체를 이루어 가는 길이다.

4. 이야기꽃이 피는 회의 문화, 교사 다모임

서울유현초등학교가 일반 학교에서 혁신학교로 지정받은 첫해, 교사 회의를 시작하는데 누가 먼저 나서서 자기 의견을 내놓는 것 자체가 어려웠다. 그러다 보니 늘 말을 하는 사람들만 나선다는 것을 문제 삼는 사람들이 생겼다. 그런 부분을 바꿔 보고자 안건에 대해 같이 제안 설명을 듣고 바로 그 자리에서 학년별 의견을 모아서 얘기한다거나, 돌아가면서 자기 생각을 짧게라도 다 말해 보는 기회를 주는 방식을 쓰기도 했다.

학급 도서비로 구매한 도서에 학교 도서관 바코드를 찍어서 관리를 해야 하느냐와 같은 아주 사소한 것처럼 보이는 문제가 갈등의 불씨가 되기도 했다. 기존의 학교운영 체제가 감시와 처벌에 근거했기 때문에 그런 체제에 대한 반발심이 '관리'에 대한 거부감으로 표출되는 것이다. 학급 도서 역시 학교 예산으로 구매했기 때문에 관리는 필요하고, 그러려면 바코드를 찍고 해마다 도서관으로 반납했다 대여해 가는 방식을 취하자는 주장에 대해 '관리자 마인드'라는 비판이 쏟아졌다. 분실 도서 등에 대해서는 담임교사의 책임을 묻지 않겠다고 해도 교사들은 그 말을 신뢰하지 않았다. 왜냐하면 늘 그런 방식으로 감시를 받고, 문제가 생기면 변상을 하거나 다른 학급과 비교당하는 경험을 했기 때문이다. 그렇게 하지 않을 거라면 바코드를 찍고 도서관에 반납하는 것 자체가 복잡하고 불필요한 절차라는 의견이 많았다. 결국 학급 도서는 학교 도장을 찍어서 해당 학년, 해당 교실에서 관리하는 것으로 결정되었지만, 서로의 생각이 '다름'을 확인하고 각각의 논리를 펼쳐 가는 과정은 그리 유쾌하지만은 않았다. 그러나 그런 과정이 그다음 걸음을 위한 진통이었다는 것을 깨닫는 데는 긴 시간이 필요하지 않았다.

서로 다른 생각을 조정해 본 경험이 없어서 서로 다른 생각이 드러나는 것을 힘들어하고, 이것을 '갈등'이라고 여기면서 피하고 싶어 했다. 다른 생각을 얘기하면 미워한다 생각하고 개인적인 감정을 갖고 상처 받기도 했다. 회의가 힘들다고 하지 말자고 다시 옛날 학교 모습인 직원종례로 돌아가자고 하는 사람도 있었다.

그러나 2년 동안 우리는 변함없이 교사회를 민주적인 방식으로 진행해 왔고 지금도 진행하고 있다. 그러면서 회의 진행 방식도, 말하는 법도, 남의 얘기를 듣는 법도, 서로 다른 의견을 조정하는 법도 배웠다. 그러면서 민주주의가 이렇게 좋은 것인지, 민주주의의 힘이 무엇인지 이제야 경험하게 된 것이다

— 이부영, 2013

한국 사회는 갈등을 드러내기보다 수면 아래로 감추는 것이

'예의'인 것처럼 강요되는 곳이다. 갈등을 드러내는 자에게는 그 갈등의 내용과 맥락보다는 "예의 없다, 인간이 덜 되었다"라는 비난이 먼저 들려온다. 그래서 최대한 감추고 살려고 한다. '그렇게 말하세요, 저는 제 생각대로 갑니다'라고 마음속으로만 대답한다. 그래서 변화하지 않는다. 그런 문화는 학교라고 예외는 아니었고, 오히려 더 강고한 측면도 있었다. 혁신학교에서 교사 다모임을 통해 갈등을 드러내고, 서로의 생각을 말하고, 논쟁하면서 가장 합리적인 방법을 찾아가는 것은 그래서 꼭 필요한 혁신의 방향이었다.

초기 혁신학교 1년 차에는 교사 회의에서 상처를 받는 일이 좀 있었습니다. 서로 이야기하는 것을 꺼려하기도 하고 일방적으로 의견을 몰아가는 듯한 분위기에서 침묵하는 다수가 소외되기도 했습니다. 그러나 그러한 것도 경험이었으며, 지성을 겸비한 교사들은 그러한 문제를 하나하나 조심스럽게 제기하고 헤쳐 나가고 있습니다. 일부에서는 전교조 교사가 장악한 교사 회의라는 등 교원의 민주적인 문화를 폄훼하고 있지만, 아직도 우리가 회의를 완벽하게 하고 있지는 않지만, 그래도 처음보다는 더 다른 사람을 배려하고 더 넓게 사고하는 경향이 있음을 실감하고 있습니다. 이러한 민주적인 경험, 토의토론문화를 경험하지 않은 선생님이 어떻게 교실에서 토의토론문화를 활성화시키겠습니까. 선생님 스스로 배움 공책을 쓰지 않고, 자기 주도적 학습 계획을 세우지 않는다면 어떻게 학생에게 그러한 교육의 경험을 나눌 수 있겠습니까.

교사는 끊임없이 학생처럼 배우고 탐구해야 하며 소통하고 참여해야 합니다. 교사협의 문화는 이러한 것을 훈련하는 좋은 마당입니다. 어떤 것을 결정하고 말고의 문제가 아니라 교사들이 함께 논의하는 것 자체가 교육의 과정이며 소중한 경험입니다.

— 서울도봉초등학교, 2014

그렇게 드러내 놓고 얘기를 하다 보면 "내 생각에 감히 반대를 해? 어떻게 저렇게 말할 수 있지?" 하고 감정적으로 대하는 경우가 생긴다. 직급이 더 높다거나 나이가 많을수록 그런 부분을 해소해 가는 것은 쉽지 않다. 그러나 그것이 일회성 경험이 아니라 1년, 2년, 또는 몇 년을 거치면서 만들어 가는 문화이기 때문에 그런 의견 표출에 감정이 상하거나 마음이 다치지 않아야 한다는 것을 배워 간다. 그리고 그렇게 토의·토론 문화를 경험해 봐야 교실에서 학생들의 다른 의견을 듣고 이해하는 데 익숙해진다고 혁신학교 교사들은 고백하고 있다.

천왕초등학교에서 '다모임'은 선택이 아니라 심장과 같은 존재였다. 기존의 학교에서 교무회의 시간에 학교장이나 교무부장이 일방적으로 전달해주는 '결과'만을 듣고 행동하는 것에 익숙해졌던 나에게는 새로운 세상을 경험하는 시간이었다. 학급비를 10만 원만 주어도, 소모품은 사지 말라는 제재가 가해져도, 학교외관을 칠하는 데에는 큰돈을 쓰면서 자료실 학습 자료가 그렇게 빈약했어도, 물어보고 따져봐야 된다는 생각조차 못한 채 지시에 길들여졌던 20년 가까운 교직생활이 얼마나 불

합리하고 수동적이었고 바보 같았는지 깨닫는 시간이었다.

　이렇게 직접 민주주의를 체험한 것은 그대로 교실에도 흘러
들었다. (중략) 천왕에서 다모임을 체험하면서 그 원인 중에 중
요한 한 가지가 '소통'이라는 것을 깨달았다. 나는 그동안 교사
인 내가 잘 준비해서 학생들에게 '제공'해야 한다고 생각했었
다. 그러나 천왕에 와서는 학생들에게 '묻기' 시작하였다. 아침
은 먹고 등교하는지부터 누구랑 놀았는지, 자리를 바꾸어야 하
는데 어떻게 바꾸기를 원하는지 등 아이들의 목소리에 귀 기울
이기 시작한 것이다. 나에게 이것은 정말 큰 변화였다. 소통을
하면서 학급에서 더욱 편안함을 느꼈다. 모든 것을 내가 고민하
고 결정하고 계획해야 한다는 강박관념이 없어졌기 때문이다.

― 서울천왕초등학교, 2015

　교사의 관점에서 완벽하게 세팅한 학급운영 매뉴얼에 빠진 것
이 "소통이었구나, 나와 다른 목소리를 들어주는 것이었구나"를
깨닫게 된 계기가 교사 회의였다는 것이다. 먼저 물어 주고 들어
주는 학교 관리자들의 자세가 교사로 하여금 반 학생들에게 먼저
묻고 이야기를 들어주게 했다는 것이다. 학교의 관리자와 부장
교사 몇몇이 결정하는 것보다 다모임을 통해서 결정하는 것이 훨
씬 강력하다. 책임을 함께 나누어 갖기 때문이다. 담임교사 혼자
계획하고 결정하는 것보다 학생들과 함께 하는 것이 훨씬 강력하
다. 이 역시 책임을 함께 나누면서 서로의 맥락을 공유하기 때문
이다.

교사로서 첫 발을 내딛고 2년 동안은 그동안 알고 있던 '민주'에 배신감을 느끼며 지냈다. 십 수 년의 학교교육을 통해 그토록 '민주'가 중요하다고 배웠건만, 교사로서 처음 접한 학교에서 '민주'는 결코 만날 수 없는 존재였다. 아니 정확하게 말하면, 늘 수업 시간과 회의시간에 '민주'를 이야기하긴 하지만 삶 속에서 '민주'는 없었다. 대신 전지전능한 교장선생님과 닫힌 교실 문, 교장선생님과 업무담당자만 빼고 모두 고개를 숙이고 마주보지 않는 교직원 회의를 맞닥뜨렸다. 답답하고 화도 났지만, 너무 바쁘고 정신없이 지내는 가운데 나도 모르게 눈 감아 버렸다. 말하지 않고 묵묵히(?) 내 학급, 내 아이들, 내 일만 하면 된다고 생각하며 학교에 다녔다. 나는 그 속에 있지만 구성원으로서 소외되고 있었다. (중략)

학생이나 교사나 학교에서 소외되고 참여하지 못하고 침묵을 강요당하는 것은 똑같다. 내 생각, 내 의지와 상관없이 해야 하는 것과 하지 말아야 하는 것이 정해져 있는 곳, 전통과 관행이라는 이름으로 이루어지는 모든 일들 속에서 그것을 하는 그 누구도 주인이 될 수 없는 곳. 학교란 '민주'를 가르치면서 '민주'적으로 살지 않는 참으로 이상한 공간이었다.

— 김소영, 2015

교사가 된 지 6년이 된 젊은 교사의 절절한 고백을 읽으면서 20여 년 전 내 경험을 되짚게 되었다. 그리고 "다르지 않았지, 다르지 않았어." 하고 절망적으로 읊조린다. 그러나 이 교사는 뒤이어, 거기에서 머무르지 않고 학교를 바꾸고 싶어 하는 교사들의 공부 모임에 참여하고, 혁신학교에서 교직 생활을 하면서 새로운 학교문화를 만들어 가고 있다고 이야기한다. 무엇을 어떻게 구체적으로 바꾸고 있는지, '민주'를 가르치면서 '민주'적으로 살아가는 자신과 학교 변화를 그리고 있는 것이다.

—학교의 전체적인 프로젝트를 진행하는 데 있어 충분한 사전 협의를 거치고 아이들과 교실 속에서 호흡하는 선생님들의 자율성을 최대한 보장하고, 교육과정, 수업, 평가, 생활교육에 담임교사들의 재량과 역량을 충분히 담보하고 있다.

—전체 직원 협의 시 다수결로 의견을 정한 것이 한 번도 없었고, 협의의 과정이 길더라도 의견 합의에 도달하도록 노력한다는 점과 합의된 의견에는 다음 단계 진행시 한 방향으로 힘을 협력했다고 생각한다. 그래서 협의 과정이 민주적이라 생각한다.

—참여와 소통의 교사회 틀을 만들고 민주적인 방법으로 회의하는 삶을 교사가 살게 되는 경험은 중요하다. 왜냐하면 교사의 삶은 학생들에게 그대로 전달되기 때문이다. 더불어 소통이 잘 이루어지면 교사끼리 협력하여 교육 활동의 주체로 서게 될 것임을 확신한다.

—수업이나 학생 상담 등에서 어려움이 있을 때 함께 회의를 해서 해결한다. 학교에서 벌어지는 문제 상황들을 특정 학급이나 교사만의 문제가 아니라 모두가 함께 짊어지는 문제로 받아들이는 것 같아 동료성을 느낄 수 있다.

— 포남초등학교, 2014

강원도 포남초등학교 사례에서도 알 수 있듯 많은 혁신학교에서는 교사 회의에서 학교의 교육 활동과 예산 편성 등 중요한 문제들을 함께 협의하고 이해를 구한다. 충분한 사전 협의가 있었기에 다양한 교육 활동들이 자율적으로 이루어질 수 있다. 다수결보다는 합의의 과정을 중요하게 생각하고, 합의된 내용은 내의견과 다르더라도 힘을 모아 집행해 간다. 학교행사나 프로그램뿐 아니라 교사 개인이 수업이나 상담 활동에서 느끼는 어려움을같이 나누고 모두의 지혜를 모으며 함께 책임지는 문화를 만든다. 교사가 민주적인 협의 문화에 익숙해지면 그 문화는 바로 교실 문화로 연결된다. 민주적인 생활문화를 경험해 보지 못한 교사는 민주주의를 삶의 실제로 가르칠 수 없다. 그리고 이렇게 학교에서 교실로 이어지는 민주적인 학교문화는 학교 자치를 꽃피우는 밑거름이 된다.

5. 학생 자치와 학부모 자치로 열매 맺기

누구나 학생들이 자율적으로 행동하는 능력이나 태도를 함양하는 것이 중요하고, 학생 자치의 필요성에 대해서도 이야기하지만 학교 현장에 학생 자치가 자리를 잡는 데는 어려움이 많다. 학생들을 배움의 주체로 보지 않고 대상으로 보는 관점, 바로 지금이 순간 보여지는 아이들의 행동이나 태도를 미숙한 것으로 보거나 교화의 대상으로 보는 시각, 시키는 대로 하고 하라는 대로 하는 것이 가장 편하다는 인식이 학교 현장에 팽배해 있는 것도 사실이다. 그럼에도 학생 자치를 실천해 온 혁신학교 교사들과 학생들은 학생 자치야말로 학생들의 배움과 성장을 돕는 중요한 과정이라고 증언하고 있다.

학생들을 성장하고 발달하는 존재, 잠재성과 가능성을 지닌 존재, 그래서 모든 일상적인 생활 경험이 곧 자기의 존재를 생성해 가는 과정으로 보는 것에서 학생 자치는 출발한다. 아직 미숙하고 더 배워야 하는 존재로 규정하기보다 지금까지 자기 삶의 전(全) 역사를 통해서 최고의 발달 수준을 보여 주고 있고, 교육의 과정을 통해서 더 성장하고 발달해 갈 수 있다고 믿어야 한다.

스스로 문제를 인식하고, 문제를 해결하기 위한 방법을 찾고, 그 방법의 장단점들을 함께 논의하고, 최선의 방법을 찾아서 실천하면서 문제를 해결해 가는 경험은 무엇보다 중요한 삶의 경험이다. 우리 교육법에서 교육이념으로 제시하고 있는 자주적 생활 능력과 민주 시민으로서의 자질을 함양하는 데 꼭 필요한 교육이다.

학급 다모임에서 학년 다모임으로

혁신학교마다 운영하고 있는 학생 자치 방법은 조금씩 다르지만, 초등학교 저학년 시기에는 학급 다모임(학급 회의)을 통해 서로의 생각이나 의견을 모으고 문제를 해결하는 방식을 경험한다. 우리가 흔히 떠올릴 수 있는 '상투적인 학급 회의'가 아니라 실제로 학급에서 일어나고 있는 사건을 내 삶의 문제로 바꾸어 가는 경험을 하는 과정이다. 학생 수나 학급 수가 얼마나 되느냐에 따라 다르긴 하겠지만, 고학년이 되면 학년 다모임(학년별 학생 총회)을 운영한다. 고학년이 되면 학급의 문제를 넘어서 학년이 다함께 조율하고 해결해야 할 사안들이 생기고, 그런 문제를 학생들이 '다모임'이라는 제도를 통해 풀어 보는 과정이다.

첫 6학년 다모임의 안건은 학년 규칙 중 휴대폰 사용에 관한 것이었다. 모두 팽팽한 의견을 냈고 의견을 낼 때마다 말발은 이동했다. 회의 결과는 "수업 시간에 핸드폰은 꺼내 놓지 않아야 한다"였다. 이 당연한 결과를 지키지 못했을 때는 어찌해야 하는지도 6학년 학생들이 결정하였다.

지금까지 나의 경험이라면 단 5분 동안 교사가 왜 수업 시간에 핸드폰을 해서는 안 되는 것인지 설명하고 규칙으로 '선포'하면 끝날 일이었다. 하지만 우리는 그렇게 하지 않고 그 10배, 20배의 시간과 노력을 들여서 그런 결과를 만들어냈다. 그 결과의 효과는 모든 아이들이 수업 시간에 몰래 핸드폰을 보는 일을 없게 한 것이다. 물론 처음에 몇 명은 있었다. 그럴 때마다 아이들은 우리가 만든 소중한 규칙을 어떻게 지키지 않을 수 있냐는 반응을 보였고 그 이후로는 눈속임으로도 핸드폰을 하는 아이들은 없었다.

— 서울천왕초등학교, 2015

위 글에는 혁신학교로 지정되고 처음 학년 다모임을 운영하면서 어떻게 길을 만들어 갔는지, 교사들도 학생들도 한 번도 제대로 경험해 보지 못한 것을 어떻게 시도하고 어떤 시행착오를 거쳤는지 잘 나타나 있다. 문제가 되는 사안이 발생했을 때 함께 해결책을 찾아보고 학년의 학생들이 함께 규칙을 만들어 가는 지난한 과정을 통해서 실질적인 성과들을 만들어 봤던 경험이다.

학년 다모임에서 학생 총회로

가장 기억에 남는 것은 학교 교칙을 새롭게 개정한 일이다. 오픈스페이스라는 대토론회를 통해 전교생의 의견을 들었다. 오픈스페이스는 많은 사람이 참여 가능한 토론 방식 가운데 하나였는데, 같은 주제에 스티커를 붙인 학생들끼리 모여 문제점과 해결 방안을 토의한 것을 자료로 정리함으로써 학생들의 생각을 모으는 것이었다.

정리한 자료를 가지고 대의원회의를 열었는데, 세부적인 사항까지 정확하게 정하려다 보니 회의가 길어져 힘들기도 했지만 식상한 회의보다는 재미있기도 했다. 치마 길이 몇 센티미터를 가지고 투표하기도 하고, 규정하기 애매한 머리나 액세서리 관련 주제에 '혐오스럽지 않을 만큼', '한쪽 귀에 5개 이하' 등의 재미있는 의견도 나왔기 때문이다. 이렇게 대의원회의를 통해 정리한 학생 측 단일안을 가지고 학생, 교사, 학부모 대표가 5명씩 모인 3주체 회의에서 학생 측 입장을 대변했다. 생각의 차이로 인한 충돌도 있었고, 지도 기준을 두고 서로의 입장이 달라 곤란하기도 했다. 하지만 입장마다 차이는 있어도 학생들이 바르게 자라기를 바란 마음은 모두 하나라는 것을 느꼈고, 장시간의 협의를 통해 합일점을 찾아가며 교칙이 개정되었다. 나는 우리가 많은 사람들의 관심 속에서 교육받고 있다는 것을 깨달았다. 아침마다 교문에서 피켓을 들고 우리가 직접 만든 새로운 교칙을 홍보하면서 내가 학교를 변화시키고 있다는 뿌듯함을 느꼈다.

— 김지수 외, 2014

한 혁신 고등학교에서 학생회 부회장으로 활동하면서 학교 교칙을 바꾸는 과정을 경험한 졸업생의 글이다. 학급 다모임이나 학년 다모임을 넘어 전체 학생의 총회로 교칙에 대한 안을 마련하고, 이를 다시 교사와 학부모, 학생이 모여 토론을 하면서 의견의 차이를 조율하는 경험을 하고, 이를 학생들과 함께 실천하기 위해 홍보 활동을 했던 경험이 잘 드러나 있다.

자율적인 학생 동아리 활동으로 깊어지는 자치 문화

학생들의 동아리 활동은 크게 두 가지다. 창의적 체험활동의 동아리 활동은 정규 수업 시간에 진행되고 상설 동아리 활동은 정규 수업 시간 외에 진행된다. 상설 동아리는 관심사나 흥미가 같은 학생들이 자발적으로 모여서 활동 계획을 세운 뒤 도움을 줄 지도교사를 초빙하고, 자율적으로 운영하는 동아리다. 학습 관련 동아리도 있고 취미 활동 동아리도 있다.

혁신학교에서는 창의적 체험활동의 동아리 활동을 운영할 때도 학생들의 의견을 반영하려고 노력한다. 교사에 의해 일방적으로 정해지는 동아리 부서나 활동이 아니라 학생들의 관심과 흥미를 먼저 조사하고 이를 학년 다모임이나 학급 다모임을 통해서 조율해서 동아리 활동을 구성하는 것이다. 정규 교육과정 안에서 이런 동아리 활동을 경험한 학생들은 이를 기반으로 상설 동아리를 구성하기도 한다. 어떤 혁신학교는 동아리 구성을 희망하는 학생이 1명밖에 안 되어도 동아리를 개설할 수 있도록 최대한 지원해 준다고 한다. 담당 교사 1명이 동아리 여러 개를 담당해야 하고 실질적인 지도와 같은 도움을 주기도 어렵기는 하지만, 기술이 발달해서 유튜브 등과 같은 인터넷 강의를 통해 무료 동영상을 보며 학생 혼자 배울 수 있기 때문이란다. 교사는 학생이 처음 계획했던 대로 잘 진행하고 있는지 확인해 주고 난관에 봉착하면 해결하는 방법을 찾는 것을 도와주는 정도만 해도 된다는 것이다.

이렇게 정규 동아리 활동을 교사가 정해 준 부서에서 시간 채우기 식으로 경험하는 것이 아니라, 자발적으로 참여해서 경험해 본 학생들은 훨씬 더 다양한 상설 동아리를 구성해서 활동할 수 있다. 학교마다 다르긴 하지만 5인 이상이 모여서 활동 계획을 세우면 상설 동아리로 인정해 주고 지도교사가 도움을 주는 형태로 운영되는 것이 일반적이다. 숙제 동아리, 비트박스 동아리, 마라톤 동아리, 치어리딩 동아리, 놀이 동아리, 생태 동아리, 학교 신문 동아리 등 형태는 다양하다.

이제는 정말 간호학과만 파야겠다고 생각하던 중 같은 반에 간호사가 꿈인 친구들이 6명이나 있다는 것을 알았다. 그래서 같은 목표를 가진 친구들끼리 모여 활동해보자는 취지로 작은 동아리를 만들었다. 학교에서 소규모 동아리를 개설하여 운영할 수 있었고, 진행 상황을 보고하며 활발히 활동하면 지원금도 나왔다. 동아리 이름은 '19gale'(나인틴게일)이라고 지었다.

먼저 『간호사가 말하는 간호사』라는 책과 〈간호사 24시〉 다큐 영상을 감상하고 함께 나누었다. 날짜를 정해 다 읽고 감상문을 써오기로 한 다음 모여서 서로의 생각이나 인상 깊었던 것을 나누거나 발표했다. 또 간호사에 대한 일반인들의 인식이 어떠한지 궁금해서 교내 학생들과 선생님들 200명을 대상으로 설문조사를 해보았다.

마지막으로 인근 병원에 방문하여 간호사 직업 체험을 했다. 처음에는 간호사의 하루 일과를 관찰해보기 위해 가까운 병원에 전화를 걸어 가능한지 여쭤봤는데, 모두 안 된다고 하였다. 당황스러웠지만 포기하지 않고, 몇몇 병원에 계속 연락하던 끝에 한 병원에서 허락을 해주었다.

— 김지수 외, 2014

이 글은 앞서 학생회 부회장으로 활동하면서 많은 것을 배우고 깨달았다고 했던 학생이 자신의 진로를 정하고 이를 준비하기 위해 자발적으로 친구들과 학습 동아리를 만들어서 운영했던 경험을 담고 있다. 간호사가 꿈인 친구들과 함께했던 활동들은 어쩌면 학생회 활동을 통해서 겪었던 다양한 경험, 곧 학생들의 삶과 생활의 문제를 스스로 고치고 해결해 가려고 했던 그런 경험이 없었다면 쉽게 도전할 수 없었을지도 모른다. 병원에서 간호사 체험을 하고 싶은데 계속 거절을 당했지만, 그럼에도 포기하지 않고 간호사라는 직업을 체험할 수 있는 병원을 찾아내려는 노력은 모두 학생 자치회의 경험을 통해서 배웠던 것은 아닐까 생각해 본다.

자발적 학부모회가 뭐야?

혁신학교에서는 학부모 역시 교육의 3주체로 학부모회를 바로 세우기 위해 다양한 노력과 실천을 하고 있다. 단순한 교육 수요자나 동원 대상, 혹은 각종 위원회에 구색 맞추기 위한 존재로 인식하지 않고 교육 혁신의 성과를 위해 함께하는 동반자로서 같은 길을 걷기 위해 모두 노력하고 있다.

> 신설학교, 혁신학교에 대한 구체적인 기대와 막연한 걱정이 함께 하는 학부모 총회에서 담당 선생님이 던진 한마디는 '혁신학교인만큼 천왕초 학부모회도 기존 학부모회와 달리 자발적 학부모회로 추진합시다'라는 것이었다. (중략)
> '전교회장의 엄마가 당연히 학부모 대표가 돼야 하고, 전교 부회장의 엄마가 암묵적으로 부대표가 되어야 하는 불평등함, 학교장의 지시에 따라 학부모를 봉사나 행사에 동원하기 위해 교사들의 잡무도 늘어나는 부당함, 참여하기 어려움에도 불구하고 담임 선생님의 강권으로 행사나 봉사에 참가하게 되는 불편함' 등이 기존 학교의 학부모 활동에서 좋지 못한 모습으로

나왔다. (중략) '자발적으로 원하는 사람이 대표나 임원이 되고, 행사나 봉사는 정말 원하는 학부모들이 함께 하고, 교사는 학부모 관련 업무에 치이는 것이 아니라 수업 준비와 연구에 전념할 수 있는 자발적인 활동이 혁신학교의 취지에 맞는 바람직한 학부모회 활동 방향입니다.'

선생님의 설명은 기존 학교를 겪어본 학부모들의 고개를 절로 끄덕거리게 하였다. 불편부당한 관행을 몸소 겪었고, 심지어 암묵적인 찬조금 출연도 강요받았던 학부모들도 있었던지라 '자발적인 학부모회'라는 단어 자체만으로도 천왕초와 학부모회 활동에 대한 기대감은 높아졌다.

― 서울천왕초등학교, 2015

보통 일반 학교에서는 아이가 학급 회장이 되면 어쩔 수 없이 떠맡는 것이 반 대표다. 반 대표가 어떤 역할을 해야 하는지 한 번도 배운 적이 없기에 옆 반 엄마 말대로, 선배 엄마 이야기대로 했던 것이 현실이었다. 자녀가 학생회장이면 엄마도 학부모회장이 되어야 할 것만 같은 현실, 반 대표나 학부모회장이라는 직함 때문에 어쩔 수 없이 참여해야 했던 다양한 행사들은 우리가 그동안 익숙하게 보아 온 풍경이다.

그러나 혁신학교의 학부모회는 학부모들의 자치적인 조직이다. 우리 학교의 모든 학생이 즐거운 배움으로 성장할 수 있도록 돕는다는 교육목표를 위해 학부모로서 할 수 있는 일이나 해야 할 일들을 스스로 정하고, 학부모들의 의견을 수렴해서 학교에 전달하는 소통의 창구다. 학부모회가 소통하며 협력하는 관계로서 정착해 있다. 처음이라 낯설었던 '자발적 학부모회'라는 이름은 혁신학교에서는 더 이상 낯설지 않은 이름이 되었다.

학년 학부모 다모임과 학부모 동아리, 연수

학부모회가 전반적인 학교운영 및 교육 활동을 지원한다면, 학부모들이 학년별로 모여서 운영하는 학년 학부모 다모임은 학년의 문제, 학년의 특색에 맞는 교육 활동, 개인적인 것처럼 보이지만 누구나 고민하는 자녀 교육 문제 등을 나누는 자리다. 학부모회라고 하면 부담스러워하는 같은 반 친구 엄마와 함께 참여해서 서로 고민도 들어 보고, 학교교육 활동에 대해 궁금했던 것도 물어 본다. 교사들은 학년의 학부모님께 지원이 필요한 경우 요청도 하고, 학년의 교육 활동이 지닌 의미를 나눌 수도 있기 때문에 꼭 필요한 자리라고 생각한다.

학부모들이 자발적으로 조직하는 동아리 활동 역시 학부모 자치의 중요한 부분이다. 비슷한 관심과 취미를 가진 학부모들이 소질을 계발하는 데 동아리 활동이 도움을 주기도 하고, 동아리 활동을 통해 익힌 것을 학생들의 교육 활동을 지원하는 데 활용하기도 한다. 학부모 연수 역시 학교에서 정해 주는 내용으로 진행하는 것이 아니라, 학부모회의 의견 수렴 과정을 거쳐서 필요하다고 의견이 모아진 내용으로 진행한다. 학부모회 조직 안에 연수 분과를 별도로 설치해 운영하는 혁신학교도 많다.

■ 2013년 학부모와 함께 새로운 날개를 달다.

1년 차 혁신학교를 운영하면서 겪었던 어려움은 학부모 조직과 교육과정 지원에 대해 여러 가지 고민을 하게 했다. 소수의 몇몇 학부모만 학교에 오는 것이 아니라 다수의 학부모가 언제든지 학교에 와서 논의할 수 있도록 해야 한다는 것, 교육과정 운영상 필요할 때 '교육적인 관점'에서 학부모들이 참여할 수 있는 통로를 열어야 한다는 것, 그리고 좀 더 대안적인 학부모 모임이 필요하다는 것이었다. 이런 고민의 과정에서 나온 산물이 동학년 학부모 다모임, 학부모회의 교육과정 운영 지원, 학부모 동아리다.

■ 동학년 학부모 다모임

2012년 학부모들 간의 갈등이 첨예화되고 혁신학교에 대한 소수 학부모의 왜곡된 인식에 대한 설명과 소통이 필요하다는 판단으로 시작하게 되었다. 그 후 학교와 학년에 중요한 일이 있을 때마다 학년 학부모 다모임을 열었다. 올해 6학년의 경우 첫 다모임을 열고 평가 문제에 대한 다양한 의견을 들었고, 성교육에 대한 연수가 필요하다는 부모님들의 의견을 받아서 학부모 성교육 연수를 2회 진행했다. 수학여행 장소를 제주도로 선정할 때도 다모임을 열어서 학부모의 의견을 듣고, 학년에서 예상되는 어려운 점도 솔직하게 나누고 도움을 받았다.

■ 학부모회, 교육과정 운영 지원에 나서다.

학부모회를 조직하고 학부모회에서 교육과정 운영에 필요한 다양한 도움을 주는 역할을 담당하는 것으로 방향을 잡았다. 학년 학급 교육과정 운영을 지원해주는 '교사'로서의 관점과 내용을 함께 공유하면서 협력해가자는 뜻을 담았다.

　1학년은 체험학습을 갈 때 학부모회 명예교사(엄마 선생님)의 도움을 많이 받는다. 체험학습을 떠나기 전에 미리 예비모임을 하고, 체험학습 운영의 주요 활동, 이동 시 주의점, 버스 안에서의 주의점, 그날의 학습 계획 등을 미리 공유한다. 5학년은 추석 절기 공부를 하면서 송편 만들기를 하는데, 교사와 사전 모임을 한 다음 어머니들이 반 구분 없이 자율적으로 모둠을 조직해 오셨다. 5~6명의 아이들과 송편을 빚으면서 어머니들이 어릴 적 경험했던 추석에 대한 이야기, 자신의 추석 이야기 등을 미리 준비해 오셔서 이야기를 들려주시고 송편을 만들어 함께 나누어 먹었다.

　학교 전체 행사로 유현 어울마당을 진행할 때도 학부모회 어머니들이 체험마당 전체를 맡아서 자율적으로 기획하고 진행을 해주셨다. 벼 베기와 추수 체험 한마당을 열 때도 곳곳에서 도움을 주셨다.

　■ 학부모 동아리, 마음밭 어머니회와 와글와글 놀이터

　그동안 학교 교육과정 계획에는 학부모 동아리 운영 계획이 있고 관련 예산도 있는데 학년 다모임이나 학부모회와 달리 적극적으로 참여 의사를 밝히는 분이 없어 아쉬웠는데, 2013년 드디어 동아리 활동을 자원하는 분이 나섰다. 학부모단체에서 아이들이 놀 수 있는 시간과 공간을 확보해주기 위해 다양한 노력을 하고, 마을 놀이터에서 매일 놀아주는 의미로 와글와글 놀이터를 운영한 경험이 있는 분이었다. 마을 놀이터에서 하는 것도 좋지만 혁신학교인 유현초에서 방과 후에 놀이터를 운영하고 싶다는 제안을 하셨고, 학교에서도 이를 흔쾌히 받아들여

자발적인 학부모 동아리가 만들어졌다.

— 초등교육과정연구모임, 2013

새로운 실험, 학교협동조합

혁신 중학교인 영림중학교 학부모회는 2011년과 2012년, 각각
두 차례 학부모 모니터링을 실시하면서 학생들의 먹을거리를 책
임지고 있는 학교 매점 실태를 조사했다. 결과는 학교 밖에 있는
가게보다 질이 낮고, 자극적이며, 식품첨가물이 과다하게 들어간
음식들이 판매되고 있다는 것이었다. 이런 문제를 인식한 학부모
회는 교사·학부모 시식회를 열어 문제의 심각성을 알렸다.

또한 학부모회는 더 이상 방관할 수 없다는 판단하에 학부모
90% 이상의 동의를 얻은 뒤 학부모회 사업으로 2012년 10월부
터 매점을 운영하기 시작했다. 매점 준비위원회를 꾸리고, 매점
을 통해 얻는 수익의 전액은 학생복지에 환류하기로 했다. 친환
경 먹을거리를 제공해서 학생들의 건강권을 확보하고, 장기적으
로는 사회적 협동조합을 설립해 안정적인 기반을 만들어 가겠다
는 계획을 세웠다.

이렇게 시작된 매점은 현재 지역에 있는 생활협동조합으로부
터 친환경 먹을거리를 공급받아 제공하고 있다. 영림중학교 학부
모회는 매점 운영뿐 아니라, 학부모들과 지역사회의 조합원을 위
한 건강한 먹을거리 교육을 진행하고, 학교교육 활동도 지원해
주며, 지역 아동 센터에 간식 지원도 함께 하고 있다. 학생·학부
모 조합원을 확대하는 것뿐 아니라 교육 활동을 통해 대안적인

공동체 문화를 함께 탐색하며, 학생들을 위한 새로운 복지 프로그램을 만들어 가는 데 주력하고 있다.

온갖 식품첨가물과 향미 증진제 등에 익숙해진 학생들은 처음에는 친환경 먹을거리가 밋밋하다며 떨떠름해 했지만, 시간이 갈수록 담백하고 깔끔한 맛이 더 좋다는 반응을 보이고 있다고 한다. 이렇게 영림중학교 학부모회는 학교 매점을 운영하며 학생들에게는 믿을 수 있고 안전한 음식을 제공하고 동시에 그 수익금으로 학교 환경을 개선하거나 학교문화를 바꾸는 데 사용하고 있다. 이런 과정에서 학부모와 학생들은 학교에 대한 신뢰감과 자부심이 생기고 교사와의 관계도 새로워졌다고 한다.

이렇게 학교 매점을 사회적 협동조합으로 설립해서 운영하다 보니 학생도, 교사도, 학부모도 학교의 주인이라는 의식이 생겼다. 매점 앞에서 간혹 벌어지곤 하던 폭력 사건이나 사고도 현저하게 줄어들었다. 학부모들의 건강한 학교교육 활동 참여가 안전하고 건강한 소통과 대화의 마당으로 연결된 것이다.

학부모회가 지역사회와 함께 자신의 영역에서 불편하고 잘못된 것을 바꾸려는 노력은 어떤 혁신 교육 이론보다 실질적인 내용이다. 지역사회 어른들의 관심과 사랑을 받고 생활하는 학생들이 건강하고 바르게 자랄 것은 불문가지다. 학생들은 지역사회의 소중한 미래다. 교사는 학교를 떠나게 되지만 학생과 학부모는 그 지역사회의 일원으로, 졸업을 한 다음에도 지역 주민으로 살아가기 때문이다(김윤희, 2013).

6. 학교운영위원회 제자리 찾기

학교운영위원회(학운위)는 단위 학교의 교육자치를 실현하고, 학교 정책 결정의 민주성 및 투명성을 확보하며, 지역의 실정과 학교 특성에 맞는 다양한 교육을 창의적으로 실시할 수 있도록 심의·자문하는 기구다. 학교장을 당연직으로 학부모 위원, 교원 위원, 지역사회 위원으로 구성된다. 1996년부터 시작되어 현재는 모든 학교에서 운영되고 있다.

학교 헌장 및 학칙의 제정·개정, 학교 예산·결산, 교육과정 운영 방법, 교과용 도서 및 교육 자료 선정, 정규 학습 종료 후 또는 방학 기간의 교육 활동 및 수련 활동, 초빙 교원의 추천, 학교 운영지원비의 조성·운용·사용, 학교 급식, 대학 입학 특별전형 중 학교장 추천, 학교 운동부의 구성·운영, 학교발전기금의 조성·운용·사용, 학교운영에 대한 제안 및 건의 등에 관한 사항을 심의·의결하는 중요한 기구다.

앨범 납품업자, 관광 여행사 업자, 교복 납품업자, 부교재 납품업자, 자녀의 이익을 바라는 학부모, 자녀의 특혜를 바라는 경제력이 있는 학급회장 학부모, 승진을 위해 교장의 근무평가 성적을 잘 받기 원하는 교사, 교장의 근무평가를 잘 받아야 승진 선순위가 되는 교감, 전직 학교장이나 퇴임한 교육관료, 지역의 토호 등. 이런 사람들이 학교운영위원회의 학부모위원, 교원위원, 지역위원이 되면 학교운영위원회가 추구하는 '비공개적이고 폐쇄적인 학교운영을 지양하고, 교육 소비자의 요구를 체계적으로 반영함으로써 개방적이고 투명한 학교를 운영'할 수 있을까? '학교운영의 자율성을 높이고, 지역의 실정과 특성에 맞는 창의적인 교육'을 할 수 있을까? '특색 있는 학교, 민주적이고 투명한 학교'를 만들 수 있을까?

– 김용택, 2012

현실은 어떤가? 학교운영위원이지만 학운위가 무엇을 위해 만들어진 법적 기구인지도 모르고 운영위원이 되어 학교 일을 도와준다는 생각으로 열심히 거수기 역할만 하다 끝난다. 학교장이 제출한 안건에 대해 이의를 제기하는 것 자체가 우리나라의 학교 현실에서는 무척이나 어려운 일이다. 지역사회 위원이나 학부모 위원이 이의를 제기하는 것은 거의 불가능에 가깝다. 그나마 학교 내막이나 사정을 아는 교원 위원이 이의를 제기하면 "선생님은 왜 그렇게 세상을 부정적으로만 보십니까." 하며 저지를 당한다고 한다. 그래서 전국의 모든 학교에 학운위가 만들어진 지 20여 년이 넘도록 그 설립 목적과 상관없이 제자리걸음만 하고 있다.

시중에서 메이커 제품 교복을 구매하려면 20만 원이 넘던 시절. 필자가 00여자고등학교 교원위원으로 참여하면서 끈질기게 반대하는 교장선생님 편을 제치고 '교복공동구매 소위원회'를 구성, 입찰에 들어갔다. 입찰 결과 한 벌에 20만 원이 넘던 동복교복을 바지 한 벌까지 합해 10만 6천 원에 구매했다. 권

당 3만 원이 넘는 앨범을 입찰에 부쳐 11만 원에 구매했던 일도
있다. 물론 경쟁 입찰을 하다 보니 교복이나 앨범업자들끼리
출혈경쟁으로 가격이 원가 이하로 낙찰됐다는 후문을 듣긴 했
었다.

아침도 먹지 않고 잠도 덜깬 눈으로 등교한 학생들. 1교시가
끝나기 바쁘게 달려가는 곳이 학교 매점이다. 컵라면 한 개에
더운 물을 부어 선 채로 먹고 나면 그 때부터 정신이 들어 공부
를 하기 시작하는 고등학교 학생들 (중략) 수입 밀가루에 방부
제와 조미료 범벅이 된 라면 한 개로 아침을 때우는 학생들에
게 우리 밀에 무방부제 라면을 매점에서 판매할 수 있도록 하
자는 제안을 하면 왜 안 되는가? 한창 크는 아이들이 라면이나
빵, 커피, 우유로 때우는 아침 식사. 친환경이나 유기농 식자재
로 학교급식을 하자고 제안하는 학부모는 왜 없을까?

— 김용택, 2012

"교장 선생님이 하시는 일이니까 믿어야지요."가 아니라 "교장
선생님과 여러 선생님, 학부모, 지역사회가 다 함께 더 나은 교육
을 위해 노력해야지요."라고 하면서 학운위가 운영된다면 학교교
육은 실제로 변화할 수 있을 것이다. 그러나 학교문화가 민주적
으로 변하지 않으면 이런 꿈은 요원하다.

2014년부터 나는 근무하는 혁신학교에서 교원 위원으로 학운
위에 들어가게 되었다. 그때 일반 학교에서 학운위의 운영위원으
로 활동하던 때를 생각했다. 당시 학교장이 세워 놓은 교원 위원
후보와 투표로 경쟁하기 일보 직전까지 갔다 상대 후보가 자진

사퇴하면서 무투표로 당선되었다. 그러나 그때는 항상 긴장의 연속이었다. 누가 어디에서 뭘 잘못하지는 않는지 감시하고 견제해야 한다는 생각이 가장 기본적이었기 때문이다. 그런데 혁신학교 부장 교사로 교원 위원이 되면서는, 당연히 학교에서 하려고 하는 일들을 의미 있게 설득하고 안내하는 자리가 되도록 하겠다는 생각을 먼저 했다. 일반 학교처럼 시설비를 과도하게 잡으면서 일상적인 경상비를 줄이는 것 같은 비교육적인 일들도 거의 없었다. 예산 편성 과정에서 이미 걸러지기 때문이다.

그러나 막상 학운위 회의에 들어가서 보니 결코 만만치가 않았다. 쉽게 통과되는 안건보다 수많은 논의와 토론이 거듭되는 안건들이 많았다. 특히 많이 토의된 문제는 '현장학습 장소'에 대한 것으로, 학부모 위원들이 제시한 의견이었다. 1학년 학생들이 롯데월드로 첫 현장학습을 가는 것에 대해, 학부모 위원들이 가족과 언제든 갈 수 있는 테마파크로 현장학습을 가는 것은 교육적이지 못하다는 의견을 지속적으로 피력했던 것이다. 2014년에 처음 안건으로 논의가 되었지만, 이미 예약이 끝났으니 다음 해에 반영하자고 하면서 그대로 통과시켰다. 교육과정 평가회 시간에 이 문제에 대해 협의를 했는데, 교사들 사이에서 롯데월드 같은 테마파크에 가 보지 못한 아이들이 많으니 학교에서라도 한 번쯤 가 보는 것이 나쁘지 않다는 의견이 나왔다. 해마다 진행한 롯데월드 현장학습에 대해 학부모와 학생 만족도가 매우 높게 나온 것도 사실이었다. 이런 평가 과정을 거쳐서 2015년에도 현장

학습 장소를 롯데월드로 정했다. 학운위에 이 안건이 올라오자 바로 논쟁이 되었다. 지난해 이미 논의되었던 사항이 다시 안건으로 올라온 것도 문제였다. 결국 1학년 교사들에게 장소 변경을 제안하는 것으로 이 문제는 일단락되었다.

이런 과정을 거치면서 교사로서 학부모들이 깐깐하게 학교운영에 대해 얘기하는 것처럼 느껴져서 불쾌할 수도 있지만, 우리 학교 학운위가 아주 바람직한 방향으로 잘 운영되고 있다는 것을 확인할 수 있어서 참 좋았다. 학부모 위원들이 거수기 역할을 하는 학운위가 아니라 교육적인 소신에 따라 학교교육 전반을 함께 논의하는 자리로 만들어 주고 있다는 생각 때문이다.

우리 학교 학운위가 일반 학교와 다른 점은 또 있다. 보통 지역사회 위원으로는 전임 동장이나 통장, 퇴직한 교사 등을 모시는데, 우리 학교는 무엇보다 우리 학생들을 잘 알고 우리 지역을 바꾸기 위해 현장에서 애쓰고 계신 분을 모신다는 점이다. 우리 학교를 잘 알고 있을 뿐 아니라 지원하고 지지해 주는 마음으로 열심히 참여해 필요한 말씀들을 해 주서서 든든하다.

7. 민주적 리더십, 민주 공동체의 뿌리
— 이 꽃밭에서 아이들이 민주 시민으로 자란다.

민주적인 학교문화가 만들어지지 않은 채 '교육과정을 혁신하라.', '학년 교육과정을 재구성하라.', '수업을 혁신하라.', '평가 방법을 바꿔라' 해 보았자 모두 공염불이 될 가능성이 높다. 교사들이 자기 주체성을 갖고 자신의 말을 하기 시작할 때 학교의 민주적인 문화가 꽃피고, 그 문화는 그대로 아이들의 학교생활 속에 투영된다. 그것이 바탕이 될 때 학교 교육과정은 누군가가 고생해서 만든 문서가 아니라 내가 고민하고, 내가 반성하고, 내가 실천해 가야 할 실제적인 교육 내용 전반이 되는 것이다. 그리고 내가 고민한 내용을 어떻게 수업 속에서 구체적으로 풀어 낼 것인지를 고민하게 된다. 수업 내용을 학생들이 어떻게 받아들이고, 어느 정도까지 이해하고 있는지, 수업 내용은 적절했는지 여부는 매시간, 모든 수업에서 자연스럽게 이루어지는 평가의 과정이 된다.

민주적인 학교문화를 만들어 가는 길은 가깝고도 멀다. 가장 가까운 길은 학교의 일을 '나'의 문제로 여기고 고민할 수밖에 없도록 하는 것이다. 가장 먼 길은 '누군가' 해야 할 일로 제쳐 두어도 누군가가 담당하게 되어 있다는 믿음을 심어 주는 것이다. 가장 가까운 길이 있지만 우리는 늘 먼 길을 돌고 돌아 다시 제자리에 서서 가까운 길을 찾게 된다. 그러나 그런 진동과 진폭이 모두 나쁘고 잘못되었다고 할 수도 없다. 무수한 흔들림과 갈등 속에서 배워 가는 것이 교육이고 배움이고 삶이기 때문이다.

모든 교사가 자기 생각을 이야기하기 시작할 때 민주적인 학교문화는 시작된다. 자기 생각을 이야기하기 시작하면 학교의 일을 자신의 문제로 고민하게 된다. 갈등이 예상되고 논쟁이 벌어질 것이 뻔하다. 그러나 그런 갈등과 논쟁을 통해서 학교와 우리 삶을 함께 바꿔 나갈 수 있을 것이라는 믿음을 혁신학교의 교사들은 조금씩 확인하고 있다.

모든 교사가 자기 생각을 이야기하려면 무엇보다 관리자들의 열린 마음이 중요하다. 사실 관리자에게 요구되는 수많은 자질 가운데 가장 어렵다는 민주적인 권위의 확보는 교사들을 믿고 기다려 준다는 자기 의지만 확실하면 된다. 지난 세월호 참사에서 상처받은 아이들을 치유하는 과정에 참여한 한 정신과 전문의는 교육부는 교육청을 안 믿고, 교육청은 학교와 학교장을 안 믿고, 학교장은 교사를 안 믿고, 교사는 학교와 학교장을 안 믿고, 학교장은 교육청을 안 믿고, 교육청은 교육부를 안 믿는 거대한 불신의 구조를 확인했다며, 너무나 암담하다고 고백하기도 했다. 그러고 보면 우리 사회는 어느 누구도 자신을 믿고 기다려 준다는 경험을 하지 못한 불행한 사회일지도 모른다. 이 구조를 조금 더 내려가 확장해 보면, 학교장은 교사를 안 믿고, 교사는 아이들을 안 믿고, 아이들을 교사를 안 믿고, 교사는 학교장을 안 믿는 뼈 아픈 현실일지도 모른다.

결국 그런 현실을 넘어서기 위해서는 모두가 성찰하고 뼈를 깎는 혁신의 길로 가야 한다. 혁신(革新)은 그런 의미다. 나를 그대로 내버려 두면서 혁신을 말하는 것은 부끄러운 일이다. 관리자는 교사를 믿고 기다리고, 교사는 아이들을 믿고 기다려 주는 문화. 이것이 민주적인 학교문화의 첫걸음이고, 첫 마음이고, 첫

의지여야 한다.

무수한 시행착오 끝에 도달한 지금의 혁신학교 모습은 구성원 모두가 제 살을 깎아 가며, 즉 시간을 쓰고, 마음을 쓰고, 갈등하고 논쟁하며 만들어 온 모습이다. 이런 혁신학교의 모습에 많은 국민이 호응하며 진보 교육감 시대를 열어 주었다는 것은 그만큼 더 많은 혁신이 요구된다는 뜻이기도 할 것이다. 누군가는 대한민국의 교육 역사상 다시 이런 기회가 올 수 없을지도 모르겠다고 했다. 정말 그럴지도 모른다.

학교문화가 민주적인데 어떻게 사회가 민주적이지 않을 수 있을까. 학교문화가 민주적인데 어떻게 교장과 한두 명의 부장교사가 학교 교육과정을 주물럭거릴 수 있겠는가. 학교문화가 민주적인데 그런 학교에 다니는 아이가 어떻게 민주적인 문화를 경험하지 못하고 자랄 수 있겠는가. 나비 한 마리의 날갯짓이 큰 파동을 일으키듯 지역에서 혁신학교를 만들어 가며 민주적인 학교문화를 꽃피워 가는 것이 우리 사회 구석구석을 민주적인 문화로 바꾸어 가는 길이라는 걸 다시 생각한다.

혁신의 길은 많이 괴롭다. 민주적인 학교문화는 소모적인 것으로 보인다. 조용히 물밑에서 처리해도 되는데 분란을 일으키고, 감정을 소모하게 하며, 지치게 한다. 그런데 분명한 것은 그런 과정이 없었던 조용한 학교, 물밑으로는 엄청난 갈등이 도사리고 있는 그런 학교는 더 이상 사회에서 필요한 기능을 수행하지 못한다는 것이다. 다만, 현재의 체제를 공고히 하고 재생산되도록 하는 데 기능할 뿐이라는 것이다.

민주적인 협의 문화가 자리를 잡기까지 학교의 모든 구성원이 함께 노력했지만 무엇보다 중요한 것은 학교장의 민주적인 리더십이었다. 학교 구성원들이 만들어 가는 민주적인 의사결정 과정을 수용하고 지지하고 격려하면서 지도력을 발휘해 가는 것 자체가 무엇보다 기본적으로 전제되어야 할 조건이다. 과거의 권위적인 리더십으로는 학교 혁신 문화, 민주적인 협의 문화를 이끌어 낼 수 없다. 권위가 아니라 권위적인 것을 내려놓고 민주적인 리더십을 발휘할 때 권위는 저절로 세워진다.

민주적인 리더십. 말은 쉽지만 결코 쉬운 일이 아니다. 그동안 우리 사회와 학교는 민주적인 리더십을 보여 주지 못했다. 그런 리더십을 배우고 경험할 기회조차 없었던 것이 현실이다. 학교장의 권위가 교장실의 크기, 교사 회의에서의 발언권에서 나오는 것이 아님에도 일부 혁신학교에서 그런 문제를 부각시키면서 권위주의를 내세우려는 흐름도 있었다. 그러나 많은 혁신학교 관리자들이 민주적 리더십의 모범을 보이며 새로운 학교문화를 만들어 가고 있는 것도 사실이다.

교사 회의에서 다 함께 토론하고 결정하는 과정이 너무나 소중하기 때문에 교사 회의가 있는 월요일에는 웬만하면 출장이나 강의를 잡지 않는다는 교장 선생님, 문제를 해결할 방법이 보이지 않을 때마다 몇몇이 모여서 결정하는 것보다 교사 회의에서 다같이 논의해 보는 것이 더 좋겠다는 의견을 주시는 교장 선생님,

교사가 학생들을 믿고 기다려 주듯이 학교의 관리자도 선생님들을 믿고 기다려 주는 것이 관리자 최고의 미덕이라고 말씀하시는 교장 선생님들이 있다. 그런 분들이 바로 혁신학교를 민주적 공동체로 만들어 가는 뿌리이며, 우리 미래 세대들은 그런 뿌리에서 자란 줄기와 잎, 꽃과 열매를 보면서 자라고 있다.

7장
수업, 가르침과 배움이
중심이 되는 학교

　담임교사에게 업무가 없다 보니 아이들을 위한 활동을 생각하고 준비할 시간 여유가 있고, 수업에 공을 더 들이게 된다. 그것을 아는지 모르는지 즐겁게 수업을 받는 아이들의 모습을 보면 어찌나 뿌듯한지 모른다. 아마 이러한 환경과 울타리 안에서 진정한 배움이 일어나는 것이 아닐까 싶다. 물론 시행착오도 있고, 어려움도 있겠지만 그것을 행복과 보람으로 느낀다면 앞으로의 천왕 생활은 교사로서 크게 성장할 수 있는 기회가 되리라고 생각한다.

　난 '혁신학교'라는 것이 거창한 타이틀이라기보다는 늘 교사로서 꿈꾸고 갈망하던 바로 그 교육에 한 발짝 더 가까이 가기 위한 환경과 분위기를 조성해줄 수 있는 학교의 모습이라고 생각한다. 학생들을 위해 늘 고민하고 연구하고 준비하는 교사, 학생들을 진심으로 위하고 사랑하는 교사, 학생들에게 좋은 본보기가 되고 삶으로서 가르칠 수 있는 교사가 되기 위한 발판

을 마련해주는 천왕초가 고맙다. 앞으로 여기에 있는 동안 있
는 힘껏 배우고, 있는 힘껏 가르칠 것이다.

— 서울천왕초등학교, 2015

학교에서 가장 중요한 일은 '교사가 학생들을 가르치는 일, 학
생들과 함께하는 일'이다. 그러나 학교에서 학생들을 가르치는
교사라면, 학생들을 열심히 가르치는 일보다 그 외의 일에 더 많
은 시간과 노력을 기울여야 하는 현실에 절망하거나 체념한 경험
이 누구나 있을 것이다. 한 시간의 수업보다 기한 내에 보고해야
하는 공문이 중요하고, 실제 교육 활동보다 문서로 정리된 실적
이 더 중요하다. 아이들에게 맞게 교육 활동이 운영되었는지보다
횟수나 참가자 수가 더 중요한 것이 대한민국 학교의 현실이다.

학교의 중심을 공문이나 실적이 아닌 가르치고 배우는 수업에
두고, 이를 위해 교사들의 업무를 '교육 활동'으로 정의해 교육 활
동을 지원하는 시스템으로 학교의 운영 방향을 바꾼다면 어떨까.
이런 시도를 하고 있는 혁신학교에서는 어떤 효과들이 있을까.
품의, 기안, 지출, 공문 보고 같은 현실적인 제약을 없애고 '수업'
에 집중할 수 있는 환경을 만들기 위해 노력하는 학교에서 교사
들의 만족도가 매우 높게 나온 것은 당연한 결과가 아닐까.

1. 업무 정상화, 학교 혁신의 첫걸음

교사라면 초임 발령을 받고 부푼 꿈을 안은 채 교단에 섰던 시절이 누구에게나 있을 것이다. 이런 것도 해 보고 저런 것도 해 보고 싶던 시절이었다. 그러나 꿈이 컸던 만큼 실망도 컸던 시절로 기억에 남는다. 좌절했던 여러 가지 이유 중 하나는 수업 시간에도 걸려오는 인터폰, 수업보다 공문 처리가 더 중요하다는 이유로 돌리는 회람 같은 것이었다. 수업의 흐름이 끊기는 것은 다반사였다. 오전 10시에 공문을 받았는데 낮 12시까지 보고해야 한다는 얘기를 듣고, 수업을 하라는 건지, 애들 자습을 시키고 공문 처리를 하라는 건지 황당했던 기억이 있다.

모든 것이 전산화된 지금 교사들은 학생들 얼굴보다 컴퓨터 화면을 보는 데 더 많은 시간을 보내고 있다. 업무 경감을 주요한 목적으로 삼았던 전산화는 오히려 교사들의 업무를 가중시키고 있다. 아침에 교실에 들어서자마자 컴퓨터를 켜고 쏟아져 들어오는 메신저를 확인하고 답을 주거나, 보고 기한을 놓친 공문은 없는지, 공람된 공문을 확인하는 것이 교무실의 일상적인 아침 풍경이다.

경력이 낮은 교사들은 학급을 운영하고 수업하는 데만 집중해도 버거운데 젊다는 이유만으로 과중한 업무를 맡게 된다. 거기에 고학년이나 힘든 학년을 맡게 되는 이중고를 겪는다. 학급운영도 힘든데 학교 업무까지 과중하면 안 했다는 티가 금방 나는 학교 업무에 더 매달리게 된다. 그런 경험을 몇 년간 지속하다 보면 수업보다 학교 업무, 학생 상담이나 관계 형성보다 일 처리하는 것이 더 쉽고 익숙한 교사가 된다. '왜 나는 수업을 해야 하는 시간에 공문을 처리하고 있을까? 왜 내 머릿속에는 다음 날 수업이나 상담이 아니라 업무 처리가 더 많이 맴돌고 있는 걸까?'를 고민하지 않게 된다.

곽노현 교육감 시절이던 2012년 서울시교육청은 모든 학교에 교육행정지원사를 채용할 수 있도록 예산을 편성했다. 이것은 혁신학교의 성과를 바탕으로 일반 학교에서도 학교 혁신을 견인해내도록 지원한 대표적인 정책이다. 혁신학교의 문화를 바꾸는 데 교무 업무를 정상화하고 교무행정지원사를 배치한 것이 주요한 역할을 했다는 것을 인정한 것이다.

서울시교육청의 업무 정상화 방안은 크게 세 가지였다. 첫째, 학교 업무를 재구조화하는 것이다. 일반행정과 교무행정+교육활동으로 나뉘어 있던 것을 일반행정, 교무행정, 교육 활동으로 나누어 교무행정 전담팀 외의 담임교사는 수업과 생활지도에만 전념할 수 있는 구조를 만든다는 것이다. 둘째, 교무행정 업무의 전담화다. 교무행정을 전담하는 업무 전담팀을 구성하고 교무행정 지원사를 배치해 업무를 효과적으로 처리할 수 있게 하는 것이다. 셋째는 교무행정 업무의 간소화다. 교무행정 전담팀이 과도한 업무에 시달리지 않도록 공문서 유통을 줄이고, 위임 전결 규정 등을 확대하고, 매뉴얼을 보급하겠다는 계획이었다.

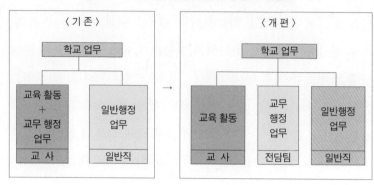

〈표 21〉 서울시교육청의 업무 정상화 개념도

〈표 22〉 담임교사의 업무 정상화

〈 기존 〉		〈 개편 〉
수업+생활지도 교무행정	→	수업+생활지도

　서울시교육청은 교원 업무를 정상화하기 위해서 기존에 교사가 담당하던 업무를 '본연의 교육 활동과 교무행정 업무'로 나누고는 전체 학교 업무를 '교육 활동, 교무행정 업무, 일반행정 업무'로 구분했다. 교육 활동 계획 등은 담임교사가 담당하고, 교무행정 업무는 전담 팀에서 담당하도록 했다. 교사가 '교육 활동(수업+생활지도)'과 '교무행정 업무'를 동시에 수행하던 업무 분장 체제에서 교무행정 업무를 제외함으로써, 교사가 본연의 교육 활동(수업 및 생활지도)에만 전념하는 학교문화를 조성할 수 있게 했다.

　수업 혁신을 위해서는 교사들이 수업과 생활교육에만 전념할 수 있는 구조가 만들어져야 한다. 이는 교육 혁신을 바라는 교사들의 오래된 꿈이었고, 학교문화의 새로운 변화가 아닐 수 없다. 업무 정상화가 제대로 이루어지고 있는 학교에서 교사들의 학교생활 만족도가 매우 높게 나오는 것은 당연한 결과다. 혁신학교 운영 3년 차에 실시한 교사 설문에서, 업무 정상화를 통한 수업과 생활지도에 집중할 수 있는 학교문화에 대해 설문에 참여한 모든 교사가 100% '매우 만족'이라는 응답을 했다는 학교도 있다.

1. 서울형 혁신학교의 사례에 따라 2012년 2월, 모든 교사들이 다 함께 모여서 학년 배정 및 업무 분장을 하는 자리가 마련되었다. 예비혁신학교 지정을 받고 연수를 진행하면서 혁신학교는 담임이 업무 없이 수업과 생활지도에만 전념할 수 있다는 인식이 보편화되어 있는 상태였기 때문에 첫 해부터 자연스럽게 업무 정상화 시스템을 가동할 수 있었다. 특수 학급(2) 포함 25학급인 학교에서 3+3 체제를 만들었다. 3명의 업무부장과 3명의 학년군 부장 체제이다. 교무업무부장 + 혁신부장 + 문예체 부장 + 학년군 부장(1, 3, 6학년) + 학년 대표(2, 4, 5학년)가 자발적으로 구성되었다.

2. 2012년 11월, 2013학년도 학년 배정 및 업무 정상화 논의를 시작하였다. 2012년 업무 정상화에 대한 평가 결과, 학년군 부장이 실제적으로 학년군 업무를 다 담당할 수 없으며, 학년군 부장이나 학년 대표가 담임을 겸임하고 있기 때문에 업무 집중도가 올라간다는 피로를 호소했다. 이에 따라 새로운 4+2 체제를 만들었다. 4명의 업무전담 부장이 3~6학년

의 학년부장을 겸임하면서 그 학년의 교과전담 수업을 담당하고, 1~2학년은 학년부장으로 학년업무만 담당하는 체제이다. 즉, 교무업무부장(3학년) + 교육과정부장(6학년) + 수업연구부장(5학년) + 교육복지부장(4학년) + 1학년 부장 + 2학년 부장이다.

3. 2013년 11월, 2014학년도 학년 배정 및 업무 정상화 논의를 시작하였다. 2013년 4+2 체제에 대한 만족도가 높았으나, 업무부장들의 업무 집중도가 크다는 평가를 했다. 이에 따라 2년 순환 보직제를 논의하게 되었다. 2년 업무부장을 하면 담임교사로 들어갈 수 있도록 최대한 배려하고 협력한다는 것이었다. 이에 따라 2년간 교무업무를 맡았던 부장은 2학년으로, 2년간 혁신 및 교육과정 부장을 맡았던 부장은 6학년 담임교사로 들어가게 되었다.

4. 2014년 2년 순환보직제를 실현하기 위해 2년 동안 업무전담팀으로 고생한 교사 두 분은 학년 담임으로 내려가고, 새롭게 업무전담팀이 구성되었다. 2년 차 업무전담팀 2명과 1년 차 업무전담팀 2명으로 구성되어 2년 차의 경험을 1년 차에게 전해주며 협력하는 문화가 만들어졌다. 그 결과 2014년 1학기에 실시한 교사들의 설문조사에서 학교업무 정상화 부분에서 100% 매우 만족이라는 결과를 확인하며 서로를 격려할 수 있었다.

　　　　　　　　　　　　　　　— 학교 혁신? 업무 정상화부터(한희정, 2014-a)

　학교에서 하는 행사도 많고 일도 많아 바쁜데 수업 혁신을 요구하는 것은, 구조를 바꾸지 않은 채 개인의 노력만 강요하는 것이기 때문에 오래갈 수 없다. 학년 교육과정 운영을 중심으로 학교 업무와 행사를 줄이고, 업무 전담팀을 운영해 교사들이 수업과 생활지도에 전념할 수 있는 구조를 만들어야 한다. 혁신학교에서는 업무를 정상화함으로써 교사들이 여유를 갖고 수업 혁신을 위한 자기 연찬을 해 나갈 수 있는 구조를 만들어 가고 있다.

2. 업무 정상화를 위한 업무 경감

혁신학교에서는 업무 전담팀에 참여하는 교사는 담당해야 할 수업 시수를 줄이고 그 대신 교무행정 업무를 담당한다. 그런데 담임교사나 교과 교사들이 수업 연구에 집중할 수 있는 시스템을 만들다 보니 소수의 업무 전담팀 교사들에게 업무가 과중하게 부과될 수밖에 없다. 교육부나 교육청이 단위 학교에 부과하는 업무를 획기적으로 줄이고 교육청 단위의 사업들을 축소하면 되겠지만 언제까지 기다리고 있을 수만은 없었다. 혁신학교마다 이 문제를 해결하기 위해 지혜를 모았다.

내가 근무하는 학교에서는 먼저 업무 전담팀을 교사들이 돌아가면서 맡도록 해서, 한두 사람이 계속 업무 전담팀을 담당해 과부하가 걸리지 않도록 했다. 순환 보직제와 같은 개념으로, 서로 돌아가면서 업무 전담팀으로 봉사하면서 우리 학교의 모든 교사가 업무보다 수업에 집중할 수 있는 환경을 만들어 주자고 약속한 것이다. 함께 고생을 나누고, 그로 인한 열매도 함께 나누는 것이다.

> 작년에 3학년 담임교사를 하면서 업무전담팀의 확실한 지원을 받았다. 교육 활동계획서를 작성해서 매번 결재를 받아야 한다거나 에듀파인에 기안을 올리고 필요한 물품들을 구매하는 번거로움 없이 업무전담팀에서 그런 부분들을 거의 100% 지원해주면서 혁신학교에서 '담임'하는 맛을 충분히 느꼈다. 우리 3학년이 1학년과 이촌 맺기 활동으로 단오 쑥떡 만들기를 하겠다는 계획을 세우면 업무전담팀에서 알아서 기안을 올리고 품의를 하고 주문을 해서 당일 아침에 각 교실로 재료들을 배달해주는 방식이었다. 혁신학교 담임교사로 이런 호사를 누렸으니 또 다른 교사들이 누릴 수 있도록 해야겠다는 책임감으로 능력은 부족하지만 업무전담팀에 지원하게 되었다.
> — 2014년 교사 회의록(서울유현초등학교, 2014-c)

혁신학교에서 담임교사가 수업과 생활교육에만 집중할 수 있게 해 주는 시스템에 감동해, 이를 다른 교사들도 누릴 수 있도록 하기 위해 다들 힘들고 어렵다고 하는 업무 전담팀을 지원하면서 한 교사가 한 고백이다. 자신이 누린 것을 다른 교사들도 누릴 수 있도록 이 시스템을 유지해야 한다는 책임감으로 업무 전담팀의 순환 보직제가 유지되고 있는 것이다.

혁신학교에서 없앤 것과 새롭게 만든 것

●없애고 바꾸고 새롭게 만든 것

혁신학교를 처음 시작할 때 본교 교사들은 새로운 것을 만드는 '더하기'보다 없애기, 즉 '빼기'부터 하기로 했다. 혁신학교가 힘들고 어렵다고 하는 이유 중 하나는 그 동안에 해 온 일을 덜어내지 않고 새로운 것을 만들어가기 때문이라고 본다. 먼저 덜어내야 할 것은 수업에 집중하는 것을 방해하는 것과 비교육적인 활동이다. 그런 다음 덜어낸 자리에 새롭게 채워 넣어야 할 것을 함께 결정하면 된다. 우리는 모든 교육 활동을 전례대로 하지 않고 늘 '왜?'를 물었다. 그 '왜?'에 대한 답은 '교육적인가?' '민주적인가?'였다. 이 질문이 교사 회의에서 걸러지지 않으면 그대로 하지 않고 더 나은 방법을 모색하여 새로 바꾸었다.

●없앤 것

교훈, 교목, 교화, 행사를 위한 행사, 각종 대회와 시상 제도, 보상 제도, 각종 인증제, 경시대회, 교관에게 맡겨서 하는 수련회, 임원 수련회, 업체에 맡겨서 하는 수학여행, 스티커 제도, 일제고사, 전교 어린이회 임원, 학급 임원, 형식적인 전교 어린이회와 임원 수련회, 독서장과 생활본, 청소년 단체, 강요된 아침자습, 월요방송조회, 간부회의, 부장회의, 강제, 지시와 전달, 직원종례, 개교기념식수, 개교기념비석, 학교 안팎에 써 붙이는 교육주의가 만연한 글씨들, 환경미화, 영어글씨와 어려운 한자말….

— 서울강명초등학교, 2014

또 하나, 단위 학교에 부과되는 여러 업무 중에 꼭 해야 할 것과 하지 않아도 될 것을 구분하고, 교육적인 것과 아닌 것을 구분해서 업무를 추진하는 방법이다. 정상적인 교육과정 운영을 최우선에 두고 전시성 행사나 실적 쌓기 행사는 벌이지 않는다. 그러다 보면 꼭 필요한 행사, 교육적으로 의미 있는 행사들만 진행하게 된다. 억지로 교사나 학생들을 동원하는 행사도 지양한다. 학년 초에 세운 계획에 없던 행사를 갑자기 끼워 넣지도 않는다.

유현초등학교는 학급 수가 적어서 업무 전담 부장이 4명밖에 안 된다. 그러다 보니 교육과정 부장으로 담당해야 할 업무가 많다. 교육과정, 학교운영, 학생 평가, 학교 평가, 교육 정보화, 환경교육, 영어 교육 등 보통 일반 학교에서는 2~3명이 담당하는 일이다. 일이 이렇게 많다 보니 교사 한 사람이 주도해서 계획하려고 하지 않고, 학년별로 계획을 세워 진행할 수 있도록 도와주는 역할을 하게 된다. 예를 들면, 환경 교육과 관련한 대회를 열거나 프로그램을 만들지 않는다. 학년별로 계획하고 있는 환경교육 계획이 바로 우리 학교 환경교육 계획이 되는 것이다. 학년별 정보 교육 계획을 모으면 우리 학교 정보 교육 계획이 된다. 그러면 중앙에서 일을 벌이지 않아도 되고 중앙에서 하는 행사가 없으면 정상적인 교육과정 운영과 수업에 집중하는 학교문화가 만들어진다. 또한 학교교육 계획이 학년 단위에서 하는 실제적인 교육 활동 계획에 기초해서 만들어지기 때문에 훨씬 더 의미 있는 교육 활동이 펼쳐지게 된다.

3. 협력 교사제

혁신학교는 가르침과 배움이 중심이 되는 학교다. 그러나 업무 전담팀을 운영하고 교사의 일을 교육 활동 중심으로 재편한다고 해서 혁신학교가 완성되는 것은 아니다. 혁신학교에서는 다양한 형태로 수업을 지원할 수 있는 시스템을 만들고자 노력한다. 교사들이 겪고 있는 어려움이나 부족한 부분을 협력 교사제나 협력 강사, 부적응 학생을 위한 지원 등으로 채워 주려는 노력이 그것이다.

협력 교사제는 혁신교육지구 사업으로 출발했다. 선별적 복지를 기조로 별도의 프로그램을 지원하는 방식이 아니라, 정규 교육과정 내의 수업을 지원하고자 협력 교사를 배치하는 프로그램이다. 수업을 계획하고 실행하고 평가하는 과정에 담당 교사와 협력 교사가 함께 참여해서 진행한다는 취지로, 희망하는 교사에 한해 협력 교사를 상시적으로 배치해 주는 것이다.

협력 교사 지원을 받은 한 미술 교과 교사는, 교육 여건이 어려운 지역의 학생일수록 자존감 형성에 긍정적인 영향을 줄 수 있는 다양한 문예체 교육이 필요한데, 협력 교사의 지원을 받아 함께 다양한 수업을 시도할 수 있다는 점에서 의미 있는 사업이었다고 평가한다. 혼자서 33명을 가르칠 때는 시도하기 어려웠던 주제 수업, 집단 협력수업 등이 가능했고, 그런 과정에서 낙오되거나 무임승차하는 학생이 거의 없게 되었다고 한다. 특히 아이들 한 명 한 명과 인격적으로 만날 수 있었다고 한다. 국어 교과에 협력 교사 지원을 받은 또 다른 교사 역시, 토론 수업과 모둠 수업, 연극 수업 등을 무리 없이 진행할 수 있었고, 수행평가를 의미 있게 진행할 수 있도록 큰 도움을 받았다고 한다.

협력 교사제 운영에 대한 세부적인 효과를 묻는 응답에서 90%의 응답자가 '부진 학생 지도에 도움이 되고 있다'고 했고, 85%의 응답자는 '수업의 전문성을 높이는 데에 도움이 되고 있다', 77%의 응답자는 '토론, 발표, 모둠 활동 등 새로운 수업 방식을 도입하는 데에 도움이 되고 있다'고 긍정적으로 답했다.

협력 강사제는 학교에서 계획한 문화·예술·체육 프로그램을 운영하는 데 도움을 줄 수 있는 강사를 혁신학교 운영비 등을 통해 단위 학교에서 채용하고 활용하는 제도이다. 예를 들어 생태 교육을 위한 강사나 연극놀이를 위한 강사, 목공이나 조소 활동을 위한 강사, 다양한 동아리 활동을 지원하기 위한 전문 강사 등을 공개 채용해 다양한 교육 활동이 가능하도록 돕는 방식이다(성열관 외, 2013).

〈그림 24〉 협력 교사제 운영에 대한 의견(성열관 외, 2013)

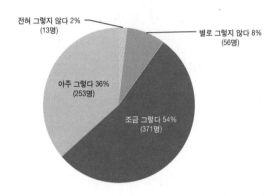

설문: 부진 학생 지도에 도움이 되고 있다

전혀 그렇지 않다 2%
(13명)

별로 그렇지 않다 8%
(56명)

아주 그렇다 36%
(253명)

조금 그렇다 54%
(371명)

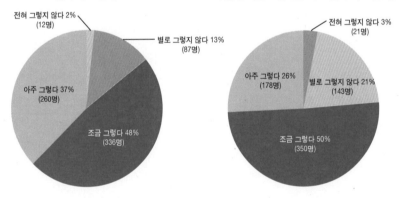

설문: 수업의 전문성을 높이는 데 도움이 되고 있다

전혀 그렇지 않다 2%
(12명)

별로 그렇지 않다 13%
(87명)

아주 그렇다 37%
(260명)

조금 그렇다 48%
(336명)

설문: 토론, 발표, 모둠 활동 등 새로운 수업 방식을 도입하는 데 도움이 되고 있다.

전혀 그렇지 않다 3%
(21명)

아주 그렇다 26%
(178명)

별로 그렇지 않다 21%
(143명)

조금 그렇다 50%
(350명)

혁신학교마다 협력 교사제를 이용하는 방법은 다르다. 목공, 수공예, 창의 음악, 조소 활동을 중요한 창의적 체험활동으로 선정하고 1학년부터 6학년까지 내용을 위계화해 네 영역의 활동을

〈그림 25〉 협력수업

골고루 체험하고 익힐 수 있도록 운영하는 혁신학교가 있는가 하면, 북한산 인근에 자리 잡은 학교라는 주변 환경을 활용해 봄, 여름, 가을, 겨울 자연 생태계의 변화를 함께 배우고 익히는 생태교육을 중심으로 운영하는 혁신학교도 있다. 담임교사들이 이런 영역들을 다 담당하는 학교도 있고, 강사를 채용하여 협력수업을 운영하고, 그 과정을 교사들의 연수 과정으로 삼는 학교도 있다.

가람결 배움이란 이름으로 특화한 강명의 문화예술 수업은 목공뿐만 아니라 수공예, 조소, 창의 음악 네 영역을 2년 동안 5학년 아이들과 함께 경험했다. (중략) 게다가 네 영역의 협력 강사 선생님이 보여주는 수업 전문성, 아이들과 소통하는 각기 다른 모습은 아이들 관찰 못지않게 교사로 성장하는데 큰 도움이 되고 있다.

— 서울강명초등학교, 2014

목공 수업: 처음 목공 수업을 한다고 하였을 때 "아이들이 직접 톱으로 나무를 자른다고요? 위험하진 않을까요?"라는 질문을 하였다. "도구를 위험하다고 못 쓰게 하는 것이 아니라 안전하게 쓰는 법을 제대로 배워야 합니다. 어릴 때 제대로 배우면 톱도 망치도 드릴도 위험하지 않습니다."라는 목공 선생님의 대답을 들었다. 아이들은 자신의 힘으로 나무를 자른다는 것에 흥미로워하였고 자른 후 사포질을 열심히 하며 매끄럽게 만들었고 이렇게 자르고 다듬어서 나만의 자동차 장난감도 만들고 후배들을 위한 나무 벤치도 만들었다.

— 서울천왕초등학교, 2015

혁신학교에서는 협력 교사제를 이용해 아이들이 1명도 소외되지 않는 수업을 하기 위해 노력하고 있다. 또한 문예체 수업의 질적 전문성을 확보하기 위한 협력 강사 제도 이외에도 부적응 학생을 지원하기 위한 다양한 방법을 실험하고 있다. 일부 혁신학교에서는 담임교사들의 요청을 받아 학교 복지 예산으로 수업 지원을 위한 협력 강사를 채용해 정규 수업 시간에 지원하기도 하고, 과잉행동장애와 분노조절장애를 함께 지니고 있는 학생을 지원하기 위해 다각적인 시도를 하기도 한다.

4. 교육 활동을 위한 예산 사용

혁신학교는 시도 교육청과 지방자치단체로부터 지원받는 예산을 협력 교사나 협력 강사와 같은 인적 지원뿐 아니라 교육 활동에 필요한 물적 지원에도 활용하고 있다. 수업을 위해 가장 집중적으로 지원한다는 것이다.

- 교육을 지원하는 학교교육 환경 갖추기
  - 기존의 학교 설계도와 나와 있는 교실 배치도를 어린이 교육을 원활하게 지원할 수 있는 것에 중심을 두고 새롭게 배치했다. 준공 당시 2층에 있던 교육지원실(교무실)을 1층으로 내려서 행정실과 교장실 옆에 배치해서 업무추진의 효율성을 꾀하고, 1층 구석에 있던 보건실을 아이들의 접근성이 가장 좋은 2층 중앙으로 배치했다. 설계에 없던 돌봄실을 1층에 배치했다.
  - 전시성 환경이 아닌 교육적 환경을 중심에 두고 구성했다. 복도와 교실 게시판을 단지 꾸미기와 보여주기가 아닌 소통과 학습 과정을 위한 게시판으로 활용하고 있다.
  - 학교 안팎에 써 붙이는 교육주의가 강한 글귀를 최대한 붙이지 않는다. 특히 영어와 어려운 한자말 사용을 지양하고 누구나 이해하기 쉬운 우리말을 사용한다.
  - 학급 이름을 한 글자인 우리말 산, 들, 강, 해, 달, 별, 솔로 정했다.
  - 교문에 현수막 게시를 남발하지 않는다. 계절별 잔치, 학교 학년 교육과정평가회, 입학식, 졸업식만 게시한다.
  - 학교 건물 밖의 자연환경도 교육과정과 연계된 교육환경으로 구성했고, 환경이 곧 교육환경이 되도록 했다. 분수대를 생태연못으로 만들고 잔디밭을 없애고 텃밭으로 만들었다.

—아이들에게 안전하며 학습에 효과적인 품질 좋은 학습 도
　　구 마련에 먼저 지원했다.

— 서울강명초등학교, 2014

　학교의 환경 자체가 잠재적 교육과정으로서 교육 활동에 매우
중요하지만 '교육'보다는 '경제'적인 관점으로 학교 환경이 구성
되는 경우가 대부분이다. 그러나 서울강명초등학교는 이를 교육
적인 환경으로 바꾸고자 노력했다. 모든 학생이 이용하는 보건실
을 가장 접근성이 좋은 곳으로 배치하고, '들어가지 마시오' 또는
'잔디를 보호합시다'라는 팻말이 세워져 있을 법한 잔디밭을 텃밭
으로 바꾸며, 전시를 위한 게시판이 아니라 교육을 위한 게시판
이 되도록 바꿔 나가는 과정들은 바로 혁신학교가 지향하고 있는
모습을 그대로 보여 준다.

　학교 도서관 장서 구입비를 고액의 전집류를 사는 데 사용하는
것 같은 일은 혁신학교에서는 있을 수 없다. 모든 교사, 학생, 학
부모들로부터 도서를 신청받아 분기별로 구매하는 시스템을 갖
추고 있다. 교육과정과 교과서가 바뀌면 교과서 수록 도서나 참
고 도서를 먼저 구매하고 각 학급에 학급 도서로 비치할 수 있도
록 한다.

　도서뿐 아니라 학습용 교구 구매도 마찬가지다. 보통 학교에서
는 예산이 남으면 시설비로 사용하는 것이 일반적인 관행이다.
그러나 혁신학교에서는 남은 예산을 꼭 필요했지만 가격이 비싸
서 사지 못했던 학습용 교구를 구비하는 데 사용한다. 일회성 교

구가 아니라 두고두고 쓸 수 있는 질 좋은 교구, 환경호르몬이나 유해 물질이 나오지 않는 친환경 교구들을 구매한다. 이렇게 구매해 놓은 교구들도 적절하게 쓰이지 않으면 빛 좋은 개살구다. 이런 교구들을 활용할 수 있도록 교사 연수를 하고 안내도 하며, 학습 준비물실과 함께 교구실을 담당하는 실무사를 배치해 빌려 쓰고 반납하는 시스템을 갖추고 있다.

수업에 필요한 준비물을 구매하는 것 역시 교육 활동을 최대한 지원하는 방향으로 체계화하고 있다. 학년별 학습 준비물 구매 예산에 맞게 필요한 항목과 내용을 학습 준비물실 전담 실무사에게 전달해 주면 품의를 올리고, 구매를 해서, 각 교실로 전달될

〈그림 26〉 교구실과 학습 준비물

수 있도록 지원해 준다. 이런 시스템을 통해 수업의 질이 바뀌고 교육 활동이 학교운영의 최우선이라는 강력한 메시지가 교사, 교직원 모두에게 전달되고 있다.

교육 활동이 학교운영의 최우선이라는 메시지는 예산 편성 과정에서도 나타난다. 혁신학교에서는 학교운영 예산뿐 아니라 기본 예산에서도 학년 교육과정 운영을 지원하기 위한 예산을 편성한다. 서울유현초등학교의 학년별 창의적 체험활동 운영 계획을 보면 학년별로 다양한 교육 활동이 운영되고 있는데, 예산 항목을 보면 구청의 교육 경비 보조금, 혁신학교 운영비, 학교 기본 예산, 수익자 부담 등 다양하다는 것을 알 수 있다.

교구가 더 필요한 학년이 있을 수도 있고, 체험활동을 위한 교육비 지원이나 동아리 활동을 위한 협력 강사가 더 필요한 학년도 있을 수 있다. 그것을 일괄적으로 정해 주는 것이 아니라 각 학년에서 필요한 것을 선택해서 운영할 수 있도록 예산 편성 및 운영의 자율권을 주는 것이다.

〈표 23〉 창의적 체험활동 운영 계획

내 용		예 산
1학년	생태 체험	구청, 혁신지원
	창의 음악	구청지원
	독서 체험	없음
2학년	생태 체험	구청, 혁신지원
	창의 음악	구청지원
	인라인스케이트	없음

3학년	조소 활동	혁신, 학교지원
	창의 음악	구청, 혁신지원
	수영 교육	교육청, 수익자
	동아리	혁신
	교실 야영	혁신
4학년	도예 교육	혁신, 학교지원
	창의 음악	혁신지원
	스키 교육	혁신, 수익자
	동아리	혁신
	교실 야영	혁신
	수련회	교육청, 수익자
5학년	오카리나	혁신
	조소·도예	혁신, 구청
	영어 마을	구청
	스키	혁신, 수익자
	국악 교육	없음
	난타 동아리	구청
	동아리 활동	혁신
	진로 활동	수익자
	교육 여행	혁신, 수익자
6학년	생태 탐방	수익자
	교육 여행	혁신, 수익자
	창의 음악	혁신
	수련회	수익자
	국악 교육	교육청지원
	스키 교육	혁신
	졸업식 프로젝트	혁신
공통 프로그램	유현어울마당	혁신
	교육 활동 발표회	혁신

서울유현초등학교, 2015-d

5. 수업에만 집중할 수 있어 '매우 만족' 100%

업무, 행사나 대회 등이 거의 없어 2학년 회의는 주로 통합

교과 재구성에 대한 이야기로 채워졌다. 포스트잇에 주제와 관련되어 떠오르는 것을 하나씩 적은 후 항목별로 분류했다. 그리고 항목에 맞는 활동을 배정했다. 이 후에 몇 차시로 할 것인지, 언제 이 차시를 하는 것이 적합한지에 대해서도 이야기를 나눴다. 주제 흐름도가 작성되면 각 차시에 맞게 한 사람씩 수업 흐름도 작성을 배정했다. 그렇게 주제 통합 재구성을 만났고, 주제에 적합한 다양한 활동으로 수업을 채워가는 것을 익혀 갔다.

늦은 나이에 첫 학교에 발령이 났을 때 '학교라는 시스템은 초임교사에게는 참 잔인한 공간'이라는 생각을 했었다. 경력 30년이 된 선생님도, 이제 막 발령 난 초임 교사도 한 학급 아이들을 외롭게, 온전히 책임져야 한다는 게 너무나 두려웠다. 잘 하고 있는 것인지, 이래도 되는 것인지 모르겠는데 모든 것을 옆 반 선생님께 물어볼 수는 없었다. 그래서 외로웠다. 그때 누군가가 함께 책임져 주었으면 좋겠다고 간절하게 바랐다. 나에게 천왕은 그 바람을 현실로 만드는 공간이다. 그리고 그 꿈을 현실로 만들 수 있었던 것은 과감히 수업을 열어주신 선생님들이 계셨기 때문이다.

— 서울천왕초등학교, 2015

진짜 혁신학교와 이름만 혁신학교를 구별하는 다양한 잣대가 있겠지만 학생들의 만족도, 학부모의 만족도를 떠나 진짜 감별법은 교사 만족도가 아닐까 싶다. 혁신학교에서 나는 이렇게 교사로 성장하고 있다, 가르치는 즐거움과 보람을 이렇게 느끼고 있다, 학교라는 관료적 틀 속의 한 부속품이 아니라 내가 느끼고 생

각하는 것을 가르치며 배우고 있다, 이런 고백이 나오는 학교야
말로 진짜 혁신학교가 아닐까.

〈그림 27〉 수업과 생활교육이 중심이 되는 학교운영 지원 체계에 대한
교사들의 만족도(서울유현초등학교 2014-b)

설문: 우리 학교는 담임교사가 수업과 생활지도에 전념할 수 있도록
업무 체계가 잘 짜여져 있다.

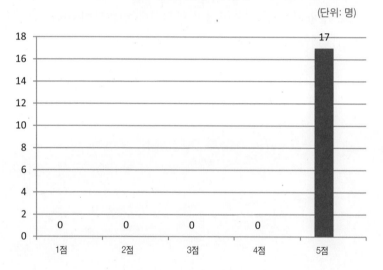

(단위: 명)

내가 근무하고 있는 학교에서는 담임교사가 수업과 생활지
도에 전념할 수 있도록 업무 체계가 잘 짜여져 있느냐는 질문에
100% 교사가 '매우 그렇다'고 응답했다. 또한 이런 경험이 앞으
로의 교직생활에 큰 도움이 될 것이라고 응답한 교사가 94%에
달했다. 교사가 수업에 집중할 수 있고, 그래서 다양하고 생동감
있는 수업을 할 수 있다면 교사 스스로 희열을 느낄 수 있다. 그

리고 그런 과정을 거쳐서 교사는 성장한다. 교사의 성장은 곧 교육의 성장이고, 이는 수업을 통한 학생들의 성장으로 이어진다.

일반적으로 잘 운영되고 있는 혁신학교에 대한 만족도 조사 결과를 살펴보면 학부모나 학생의 만족도도 높지만 교사들의 만족도가 더 높은 것을 확인할 수 있다. 그 이유는 다른 곳에 있는 것이 아니다. 교사가 교사로서 수업에 집중하고 학생들과 관계를 맺으며 생활해야 한다는 존재적 당위성을 실현하며 산다는 자기만족감에서 오는 것이다.

8장
지역사회와 협력으로
넓어지는 학교

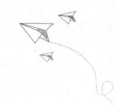

학교는 지역사회에서 어떤 기관으로 자리 잡고 있을까. 지역마다 학교마다 사정과 형편은 다 다르겠지만, 그 지역에 사는 학생들이 학교에 올 뿐, 학교 교사는 지역에 대해 잘 모른다. 학생들이 주로 가는 놀이터나 공부방, 지역아동센터와 같은 주요 시설, 학생들이 졸업하고 온 어린이집이나 유치원, 초등학교, 중학교가 어떤지 모른다. 지역사회 유관 기관장 모임이라는 것이 있지만 그것은 기관장들만의 모임일 뿐, 학교는 지역사회 네트워크의 일원이 되는 과정에 크게 도움이 되지 못한다. 학교운영위원회를 구성할 때 지역사회 위원이 꼭 필요하지만 전임 동장이나 파출소장 등이 형식적으로 참여하는 '자리'일 뿐인 것이 현실이다.

'한 아이를 키우려면 온 마을이 필요하다'는 말이 인구에 회자된 지 10여 년 됐다. '마을이 학교'여야 한다는 것은 아이들의 성장과 발달을 지지해 주고 지원해 주는 역할이 단순히 '학교'라는 공적 공간만으로는 불가능하다는 깨달음에서 비롯되었을 것이다. 한 인간의 성장과 발달의 기저는 일상의 삶과 문화 속에 있고, 그런 일상의 삶과 문화는 실제적인 생활 단위인 가정, 마을, 학교에서의 경험으로 펼쳐진다. 따라서 미래 세대에게 우리가 전수해야 할 삶의 역량과 문화는 학교에서의 교육만으로 온전하게 이루어질 수 없고, 학교를 넘어 지역사회 공동체와 함께 할 때 비로소 가능하다.

일제강점기부터 본격적으로 시작된 근대적인 학교교육은 태생부터 많은 한계를 지니고 있었다. '황국신민'을 양성하겠다는 일본인들의 목표가 그랬고, 식민지 민중을 끊임없이 차별하고 수탈하는 방식으로 인재를 선발해 식민 교육과 식민 정책의 앞잡이로 삼으려는 의도 역시 너무나 분명했다. 그럼에도 우리나라 사람들은 식민의 질곡을 벗어나기 위해서는 '가르치고 배워야 한다'는 신념으로 십시일반 성금을 모아 자주적인 학교를 설립하기도 했다. 우리 사회에서 학교라는 공간의 탄생은 그렇게 두 개의 선이 있었다. 황국신민 교육을 위한 학교와 민족 주체를 양성하기 위한 학교, 일제에 의해 세워진 학교와 민중이 세워 낸 학교다.

이미 폐교되어 마을의 농경지나 유휴 시설로 장기 임대되고 있지만, 삼천리 방방곡곡에 세워진 학교의 역사들을 더듬어 보면 마을 주민들이 벽돌을 찍고, 나르고, 쌓아서 지어진 학교가 참 많다는 것을 알게 된다. 넉넉해서 그럴 수 있었던 게 아니다. 배고

프고 고달프고 힘들게 살면서도 학교를 세우고, 아이들이 학교에 다닐 수 있게 다리를 놓고 길을 만들었다. 그만큼 미래 세대를 교육하겠다는 마을 공동체와 지역 주민들의 염원은 크고 깊었다.

그렇게 세워진 학교들은 마을 공동체 행사의 주요한 거점이었다. 《이오덕 일기》를 읽다 보면 1970~80년대에는 마을의 이장님이, 마을의 어르신이나 학부모가 학교를 찾아와 대소사를 논하고, 또 학교의 교장과 교사도 마을의 어르신들을 찾아가 학교의 대소사를 알리고 함께 이야기했다는 것을 알 수 있다. 마을 공동체 문화가 살아 있어서 어떤 문제를 해결하는 데 학교라는 울타리로만 한정하지 않았다. 마을 속의 학교였다.

교통이 불편해서 교사가 학교 관사에서 살아야 했던 때가 있었다. 그러다 보니 아이들 삶의 속사정을 빤히 알고, 매일 관사에서 지내는 교사의 사정을 마을 사람들도 잘 알아 주는 그런 때가 있었다. 교통이 편리해지고, 누구나 자가용을 끌고 출퇴근을 하는 지금 관사에 사는 교사는 많지 않다. 아이들의 삶은 아이들의 삶이고, 교사는 교사의 삶을 산다. 아이들이 살고 있는 동네, 마을에 대해서 전혀 모른다. 삶의 터전이 달라서 아이들이 무슨 이야기를 하는지 학교 밖 이야기를 하면 교사는 알아듣지 못한다. 사실 학교만 그런 것은 아니다. 일상의 관계들이 바로 내 삶의 주변에서 시작되지 않고 먼 거리에 있는 직장에서 시작되는 게 현실이다. 마을 단위 공동체의 문화적 기능이 퇴행하고, 행정적인 관리 기능만이 살아 있기 때문이다.

일찍 출근하고 늦게 퇴근하는 직장인에게 '집'은 그저 하룻밤을 보내는 '숙소'일지도 모른다. 그런데 결혼을 하고 아이를 낳아 기르면 상황이 달라진다. 혼자서 아이를 키우기가 버거워 멀리 있는 친구보다 동네 이웃에 사는 아이 엄마들과 모임을 만들고 싶고, 아이를 보낼 어린이집을 알아보고, 함께 놀 친구를 찾아 주고, 앞으로 다니게 될 학교에 대해 고민한다. 한 지역에 정주하게 되는 시점이 결혼과 육아라는 아주 기본적인 삶의 요구에서 출발한다.

농업이나 어업 등 1차산업을 근간으로 해서 형성되었던 마을 공동체와 달리 도시 공동체는 이런 요구로부터 출발해서 새롭게 구성되어야 한다. 육아와 교육이 새로운 마을 공동체 문화를 형성하는 데 기초가 될 수 있다. 그리고 학교는 지역사회의 교육 공동체를 새롭게 세워가는 역할을 해야 한다. 관료주의적 틀을 깨고 학교가 지역사회와 함께해야 하는 이유를 분명히 하고 그 방법들을 모색해야 한다. 학교가 지닌 인적·물적 자원들을 공유하고, 지역적 특성들을 교육과정 안에 담아야 한다. 또 지역사회에서 어떤 도움을 받을 수 있는지 함께 고민해야 한다. 학교가 지역에서 섬처럼 존재하는 것이 아니라, 학생들의 성장과 발달을 돕기 위해서 학생들의 삶의 터전인 마을을 알고 이해하며, 지역사회와 협력적인 관계를 맺을 수 있도록 시도해야 한다. '마을이 학교다'라는 선언적 구호를 넘어서 혁신학교에서는 어떻게 지역사회와 함께하는 교육을 만들어 가고 있을까?

1. 마을에서 살고 있는 아이들

학생, 교사, 학부모를 교육의 3주체라고 하지만 이는 '학교'라는 기능적 공동체에서 만들어낸 명제이다. 학생과 학부모를 있게한 것은 바로 공동의 지역적 토대, 마을이다. 동일한 시공간을 점유하는 것으로 관계를 맺는 존재가 된다. 물리적인 삶의 토대를 공유하고 있는 것이다. 어쩌면 교사는 그 맥락에 끼인 존재인지도 모른다.

그 마을 사람이기보다는 외부자의 시선과 맥락을 고스란히 지닌 채 어느 날 뚝 떨어진 존재. 그래서 학생들이 다 아는 놀이터도, 학생들이 다 아는 마을 이장님도, 학생들이 다 아는 공부방도, 학원도 교사만 모른다. 그래서 지역사회와 함께하는 교육 공동체로서의 학교, 지역성을 고민하는 학교교육의 출발점은 마을을 알아 가는 교사, 우리 지역의 특성을 먼저 배우는 교사에서 출발해야 한다. 날마다 내가 만나고 부딪치며, 관계를 맺고 서로 배우며 가르치는 학생들의 삶의 토대를 알아 가는 것이 '교육'의 시작이기 때문이다.

퇴근을 하고 집에 들어가려고 하는데 전화가 왔다. 수화기 너머로 다급하고 경황없는 목소리가 들려왔다.

"쩌어기, 1학년 3반 선생님이요? 우리 손자가 아직 집에 안 들어와서… 사거리 사는 누구네 집 간다고 나가서 안들어오는디…"

"네? 누구 말씀이신가요?"

"○○○ 할머니인데, 애가 아적 안 들어와서…."

"학교 끝나고 집에 아직 안간 건가요?"

"아니, 집에 왔다가 책가방 놓고 어디 누구 집에 놀러간다고 하고 안 들어와서, 그, 저, 사거리 사는 친구라고 하던디, 사거리쯤 사는 애 전화번호 좀 알려주면 좋겠는디…."

"네? 그 아이 이름이 뭔데요? 사거리쯤 산다고 하시면 제가 알 수가 없어요."

"사거리 어디 산다고 하는디 주소 보면 몰라요?"

"제가 사거리가 어딘지도 모르구요. 주소에 그렇게 나와 있지도 않아요. 조금만 더 기다려 보세요."

집에 안 들어오는 손자 찾는 할머니 심정은 이해가 가는데, 사거리 어디라고 하면 내가 알 수 있나 싶은 마음으로, 별 일 없겠지 하는 마음으로 전화를 끊었다.

그런데 '아차!' 싶은 것이 있었다. 학교 근처에 사는 아이들과 부모들은 '사거리 근처 어디?'라고 하면 다 알아듣는데 '교사'는 모른다는 것이다. 이미 일상의 현장으로 닿아 있는 학교와 근처가 교사들에게는 일상의 현장이 아니라, '직업'의 현장이었던 것이다. 교육과정의 '지역화'를 아무리 교육과정 문서상으로 외친들, 교사들이 학생들이 사는 마을을 알지 못하면 공염불에 지나지 않는다는 것이다.

"우리 손주가 사거리 어디 사는 애 집에 놀러 갔는디 아직 안 들어와서요."

"사거리 근처요? 거기는 ○○네 집인데요. 잠깐만 기다리세요. 제가 전화해볼게요."

이런 날이 오는 건 한낱 꿈일까?

— 한희정, 2004

벌써 10년도 더 지난 이야기다. 손자가 친구 집에 놀러가서 늦도록 들어오지 않자 그 할머니가 담임교사인 나에게 도움을 청하는 전화를 했지만, 사거리 어디에 사는 아이라는 것만으로는 어떤 도움도 줄 수 없었다. 교사인 나는 우리 반 아이가 산다는 사거리가 어디인지도 모르고 그 사거리에 사는 아이가 누구인지도 몰랐다. 너무 당연한 것 같은 현실이지만 그래도 지역과 함께하는 학교, 마을 속에 있는 학교를 꿈꾸던 교사로서 무엇부터 시작해야 하는지 깨닫게 된 경험이었다.

마을 속에서 살고 있는 아이들과 마을 밖에 사는 교사, 그리고 마을 속에 존재하는 학교. 이 사이에서 교사가 고민해야 할 지점은 학생들의 삶의 터전을 근거로 펼쳐 가는 교육과정과 교육이다. 마을 속에 살고 있는 학생들을 이해하기 위해서는 교사가 먼저 다가가야 한다. 어떤 곳에서 어떤 모습으로 살고 있는지, 우리 아이들이 주로 가는 놀이터와 공원은 어디인지, 어떤 길을 지나서 학교에 오가는지, 이런 기본적인 것들을 살피는 것이다. 서울의 한 혁신 중학교는 혁신학교 1년 차에 학생들을 이해하고자 가정방문을 실시했다고 한다. 그 결과 90% 이상의 가정을 방문할 수 있었는데, 교사는 학생들을 더 깊이 이해하게 되고, 학생과 학부모는 교사를 더 깊이 신뢰하게 되었다고 한다. 서로 믿고 이해하는 관계를 만드는 것은 모든 교육의 출발이다.

유현초등학교는 혁신학교 4년 차가 되면서 학교 혁신의 네 방향, 즉 교육과정·수업·평가의 혁신, 학교문화의 혁신, 생활교육의 혁신, 지역공동체로의 혁신에 대해 평가하고, '지역공동체로의 혁신'이 방향도 모호하고 방법도 구체적이지 않다는 결론을 내렸다. 이를 해결하기 위해서는 먼저 교사들이 학생들이 살고 있는 마을을 아는 것이 중요하겠다는 의견에 따라 첫 시도로 '우리 마을 걷는 날'이라는 프로그램을 도입했다.

방과 후에 교사들이 통학 구역을 나누어서 걸어 보는 것이다. 직접 걸어 다니면서 마을 지형도 익히고, 사는 모습도 살피고, 길을 가다가 만나는 학생들이 있으면 반갑게 인사해 주자는 것이 처음 목표였다. 학생들이 주로 노는 놀이터도 가 보고, 약수터도 가 보고, 또 지역아동센터와 공부방 등 지역 단체를 방문하고 인사도 나누는 그런 프로그램이다. 교사들은 학년별로 흩어져서 필요하다고 생각하는 곳을 먼저 돌아보고, 교사 회의 시간에 다녀온 내용을 함께 공유하면서 서로 이해한 것을 나누는 기회로 삼고 있다.

•우리 마을 걷는 날 후기
　－1학년 수유일동공원, 방방놀이터, 희망의집, 신기어린이
　　집, 솔로몬 어린이집 등 탐방(2구역 탐방)
　－2학년 놀 공간이 없다는 것 확인, 놀이터 부족, 넓은 공간
　　과 평지가 없음, 좁은 골목길에 도로와 인도가 전혀 구분
　　되어 있지 않음, 그래서 더더욱 방방놀이터로 아이들이

가려는 것 같음(2구역 탐방)

—3학년 어떤 가구 유형에 사는지 등을 살펴봄, 열악하고 힘든 환경이지만 가족들이 행복하게 사는 것 같다, 수유 일공원에서 수유초 학생들과 다툼이 일어나기도 함, 새 롭게 건축 중인 곳이 많아서 레미콘차가 다녀서 많이 위 험하다는 것을 확인(2구역 탐방)

—4학년 위장 잠입한 방방놀이터, 골목골목을 걸으면서 아 이들이 얘기하던 곳을 확인할 수 있어서 좋았다. 놀 곳이 없을 뿐 아니라 밤에 돌아다니기에 너무 위험하다는 것 을 확인, 미로 같은 골목길(2구역 탐방)

—5학년 빨래골 인근 탐방, 경사가 심하고 차가 많이 다녀 서 등하교거리가 멀다는 것 확인, 아이들의 거주환경을 확인, 위쪽으로는 등산로 입구, 아이들보다 어르신들이 쉬는 공간(1구역 탐방)

—6학년 방방놀이터 위치 등 확인, 수유초 학생들과 공간 적으로 방과 후 시간에 노는 곳이 중복된다는 것 확인, 3 월초에 무단결석 아동을 찾기 위해서 가정방문을 했던 경험, 주소만 보고 찾을 때와 걸어 다니면서 확인할 때와 다른 느낌(2구역 탐방)

— 2015년 1학기 교사 회의록(서울유현초등학교, 2015-a)

그런 경험을 한 후에 교사가 학생들과 나누는 대화는 달라질 수밖에 없다. 놀이터에서 놀았다는 아이에게 선생님도 그 놀이터 에 가 봤다고 말해 줄 수 있고, 먼 곳에서 걸어 다니는 아이에 대 해 좀 더 이해할 수 있게 된다. 다른 초등학교 학생들과 다툼이 종종 발생하는 공간이 학구의 경계 구역이라는 것도 알게 되고, 위험한 곳이나 후미진 곳을 다니면서 안전시설이 좀 더 필요한 것이 아닌지, 아이들은 위험하다고 느끼지 않는지 물어 보기도 한다. 소외된 아이들의 삶의 터전인 그룹홈, 방과 후에 찾아가는 지역아동센터나 공부방을 찾아가서 담당자들과 함께 이야기를 나누면서 긴밀한 협조 관계를 만들 수 있었다. 마을 속에 사는 학생들이 지닌 어려움을 학교 혼자 풀어 갈 수는 없다. 역부족이다. 교사 혼자 풀 수도 없다. 먼저 아이들의 삶의 환경을 이해하는 것에서 출발하는 것, 그것이 시작이다.

2. 한 아이를 위해서 온 마을이

동민이 아버지는 동민이가 유현초등학교에 입학한 첫날 담임교사를 찾았다. 동민이를 돌봐 주던 할머니가 최근에 돌아가셔서, 오후에 돌봐 줄 사람이 없어 입학 첫 주는 일을 쉬기로 했다고, 방과 후 돌봄에 대한 어려움을 털어놓았다. 담임교사는 이미 돌봄 교실 정원이 차기는 했지만 특별히 돌봄이 필요한 경우라고 부탁해서 그다음 날부터 동민이를 돌봄 교실에 다닐 수 있도록 했다. 그런데 동민이는 돌봄 교실 첫날, 갖고 놀던 블록을 던져서 한 아이의 이마에 상처를 냈다. 돌봄 교사는 생활지도상의 어려움을 하소연했고, 그런 이야기가 불편했던 동민이 아버지는 돌봄 교실에 더 이상 아이를 보내지 않았다. 담임교사는 안타까웠지만 강경한 아버지의 태도를 돌리기는 어려웠다. 어린이집이라도 꼭 알아봐서 방과 후에 아이가 방치되는 일이 없게 해 달라고 부탁을 할 수밖에 없었다.

그렇게 한 달 반이 흘러 4월 말, 담임교사는 저녁 6시쯤 학교에서 전화를 받았다. 동민이라는 아이가 경찰차를 타고 학교 보안관실로 왔다는 것이다. 놀이터에서 인근 학교 4학년 학생들과 싸웠는데 집이 어디냐고 경찰이 아무리 물어도 대답하지 않고, 같이 싸운 애들이 다니는 학교를 알려 줘서 데리고 왔다고 했다. 전화의 요지는 이 아이가 과연 집까지 혼자 갈 수 있겠느냐는 것이었다. 담임교사는 똑똑한 아이니까 혼자 갈 수 있을 거고, 아버지와는 직접 통화하겠다고 했다.

그날 통화에서 아버지는 동민이가 경찰차를 타고 왔다는 말에 무척 당황한 듯, 방과 후 대책을 세우지 못한 것에 대해 담임교사의 도움을 받겠다고 했다. 담임교사는 이미 한 달 반 정도의 학교 생활을 통해 동민이가 정서 및 사회성 발달에 심각한 문제가 있다는 것을 체감하고 있었기 때문에 교육적으로 필요한 게 무엇인지 늘 고민하고 있었다. 이 일을 계기로 다음 날 지역의 공부방 연합체에 전화를 했다. 이런 아이가 있는데 도움을 받을 수 있는지 알아보았다. 바로 지역 아동 센터로 연결시켜 주려고 했지만, 담임교사는 정서적·사회적 발달을 지원하고 결핍을 치유해 주는 것이 먼저라는 판단에 따라 전문 상담사를 요청했다. 다행히 매주 한 번 상담사가 학교를 방문하기로 해서 동민이는 지속적이고 안정적으로 상담을 받을 수 있게 되었다.

동민이는 상담사를 놀이 선생님이라고 불렀다. 놀이 선생님은 동민이의 무조건적인 지원자였고 지지자였다. 동민이는 놀이 선생님이 오는 수요일을 무척이나 기다렸지만 교실에서의 행동은 바뀌지 않았다. 아이들 물건을 숨기고, 자신을 먼저 배려해 주지 않으면 소리를 지르고, 책상을 뒤집어엎고, 교실 문을 발로 찼다. 그러면서 절대 자신의 잘못을 인정하지 않았다. 그렇게 여름방학이 다가오고 있었다. 방학 중에 방치되지 않도록 하기 위해서는 공부방과의 연결이 필요했다. 또 한 번 공부방 연합체의 도움을 받아 동민이가 갈 수 있는 공부방과 연락이 됐다. 동민이에게는 7월부터 놀이 선생님이 공부방으로 가게 되어, 거기에 가면 선생님을 만날 수 있을 거라고 했다. 그렇게 동민이 아버지와 동민이는 공부방에 가서 방과 후 활동을 함께 할 것을 약속했고, 지역사회의 도움을 받아 그나마 무난하게 학교생활을 할 수 있었다.

공부방 연합체에서는 도움이 필요한 아이에 대해 교사가 직접 상담을 요청한 것은 드문 일이었다고 했다. 동민이가 다니는 공부방에서는 가끔 간식을 들고 찾아가는 담임교사에게 고맙다고 했다. 문제를 안고 있는 많은 아이가 1학년 때 조기 발견되지 않고 방치되다 3, 4학년이 되어 공부방에 오면 거의 적응을 못해 나오지 않는다는 것이다. 이미 다른 것의 즐거움에 빠져서 공부방 프로그램은 너무 시시하고 재미없는 것이 되기 때문이라고 한다.

그렇지만 방과 후에 마음 놓고 갈 수 있는 곳이 생겼다고 해서 아이의 행동이 바뀌지는 않았다. 여전했다. 그럼에도 같은 동네에 사는 같은 반 학부모들은 동민이의 생활상을 담임교사에게 잘 알려 주었다. 그런 것이 동민이를 이해하고 도와주는 데 많은 도움이 되었다. 그렇게 3학년이 되었다. 해마다 담임교사가 바뀌었고, 동민이는 그만큼 성장했지만 여전히 어려움이 많았다.

3학년 선생님들의 요청으로 동민이네 반으로 미술 수업 지원을 들어갔던 교장 선생님은 동민이가 그린 그림을 보고 아이가 매우 아픈 상태라는 것을 직감했다. 그래서 일주일에 한 번씩 방과 후 미술 교실을 열어 그림을 그리며 아이의 심리를 관찰하고 도움을 주는 프로그램을 만들었다. 또 동민이 아버지를 만나기 위해 늦은 밤 동민이 집을 찾아갔다. 동민이 아버지의 퇴근시간이 항상 늦었기 때문이다. 미리 전화를 했지만 동민이 아버지는 무척이나 어색해했다. 그러나 여러 가지 이야기를 나누게 되었고, 그 후 동민이 아버지는 학교교육 활동에도 참여하고, 아이와 함께 이런저런 나들이도 다니고 있다.

학교에서는 동민이가 다니는 공부방 센터장님을 학운위 지역위원으로 모셔서 한 달에 한 번 함께 이야기를 나누고 있다. '동민사랑프로젝트'를 만들어 동민이가 교실 수업이 불가능할 정도의 상황이 되면 바로 업무 지원 교사들이 일단 동민이를 교실에서 데리고 나와 화를 가라앉힐 수 있도록 지원해 주는 일도 하고 있다. 그럼에도 정상적으로 수업에 참여하는 것이 어려울 때 도움을 받기 위해 지역 복지 센터에 협력 강사를 파견해 줄 것을 부탁했다. 학운위 위원장님에게도 동민이가 주말에 적절한 돌봄을 받을 수 있도록 부탁했는데, 흔쾌히 도움을 줄 만한 분들을 연결해 주셨다.

특별한 아이, 아픔이 많은 아이가 많다. 그럼에도 지역사회와 학교 공동체의 도움을 받지 못하는 아이도 많다. 그런 문제들은

〈표 24〉 복지사와 멘토를 연결한 돌봄 프로그램 '씨앗교실'

세부 내용	수행 방법
• 대상 학생 선정(학습 지원과 멘토 지원이 필요한 학생 대상) 　- 학년당 10명 내외	• 교과 · 담임교사가 추천한 학생, 희망 학생 중 진단검사, 심리검사를 실시. • 학생 · 학부모 상담을 통해 동의를 얻어 희망 학생 최종 선정
• 멘토 학생 공고 모집: 과목별 1명, 총 5~6명(교과, 시행요일, 대상 인원 명시)	• 남양주시 장학회, 경희대, 서울시립대, 지역 고등학교에 공문을 보내 협조 요청
• 멘토 교육(멘토와 협약 체결)	• 멘토 활동에 대한 이해 등 • 저소득 가정 청소년에 대한 특징
• 멘토링 결연식(학생, 학부모, 멘토, 복지사 참여) • 개인 특성에 맞추어서 학습 · 정서 등을 고려하여 멘토와 학생 매칭	• 대학생 1명: 지원학생 5명 이내로 멘토-멘티 결연 • 다짐과 격려의 글 쓰고 낭독, 꿈을 위한 '사과나무' 열매 만들기
• 방과 후 학습 지원을 위한 씨앗교실 운영	• 도움이 필요한 교과 중심으로 교과별 운영(도서실, 주 2~3회)
• 교과별 소규모 모둠 학습(한 모둠당 3~5명)	• 학습 진단 결과와 희망 조사를 바탕으로 수준에 맞는 교육과정 적용
• 사회복지사, 담임교사와 정보 공유 및 평가회 개최	• 학기당 2회 평가회를 통해 학생에 대한 정보 공유 및 지원 방향, 교육과정 수정 등 협의

전국교직원노동조합, 2012-a

학교만 나서서 해결할 수 없다. 아이의 삶 전체를 봐야 하기 때문이다. 동민이의 경우는 혁신학교이기에 가능했던 것이 아니다. 모든 사람이 서로 협력하고 지원해 주려는 기본적인 생각을 공유하고 있었기 때문에 지금도 여전히 어렵지만 차근차근 풀어 가려고 노력하고 있는 것이다.

많은 학교에서 겪고 있는 이런 어려움을, 지역사회와 함께 좀 더 체계적으로 풀어 내려는 사례들도 있다. 경제적으로 어렵거나 위기 가정의 학생 대부분이 학교의 정규 교육과정을 따라가지 못하고 있다. 정말 필요한 시기에 적절한 학습 지원과 문화적 자극을 받지 못했거나 방치됨으로써 만들어진 학습부진이다. 고학년으로 올라갈수록 그 정도가 더 심해지고 학교 폭력에 노출되기도 한다.

사회가 돌봄 시스템을 갖추고 적절하게 지원해 주지 않으면 이런 학생들은 점점 더 학교 공부에서 멀어진다. 학교에 흥미를 느끼지 못하면서 부적응아 혹은 일탈 행동을 일삼는 학생이 되고 만다. 이 때문에 많은 혁신학교에서 적잖은 예산을 돌봄과 복지에 편성하고, 지역사회 전문가와 대학생 등을 멘토로 연결시켜주는 프로그램을 운영하고 있다.

3. 지역성을 바탕으로 한 교육과정

학생들의 삶의 근거지는 학교와 지역사회다. 자기가 살고 있는 마을의 지형, 생태, 역사를 공부하는 것이야말로 모든 교육의 출발이 될 수 있다. 우리나라는 6차 교육과정(1995~1999년)부터 지역화 교육과정을 강조하고 있다. 초등학교 1~2학년 가정과 학교·마을, 3~4학년 자치구와 시도, 5~6학년 우리나라로 공간 확대법을 적용했다. 당시에는 획기적인 시도였지만, 기계적으로 적용하는 공간 확대법이 초등학교 학생들의 발달 수준이나 경험 수준에 맞지 않고, 시대가 변화하면서 단순한 공간 확대가 정답은 아니라는 비판도 있다.

이렇게 지역 교육 혹은 지역화 교육과정에 대한 논의가 시작된 지 20여 년이 지났지만 모두들 어려워한다. 학교 현장의 실태나 한계에 대한 고려 없이 '지역화 교과서'로만 모든 것을 해결하려고 하는 근원적인 문제 때문이다. 혁신학교에서는 이런 문제를 극복하기 위해 지역을 교육 공동체로 세우면서 지역사회의 여러 물적, 인적, 자연적 자원들을 활용하는 교육을 강조하고 실천하고 있다.

다음에 나오는 내용은 서울수서초등학교에서 학교 주변의 조건을 살펴보고 학교 안의 자연물과 학교 주변에 있는 산이나 하천을 활용해 '환경을 생각하는 국토 가꾸기'라는 6학년 사회과 단원을 재구성한 사례다. 체험학습이라고 하면 멀리 있는 유명한 곳, 돈을 많이 들여서 체험할 수 있는 곳으로 가야 한다는 고정관념을 깨고 아이들이 매일 다니고 있는 학교와 학교 주변의 자연환경을 이용한 것이다.

〈표 25〉 학교 주변을 활용한 6학년 교육과정

6학년 사회과 성취 기준	수업 계획
1. 인간이 자연 생태계를 구성하는 일부분임을 이해한다. 2. 인간은 자연환경의 영향을 받고 있음을 국토 수준에서 파악한다. (중략) 7. 국토 가꾸기와 환경 문제에 대하여 미래 지향적인 관점과 태도를 가진다.	3. 환경을 생각하는 국토 가꾸기 1) 자연과 더불어 가는 인간 ▶학교 화단에서 자연놀이 -학교 화단에서 열매 따 먹기 -학교 숲에서 생태놀이 -학교 숲에 있는 나무타기 ▶학교 숲에서 자연놀이 -대모산 오르기 - 나무 가지 벌어진 곳 통과하기 -나무 타기 - 태풍으로 쓰러진 나무 외나무 타기 -아카시아 줄기로 파마하기 -주변 자연물 가지고 자유놀이 ▶숲, 늪, 갯벌이 주는 혜택, 공통점 찾고 자연의 의미 정리하기

학교 주변 자연 환경을 학습장으로

학생들이 6학년 1학기 사회 3단원 〈환경을 생각하는 국토 가꾸기〉를 공부하면서 인간이 생태계의 한 구성원이라는 것을 배울 수 있도록 체험학습을 계획하였다. 체험학습이라 하면 학교에서 멀리 가야만 되는 것이라는 고정관념이 있다. 그러나 학교 주변만 잘 활용하더라도 직접 체험할 수 있는 방법은 무궁무진하다.

학생들과 자연에 대한 각자의 소감을 나누고 건물 밖으로 나갔다. 7월이라 그런지 화단에 보리수와 살구가 잘 익어 있었다. 평상시에 그렇게 지나다니던 화단에 보리수와 살구가 있는

지 전혀 몰랐다는 학생들이 대부분이었다. 보리수를 따서 먹어 보면서 달달하고 떫은맛을 느끼고 떫다는 느낌이 어떤 것인지 한참을 이야기했다. 다음으로 살구가 익어서 떨어져 있는 것을 씻어서 먹었다. 학생들이 살구를 한 입 크게 벌리지도 못하고 조심스럽게 먹더니 살구의 달달함을 알고 살구를 바닥에서 열심히 주워 먹었다. 다 먹은 씨는 다시 자연으로 돌려 보내줘야 한다는 이야기도 하고. 다음으로 간 곳이 학교 숲이다. 운동장 끝에 큰 나무들이 있어 그 곳은 들어가서는 안 되는 것으로 알고 있었단다. 내 나무 찾아가도 하고, 나무 타기도 하였다. 오르기 좋은 나무에서 한명씩 나무를 올라갈 수 있을 때까지 올라가 보았다. 한 명 한 명 기다리던 나무 타기를 하면서 자연을 몸으로 느끼는 시간이었다.

다음날은 사회와 체육을 통합하여 대모산을 갔다. 대모산을 오르면서 나무 중에서 뿌리부터 줄기가 2개로 나눠져 있는 나무를 지나면 IQ가 10씩 좋아진다고 했더니 갈라진 나무를 유심히 찾아가며 산에 올랐다. 산 중턱에 가니 몇 년 전 태풍으로 쓰러진 큰 나무가 있었다. 기울어진 나무 위를 외나무타기로 올랐다. 또 아카시아 줄기로 머리카락을 둘둘 말아 파머도 하고 큰 나뭇잎으로 가면도 만들고 떨어져 있는 뿌리와 줄기를 이용해 추장 놀이도 했다. 처음부터 특별한 놀이를 계획한 것이 아니었는데 학생들이 주변에 있는 자연물을 갖고 신나게 놀았다. 학교 숲과 주변 산에서 배운 자연 체험학습은 학생들에게 많은 감동이 있었던 듯하다. 학년 말 가장 기억에 남는 수업으로 생태수업이 뽑힐 정도였다.

— 초등교육과정연구모임, 2013

학교 화단에 있는 보리수와 살구 열매를 따 먹어 보고, 자연물이 만들어 낸 조건을 활용해서 놀이도 해보고, 외나무타기, 아까시 잎줄기를 이용해서 파마놀이 같은 재미난 체험을 했는데 미리 계획한 것이 아니라 바로바로 떠올려서 제안하고 함께해 보는 형태로 진행했다고 한다. 그렇게 체험한 내용을 갖고 국토 가꾸기와 환경 문제에 대한 글을 쓰면서 학습한 내용을 정리했는데, 그냥 조사 학습으로만 진행했던 학급보다 살아 있는 내용이 훨씬 더 많이 나왔다고 한다.

지역성을 고민한다는 것은 학생들의 삶을 토대를 알아 가야 한다는 것이고, 그런 삶을 토대로 교육이 일어나야 한다는 뜻이다. 학생들의 일상적인 삶의 공간에 대한 이해에서 구체적인 배움의 장면들이 펼쳐져야 한다는 것이다. 우리 학교 화단에 있는 나무와 풀, 곤충을 배우는 것을 넘어서 우리 마을 공원이나 뒷산에 있는 나무와 풀, 뭇 생명들에 대해 배우고, 우리 마을 뒷산에 흐르는 계곡물이 어디로 흘러 어느 강으로 흘러가는지, 그 강은 어느 바다로 흘러가는지 배우는 것이다. 물줄기를 알면 산줄기를 알고, 산줄기와 물줄기를 알면 우리나라 전체 지형이 그려진다.

학생, 학부모, 교사들의 의견을 충분히 수렴하고 학교 교육과정 운영계획에 반영하고 평가하는 것을 넘어, 교육과정에 지역성을 반영할 수 있도록 조금씩 시도하는 혁신학교들이 생기고 있다. 혁신교육지구 사업이나 마을 만들기 사업처럼 관이 주도하는 사업이 아니라 단위 학교에서 교사들이 먼저 '지역성'을 고민하면서 만들어 가는 프로그램이다.

이렇게 자연 자원을 활용하여 교육과정을 구성하면서 학생들이 살고 있는 지역에 애정을 갖고 살아 있는 경험을 쌓아 가도록, 누구의 말에 따른다면 학생들에게 '고향'을 만들어 주는 교육과정을 실천하는 사례도 있지만, 지역사회의 인적 · 물적 자원을 활용하여 실천하는 사례들도 있다.

마을 속에 살고 있는 학생들이 학교를 넘어 마을에서 다양한 교육 활동을 경험할 수 있도록 지원하는 프로그램들도 생기고 있다. 지역사회와 함께할 때 더 풍성해지고, 불가능하던 것도 가능해진다는 믿음 때문이다. 지역의 여러 기관이나 시민단체와 협력하고, 지역의 문화단체가 학교의 문예체 프로그램을 담당하기도 한다. 지역사회의 인적 인프라를 활용해 동아리나 문예체 강사를 모집하고, 강사 협의회를 통해 학교가 바라는 것이나 지역사회가 바라는 것을 조율하면서 새로운 시도를 하고 있다.

이런 과정을 통해 학생들은 자신이 살고 있는 동네와 지역에 대해 이미 알고 있는 것을 토대로 더 다양하고 새로운 정보를 얻기도 하고, 배우기도 한다. 지역의 여러 가지 자원과 여건을 고려해서 제대로 활용할 수 있고, 이를 기반으로 생태 · 문화 · 예술 교육을 중심으로 인적 네트워크를 만들어서 학교에서의 문예체 교육, 방과 후 교육 활동에도 도움을 받을 수 있다. 학교 역시 지역사회의 생태 · 문화 · 예술 활동이 활성화되도록 돕는 역할을 한다. 학부모도 교육을 받거나 자발적인 동아리 활동 등을 통해 지역사회의 문화를 바꾸는 역할을 하고 있다.

강원도 포남초등학교에서는 '생명의 숲'이라는 단체와 함께 학교 주변의 자연환경에 대한 생태 교육을 진행하고, '예술인창작촌'이나 '강릉미디어센터', 지역의 공방들과 함께 목공, 도예, 벽화 그리기, 영상물 만들기 같은 일상적인 문화예술 체험 교육도 실시한다. 지역의 여러 공연 시설을 활용하여 공연 예술을 즐길 수 있는 기반을 마련하고, 지역의 역사문화를 배울 수 있도록 지역 문화 해설사나 지역 미술관, 단오문화체험관 등을 활용한다. 지역의 문화원은 학부모들의 풍물 동아리와 학생들의 관노가면극 동아리에 강사와 악기를 지원한다. 이렇게 함께 협력하고 네트워크를 만들어 가면서 학교교육만으로는 해결하기 어려웠던 다양한 문화예술 체험 교육이 펼쳐지고 있다.

일상적인 방과 후 활동이나 동아리 활동, 학부모 연수 등에 지역사회의 인적 · 물적 자원을 지원받을 수도 있지만, 학년별 교육과정과 연계한 현장체험학습에서도 지역사회의 자원을 활용하여 도움을 받기도 한다.

1~2학년은 봄 · 여름 · 가을 · 겨울 대주제를 중심으로 슬기로운생활, 바른생활, 즐거운생활을 통합한 교육과정 및 교과서가 제시되고 있다. 이런 교육과정을 학생들이 충분히 경험할 수 있도록 계절이 바뀔 때마다 학교 주변 마을로 현장학습을 간다. 계절에 따른 자연의 변화를 바로 우리 학교 주변에서 찾아보는 일상적인 활동을 넘어 농촌의 변화도 체험할 수 있는 교육과정을

〈표 26〉 지역사회와 함께하는 교육 활동 사례

무엇을	어떻게	함께하는 단체
환경 생태 교육	학교 주변의 자연환경을 잘 살펴 환경과 생태 교육의 장으로 활용하고 더 나아가 지역의 환경과 생태를 보존하고 잘 지키려는 마음가짐을 갖는다.	생명의 숲
농촌 문화 체험	·사계절 절기마다 논, 밭농사 체험과 놀이 체험을 실시 ·학교 주변 텃밭이나 상자 텃밭을 이용한 텃밭 가꾸기	주문진 장덕리 복사꽃마을
올바른 먹거리 교육	지역에서 생산되는 친환경 먹거리를 이용한 급식을 실시하여 자기 지역의 먹거리 생산물에 대한 관심 갖고 학교교육과 연계하여 올바른 먹거리 생활을 추구한다.	한살림 식생활네트워크
도예·목공· 공예 벽화 프로젝트 영화 만들기	흙과 나무를 만지고 학교 안과 밖의 담벼락에 그림을 그리며, 자기들의 일상을 영상으로 담아내는 교육을 통해 생활 속 예술을 추구한다.	지역 공방 예술인창작촌 강릉미디어센터
음악감상 공연관람 영화이야기	·지역에서 활동하는 음악전문가와 함께 3, 4학년 아이들의 리듬 감각을 키우는 프로그램을 진행하며 아이들의 균형적인 발달을 추구한다. ·지역의 여러 가지 공연시설을 활용하여 아이들이 공연예술을 즐길 수 있는 기회를 제공한다.	개인 활동가 단오문화관 해람문화관 신영독립 영화극장
지역 문화 유적과 학습 공간 활용	·미술관 방문을 통하여 전문 작가들의 그림을 접함. 평상시 어렵고 이해하기 힘든 그림 설명을 통해 작품의 이야기를 들으며 사실적인 표현이 아니어도 여러 형태 및 색상으로 표현할 수 있음을 이해한다. 또한 지속적인 미술관 방문으로 인해 자연스럽게 그림을 관찰하는 시각을 기르고 동시에 감성과 상상력을 기를 수 있다. ·우리 고장에 있는 역사적인 유적지를 체험학습 장소로 활용해 역사의식을 고취할 수 있다. ·지역에 있는 유적지를 답사하고 지역의 문화유적에 대한 관심과 애정을 갖는다. ·살고 있는 지역에 대한 과거, 현재, 미래에 대한 관심을 갖고 지역의 역사와 형성과정 등에 대한 이해를 높인다.	지역 문화 해설사 단오문화체험관 강릉미술관
진로·상담 프로그램 학교 프로젝트 지원	·아이들의 진로교육과 상담프로그램을 지역사회의 청소년 지원센터와 연계하여 상시적으로 진행할 수 있는 시스템을 마련한다. ·심리 및 정서 면에서 치료가 필요한 학생들을 위한 학교 안팎의 시스템 구축을 추구한다.	청소년 지원센터 지역사회협의회 청소년수련관
전통문화 프로그램	학부모 사물놀이 동아리와 학생 관노가면극 동아리에 강사와 악기를 지원한다.	강릉문화원

포남초등학교, 2014

만든다.

3~4학년은 마을보다 조금 더 넓은 지역을 탐방한다. 3학년 사회 교육과정은 시·군·구를 중심으로, 4학년 교육과정은 시도를 중심으로 구성되어 있다. 우리 지역을 넘어서 다른 지역을 비교해 보는 경험을 현장학습으로 잡고, 과학 교과와 연계하여 지역의 동물원 등을 탐방하기도 한다. 5~6학년은 역사와 일반사회 교육과정을 중심으로 현장학습 장소를 선정해, 교실에서 배운 내용을 지역사회의 역사 유적지나 다른 지역의 박물관 등과 연계해서 학습한다.

혁신학교를 운영하는 학교마다 생태·노작 교육을 고민하지 않는 학교는 없다. 단순히 드러내기 좋은 체험활동이어서가 아니라 요즘 자라는 아이들이 실제적인 체험의 경험이 부족하다는 것, 땀 흘려 일하고 몸을 쓰면서 노동하는 경험이 전혀 없는 아이들에게 생태·노작의 소중함을 가르쳐야 한다는 깨달음 때문이다. 도시나 시골을 가릴 것 없이 아이들에게 생태적 순환의 의미와 노동의 가치, 노동의 대가로 얻는 기쁨을 함께 가르치기에 텃밭 활동만큼 좋은 것은 없다.

문제는 도시 학교인 경우 농사를 지을 땅을 구하기 어려워 상자 텃밭, 주머니 텃밭 등을 운영하거나 먼 거리에 있는 땅을 빌리거나, 그것도 여의치 않으면 계절마다 한 번씩 체험학습으로 운영하면서 일회성 이벤트가 되기도 한다. 그런데 경기도 혁신학교인 호평중학교는 학교 앞에 공공 용지로 방치되어 있던 땅을 지

<표 27> 지역사회와 함께 하는 현장학습

주제	교과	학년군	장소	체험활동
생태 농촌	주제를 중심으로 관련 교과 통합	1·2학년군	복사꽃마을 북동리	계절별 농촌체험
문화 예술 체육		3학년	수영장 동물원 놀이동산 소금강~주문진 강릉지역 체험 미술관체험	생태환경 탐사 계절운동 뮤지컬, 영화관람 역사탐방
		4학년	대도시체험 선자령 대기리산촌체험 뮤지컬공연관람	
진로· 인권		5학년	오죽헌 경포습지 임영관 국립중앙박물관 직업체험(듀팡알로)	생태환경 탐사 직업체험 역사탐사
		6학년	직업체험(잡월드) 빙상경기장 자수박물관 수학여행(가을)	

포남초등학교, 2014

역사회의 도움으로 무상 임차해 학교 텃밭으로 일구어 냈다. 학교운영협의회에서 텃밭 활용 교육 계획을 구상한 후 지역사회 연대 부서에서 지역의 각 기관을 직접 방문해서 사업을 설명했다. 이를 통해 한국토지공사 남양주지부, 남양주시청, 슬로푸드문화원, 팔당생명살림, 식생활교육국민네트워크와 함께 양해각서(MOU)를 체결하는 과정을 거쳤다.

그 결과 텃밭을 이용한 도덕 교과와 노작 체험 교육의 발판이 마련되었다. 농사와 연계할 수 있는 단원을 재구성해 텃밭 고르기, 돌 고르기, 씨앗 심기, 가꾸기, 수확, 요리 등 전 과정을 교육과정과 연계하여 진행한 것이다. 이 과정에서 학교 옥상에 숨 쉬는 항아리를 비치하고, 농사지은 재료와 유기농 재료로 된장, 고추장, 간장을 학생들과 함께 담그고, 이를 학교급식에 사용하고 있다. 지역 단체가 강사를 파견해 주어 학생과 학부모를 위한 식생활 교육, 요리 교실도 진행했다.

이뿐 아니라 지역사회의 인적·물적 인프라를 연계하는 방법으로 방과 후 교육 활동을 새롭게 시도해 보기도 했다. 지역사회의 기관 단체를 방문해 혁신학교 운영에 대한 설명회와 간담회를 갖고 방과 후 활동을 지원해 줄 수 있는지를 협의하였다. 그 결과 교과 중심의 반강제적이고 일률적인 방과 후 교육 활동이 지역사회의 협력과 지원을 통해 다양해지고, 학부모와 학생들의 만족도가 높아지면서 학교교육에 대한 신뢰를 회복할 수 있었다.

●목적
　─지역사회와 학교의 유기적인 연대체계 구축을 통한 교육과정의 풍부화
　─학생들의 학습 선택권 기회를 확대하여 다양한 학습의 기회를 제공
　─학생의 소질과 적성 계발의 기회를 제공
　─학교교육의 신뢰를 회복하고 학부모의 과중한 사교육비 부

담 경감

● 방침

　―교과 중심과 학생의 소질과 적성 계발 및 특기 신장, 취미 활동을 위한 다양한 프로그램 운영

　―학생 및 학교의 의견을 수렴하여 방과 후 교육 활동 프로그램을 편성 운영

　―교과형 방과 후 교육은 본교 교사와 지역 인력풀 및 외부 강사 활용

　―특기적성형 방과 후 교육은 지역사회의 시설을 활용하며 지역 외부 강사 활용

　―수익자 부담 원칙이며 학부모에게 과다한 교육비 부담을 주지 않도록 비용 지원

　―교과 및 특기형 방과 후 학교의 질 향상을 위해 평가 환류와 점검에 힘씀

　―학부모 코디네이터를 활용, 교사의 업무 부담을 최소화

　―학생, 학부모, 교원, 외부 강사들의 의견을 수렴하여 운영에 반영

● 세부 추진 계획

가) 운영 과정

실천 과제	실천 내용	대상	시기
지역 인프라 구축	방학을 이용하여 지역사회 기관/단체 방문 및 협의를 통해 시설, 인력 활용을 위한 MOU 체결(15개 기관 협력)	지역사회 기관/단체	12월~ 다음해 3월
기초 조사 및 분석	학생, 학부모 대상 설문조사 및 기초 희망 조사	학생 학부모	3월
운영 기간	2010년 3월~2011년 2월, 2011년 3월~2012년 2월	희망자	3월~ 다음해 2월
개설 프로그램	교과 중심: 국, 영, 수, 과, 사 특기적성 영역: 기타, 락밴드, 드럼, 연극, 방송 댄스, 디자인, 축구, 야구, 농구, 탁구 등	본교 교사 외부 강사	3월~ 다음해 2월

강사 선정 및 임용	본교 교사 및 외부 강사 운영위원회의 심의 후 학교장 임명	외부 강사	3월~ 다음해 2월
수강안내 및 수강생 모집	안내서를 작성하여 배부하고 홍보 후 선착 순 모집 1개 반 10~20명 내외로 조직	전교생	3월~ 다음해 2월

나) 운영 내용

교내	교과	과학탐구(실험), 원어민과 함께 하는 영어회화, 수학 기초, 역사논술
	특기적성	농구, 야구, 축구, 디자인, 연극
교외	호평동 자치센터	풍물, 방송 댄스(장소 협조)
	효성아파트	요가(장소 및 강사 협조)
	호평제일교회	기타, 드럼(장소 및 강사 협조)
	한마음교회	농구, 야구(강사 협조)
	주평강교회	락밴드, 기타(장소 및 강사 협조)
	비춤 탁구 교실	탁구(장소 및 강사 협조)

*교외 특기적성 행 중간에 "특기적성" 라벨이 걸쳐 있음.

— 전국교직원노동조합, 2012-a

4. 작은 학교가 마을에 가져온 생기

앞에서 지역사회와 협력 관계를 통해 마을 속의 학교로 만들어 가고 있는 혁신학교 사례들을 살펴보았는데, 이는 주로 인적·물적 인프라가 풍부한 도시 지역의 사례이다. 면 단위의 작은 학교는 이미 지역공동체 속의 학교로 자리 잡고 있지만 정부의 소규모 학교 통폐합 정책에 따라 폐교 여부를 놓고 씨름하고 있는 것이 현실이다.

학생 수가 적다는 이유만으로 작은 학교를 통·폐합하려는 정책은 교육재정 측면에서만 학교를 평가하고 있다는 지적을 받는다. 실제로 학교 규모에 대한 연구를 살펴보면, 학교 환경과 교사, 수업, 친구, 학교행사, 학교의 공정성, 학교에서의 즐거움과 발전성에 대한 만족도는 모든 영역에서 학급 규모가 작을수록 높았다.

첫째, 규모가 작은 학교는 실질적으로 학교 시설이 좋아서라기보다는 규모가 작고 인원이 적은 학교에 다니는 학생들이 학교에 대한 애착이 많아 같은 시설이라도 만족도가 더 높다. 둘째, 학급의 인원이 적으면 교사는 학생들에게 더 친절하게 대하고 학생들의 의견을 잘 들어 주기 때문에 학생들의 만족도가 높고, 인원이 많으면 교사는 보다 권위적이고 획일적인 명령 체제로 학급을 운영하기 때문에 만족도가 떨어진다. 셋째, 학급의 인원이 많을수록 수업을 이해하지 못하는 학생이 많아지고, 수업이 획일화되며, 수업에 참여할 기회가 적어져 만족도가 낮아진다. 반대로 인원이 적을수록 수업에 참여할 수 있는 기회가 많아지고, 융통성 있고 자유로운 분위기가 형성되어 만족도가 높아진다. 넷째, 인원이 적은 학교나 학급이라도 자신이 좋아하는 친구 한두 명만 있으면 즐거운 학교생활을 할 수 있다. 다섯째, 학교 규모가 작으면 직접 참여하는 경우가 많아 성취감과 즐거움을 크게 느낄 수 있고, 규모가 크면 직접 참여하는 인원보다는 응원이나 구경만 하는 인원이 많아 지루함을 많이 느낀다. 여섯째, 학급의 인원이 많으면 상을 받는 학생보다는 못 받는 학생이 많고, 소수만 혜택을 보는 경우가 많아서 만족도가 낮아진다. 일곱째, 학급 규모가

작은 경우의 만족도가 매우 높고, 학급 규모가 큰 경우의 만족도
가 매우 낮아진다(조인선, 2009).

이 외에도 작은 학교, 작은 학급이 교육적으로 의미가 있다는
다양한 연구 결과가 있음에도 우리 정부는 1982년부터 경제적 효
과성만을 내세우면서 작은 학교 통폐합 정책을 지속적으로 추진
하고 있다. '공동통학구역 지정'이라는 법령을 통해 작은 학교가
위치한 지역의 학부모들에게 인근의 큰 규모 학교를 선택할 수
있는 길을 열어 주어 오히려 작은 학교를 고사시키고 있다는 비
판도 많다.

작은 학교는 모든 학생의 성장과 발달을 지원하는 교육이 가능
하다. 작기 때문에 교육과정을 탄력적으로 운영하면서 교사와 학
생, 학생들 간 친밀한 관계를 형성함으로써 내실 있는 생활교육
을 할 수 있다. 이런 과정에서 전인교육이 활성화되고 방향을 잃
은 경쟁보다는 타인과 지역사회와 환경과 더불어 살아가는 방법
을 배우고 익힐 수 있다.

작은 학교의 이러한 강점들은 교육의 본질적 측면이며, 우리
교육이 궁극적으로 추구해 나갈 방향이라는 것을 인식하고 혁신
학교의 모델이 된 학교를 만들어 간 사례들이 있다. 학부모와 지
역 주민, 교사들이 뜻을 모아 통폐합을 거부하고 새로운 학교로
조금씩 바꿔 나가는 실험적인 사례들도 여럿 있다. 경기도의 남
한산초등학교, 전남의 묘량초등학교, 충북의 동화초등학교, 경
북의 남부초등학교 등이다. 특히 남한산초등학교는 우리 사회에

'혁신학교'라는 화두를 던져 준 모델이 된 학교다.

폐교를 막느냐 못 막느냐… 두 마을의 운명을 가르다

전남 영광군 묘량면은 두 개의 마을로 나뉜다. 학교를 지킨 마을과 학교를 포기한 마을이다. 9년 전 학교를 포기했던 마을 사람들은 뒤늦게 후회한다. "학교가 문을 닫으니, 마을도 죽어가네요." 하지만 때는 늦었다. 다시 학교를 살릴 길이 없다. 다행히 학교를 지켜낸 마을에서는 해마다 학교운동장에서 큰 잔치를 벌인다. (중략)

묘량면의 귀농·귀촌 가구는 묘량중앙초가 있는 주변 지역(옛 묘장면 쪽)으로 집중되고 있다. 2004년 이후 18가정이 근처 마을로 들어와 새로 정착을 했다. (중략) 옛 묘장면 쪽의 공식 인구 또한 2009년 1185명에서 올 1월 말 1184명으로 줄지 않고 있다. 비공식 집계로는 이미 이 지역 인구가 1190명을 넘은 것으로 알려졌다.

같은 묘량면이지만 장암산의 반대쪽(옛 황량면 지역)으로 들어서면 분위기가 사뭇 다르다. 아이 울음소리는커녕 10년 전부터 귀농·귀촌의 발길조차 끊어지고 있다. 마을 사람들 스스로, 앞으로 더 적막해질 것이라고 한탄한다. 지역에 하나 남아 있던 묘량초등학교가 2004년에 폐교된 영향이 결정적이었다. 그때 이후 귀농·귀촌은 고작 3가구에 그쳤다. 초등학교 입학 예정자는 올해부터 2017년까지 5년 동안 단 2명(옛 묘장면 쪽은 21명)에 불과하다. 2014년과 2017년에 각 1명이고, 나머지 해에는 마을 전체를 통틀어 하나도 없다. 10명 남짓 아이들이 영광읍내 초등학교로 통학하고 있지만, 이마저 몇 년 지나면

추억 속으로 사라져갈 것 같다. 이 지역의 인구는 2009년 787
명에서 지난해 말 759명으로 빠른 속도로 줄어들고 있다. …
학교의 존폐가 마을의 운명을 갈라놓았다.

— 한겨레, 2013. 2. 22.

교육청의 학교 통폐합 정책을 받아들이고 인근의 큰 학교로 학
생들을 전학시킨 마을과 통폐합에 반대하고 마을 주민들과 함께
새롭게 학교의 모습을 만들면서 학교를 마을 공동체의 중심으로
세워 가는 마을의 대비되는 모습이다. 마을에 학교가 있느냐, 그
학교가 어떤 교육 활동을 펼쳐 가고 있느냐에 따라 아이들의 웃
음소리가 달라지기 때문이다. 귀농, 귀촌을 하더라도 인근에 학
교가 있느냐, 없느냐는 중요한 고려 사항이다.

부모가 희망하면 아이들을 저녁 8시까지 모두 맡아줍니다.
전교생 1인 1악기는 기본이고요. 영어와 미술, 탁구, 마술, 한
지공예 등 14개의 다양한 프로그램을 운영해요. 제과제빵 수업
은 학부모의 재능기부를 받고 있습니다. 영광읍내 학교도 돌봄
교실이 있지만, 우리 학교와 비교할 수 없어요. 그 학교는 전교
생이 1천 명이 넘잖아요. 우리처럼 일대일로 아이들을 보살필
수 없지요.

— 묘량초등학교 성향숙 교감 인터뷰(한겨레, 2013. 2. 22.)

대안학교가 별건가요. 우리 마을의 작은 학교가 바로 선망하
던 대안학교더라고요. 우리 식구 모두 행복해요. (중략) 교사와
많이 접촉하고 매사 마음껏 의논할 수 있어서 참 좋아요. 아이

들도 학년 대표로 참석해, 방과 후 프로그램 정할 때 자기 의견을 내놓아요. 학교가 없었다면 아무리 고향이라도 귀농은 꿈을 못 꿨겠죠."

— 묘량초등학교 학부모 인터뷰(한겨레, 2013. 2. 22.)

이렇듯 많은 혁신학교에서는 교육과정에 학생들이 자기 삶의 근거가 되고 터전이 되는 마을에 대한 이해를 높일 수 있는 내용을 담아 낸다. 이를 위해서 교사가 먼저 발령 받은 학교와 학구에 대해 공부하고 마을 길을 걸으며 지형과 지리, 생태 환경 등을 익힌다. 학교에서는 지역의 단체나 기관들을 방문하여 인사를 나누고 도움을 청한다. 지역사회와 협력 관계를 맺어 가는 출발이다. 이미 이런 발걸음을 시작한 혁신학교들이 많으니 그다음 발걸음은 좀 더 가벼울 것이다. 여기에 교육협동조합이나 학교협동조합 같은 지역주민들의 새로운 시도, 교육혁신지구 같은 자치구의 지원이 있어 더 든든하다. 그 길에 학교가 함께하는 것은 아이들에게 고향을 만들어 주는 일과 같은 것이다.

9장
학생도 학부모도 교사도
만족하는 학교

　교육 만족도란 교사, 학생, 학부모가 상호 존중하고 신뢰하는 관계를 바탕으로 교육 공동체 의식을 가지고 협력하며 성장과 발달을 이루어 가는 일련의 학교교육 활동에서 느끼는 자기효능감, 자신감, 행복감 등을 의미한다. 이런 교육 만족도는 학생, 학부모, 교사에 따라 설문조사나 인터뷰와 같은 방법으로 측정된다.

　모두가 만족하는 학교는 가능할까. 100% 만족한다는 것은 불가능에 가까운 우리의 이상일지도 모른다. 다만 모두가 만족하는 학교를 위해 오늘의 현실에서 부단히 노력하는 것뿐이다. 그럼에도 자녀를 혁신학교로 보내고 싶어 하는 학부모가 줄을 잇고 있고, 혁신학교의 확대를 바라는 학부모들은 《행복한 나는 혁신학교 학부모입니다》 같은 도발적인 제목을 지닌 책을 출판하기도 했다. 혁신학교를 졸업한 학생들은 《진짜 공부》라는 책을 써서 혁신학교에서 무엇을 어떻게 배웠는지 담담하게 기술하고 있다. 교사들은 어떤가? 전국 방방곡곡에서 참교육의 뜻을 담아 혁신학교를 넘은 학교 혁신의 길을 개척하고 있다. 교사 연수와 강의, 집필과 학교 현장에서의 실천을 통해 오늘도 여전히 가르치고 배우고 배운 것을 나누며, 더 큰 길을 내는 여정을 묵묵히 걷고 있는 것이다.

왜 그럴까? 남들이 가지 않는 길, 모두 힘들다고 하는 길, 그냥 정해진 대로만 하면 편하다고 하는 넓은 길을 포기하고 왜 좁은 길을 가는 것일까? 교육을 통해서 학교를 바꾸고 삶을 바꾸고 세상을 변화시키려는 인간 본연의 욕망 때문이 아닐까? 자기 삶을 돌아보며 현실의 문제를 진단하고 일상과 제도, 주체와 구조의 한계를 뛰어넘어 새로운 상상력으로 지금과 다른 현실을 만들어 보려는 근원적인 자기 의지의 실현이다. 그래서 힘들지만 보람을 느끼고, 어렵지만 쉬운 길로 돌아가려 하지 않고, 복잡하지만 처음으로 돌아가 단순하게 생각하고 실천한다. 그리고 이것이 교육이라고 확신한다. 힘들지만 배운 것이 많아서 만족스럽고, 어렵지만 깨달은 바가 있어서 만족스럽고, 괴로울 때도 있지만 함께 가는 길이라 만족스럽다는 이야기는 그래서 나온다.

1. 학생 만족도

유니세프(UNICEF, 국제연합아동기금)는 매년 세계 29개 국가를 대상으로 물질적 행복, 보건과 안전, 교육, 행동과 위험, 주거와 환경이란 5개 측면에서 '어린이 행복지수'를 조사해서 발표한다. 한국방정환재단과 연세대학교 사회발전연구소는 유니세프의 행복지수를 모델로 삼아 '한국 어린이·청소년 행복지수'를 별도로 개발해 해마다 조사하고 있는데, 여기에는 유니세프의 5개 영역 이외에 주관적 행복지수가 추가되어 있다.

교육 수준은 최고, 행복은 최하위

〈그림 28〉 한국의 어린이·청소년 행복지수(한국방정환재단 외, 2013)

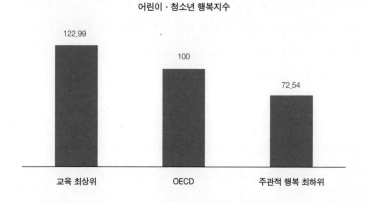

어린이·청소년 행복지수

122.99 교육 최상위
100 OECD
72.54 주관적 행복 최하위

우리나라 어린이와 청소년의 교육 영역 행복지수는 OECD 회원국들의 전체 평균을 100으로 봤을 때 122.99로 가장 높은 점수를 받았다. 그러나 교육 영역의 순위와는 정반대로 학교생활 만족도 등 6개 항목을 조사한 주관적 행복지수에서는 72.54로 세계 최하위권이다.[1] '새로운 사회를 여는 연구원'에서는 이런 현상을 분석하면서 우리 아이들이 행복하지 못한 이유를 다음과 같이 설명한다.

왜 우리 아이들은 행복하지 못한 것일까? 아이들이 하루를 어떻게 보내는지 들여다보면 짐작이 간다. 한국청소년정책연구원의 〈청소년의 생활시간조사〉 결과를 보면 한국 아이들의 학습 시간은 세계적으로도 길다. 이 조사에 따르면 한국 학생들은 하루 평균 학습 시간이 7시간 50분으로 OECD 평균 5시간의 1.5배 수준이다. 그중 한국 아이들의 하루 평균 사교육 시간은 78분으로 하루 평균 사교육 시간이 6분에 불과한 핀란드와 벨기에의 13배에 달한다. 캐나다의 하루 평균 사교육 시간이 12분, 영국은 18분, 일본은 24분으로 한국보다 훨씬 짧았다. 한국 아이들은 하루 평균 4.5시간 학습하는 핀란드에 비교해 2배 이상의 시간을 학습에 쏟고 있지만, 정작 두 나라의 학업성취도는 비슷하다.

---

1. 학교생활을 좋아한다는 항목은 35.6점으로 OECD 회원국들 평균인 27.56점보다 높았지만, 그 외의 모든 주관적 행복을 측정하는 지표는 OECD 평균보다 점수가 낮았다. 자신이 별로 건강하지 않다는 항목은 19.6점(OECD 평균 13.9점), 삶에 대한 만족도 66.6점(OECD 평균 85.72점), 소속감을 별로 혹은 전혀 느끼지 못한다는 응답은 16.3점(OECD 평균 6.8점), 주변 상황에 별로 혹은 전혀 적응하지 못한다는 응답은 6.7점(OECD 평균 9.28점), 외롭다고 응답한 비율은 15.3점(OECD 평균 7.4점)이었다. 우리나라 어린이·청소년들의 삶에 대한 만족도는 평균보다 낮고 소속감을 느끼지 못하거나 외로움을 느낀다고 생각하는 비율도 OECD 평균의 2배에 이른다. 새로운 사회를 여는 연구원(2014) 참조.

반면 아이들이 일상에서 여유를 찾거나 친구들과 소소한 정을 나눌 시간은 부족하다. 수면이나 운동시간은 세계적으로 가장 짧다. 학년이 올라갈수록 이런 경향은 점점 더 커진다.

— 새로운 사회를 여는 연구원, 2014

〈그림 29〉 행복할 때와 행복하지 않을 때(한국방정환재단 외, 2013)

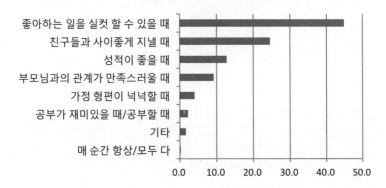

행복할 때 (N=7079, 단위 : %)

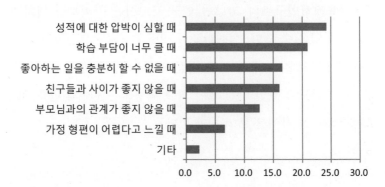

행복하지 않을 때 (N=7079, 단위 : %)

세계에서 가장 긴 시간을 학습 노동에 시달리면서 평균적인 학업성취도는 좋을지 몰라도 행복하지 못한 아이들이라는 지적은 어제오늘 일만은 아니다. 그렇다면 우리 학생들은 언제 행복하다고 느낄까? '좋아하는 일을 실컷 할 수 있고'(44.9%), '친구들과 사이좋게 지낼 때'(24.6%) 행복하다고 했다. 그러나 '성적에 대한 압박'(24.3%)과 '학습 부담'(21.0%)이 너무 클 때, '좋아하는 일을 충분히 할 수 없을 때'(16.6%)는 행복하지 않다고 응답했다. 성적과 학습에 대한 압박과 부담을 행복하지 않은 주요한 이유로 꼽으면서도 '성적이 좋을 때' 행복하다는 응답은 12.8%에 불과해 부모 세대가 강조하는 '공부와 성적'이 어린이와 청소년들 자신의 행복 요건에선 큰 비중을 차지하지 않고 있음을 보여 주고 있다.

학생들의 학교생활에 대한 만족도

암울한 현실이지만 이런 현실을 바꿔 보려고 노력하고 있는 혁신학교에서 학생들은 학교생활에 대해서 어떻게 느끼고 있을까. 전북교육정책연구소의 2013년 연구 보고서를 살펴보면 변화의 가능성을 읽을 수 있다. 혁신학교와 일반 초·중·고등학교 학생들을 대상으로 한 다음과 같은 설문조사에서 혁신학교 학생들은 3.79의 만족도를 보인 반면 일반 학교 학생들은 3.63의 만족도를 보여 유의미한 차이를 보여 주고 있다.

〈표 30〉 학교생활 만족도 학생 설문 항목

나는 학교에 가는 것이 즐겁다.
나는 우리 학교 선생님들이 좋다.
우리 학교 선생님들은 내 이야기를 잘 들어 주고 고민을 잘 이해해 주신다.
나는 수업을 통해 조금씩 변화하고 성장하고 있다고 생각한다.
우리 학교는 친구들이나 선후배 간의 관계가 따뜻하다.
나는 학교 친구들과 협동적이고 좋은 관계를 유지하고 있다.
나는 우리 학교에 다니면서 나의 재능을 잘 발휘하고 있다.
나는 학교 수업 시간에 새로운 것을 많이 배우고 있다.
우리 학교 교장·교감 선생님은 우리들에게 친절하시다.
우리 학교는 내가 공부하는 데 필요한 학습시설을 이용하기 편리하다.

정태식 외. 2013-a

　내가 다니고 있는 학교가 좋은지, 학교 선생님들이 좋고 자신의 고민을 이해해 주는지, 수업을 통해 성장하고 있는지, 친구나 선후배와의 관계가 좋은지, 자신의 재능을 발휘하면서 학교에 다니고 있는지, 수업 시간에 배움이 이루어지는지, 학교의 관리자가 친절한지, 학교의 시설을 충분히 활용하며 학교생활을 하는지에 대해 물었을 때 모두 유의미한 차이를 보이고 있다.

　혁신학교 4년 차인 서울의 한 초등학교는 3~6학년 학생들을 대상으로 학생들의 학교생활 만족도에 대해 설문조사를 실시했다. 그 결과 학교에 대해 만족한다는 응답은 83%에 달했고, 만족하지 못한다는 응답은 4%에 불과했다.[2] 혁신학교이기 때문에 만족한다는 응답은 86%에 달했고, 그렇지 못하다는 부정적인 응답은 4%였다.

---

2. 서울유현초등학교(2015), 2015학년도 1학기 교육과정 운영 평가 보고.

〈그림 30〉 학생들의 혁신학교에 대한 만족도(서울유현초등학교, 2015-b)

설문: 나는 유현초등학교 학생인 것이 좋습니다

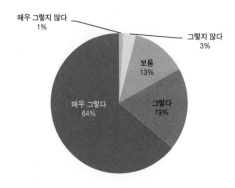

설문: 나는 우리 학교가 혁신학교여서 좋습니다

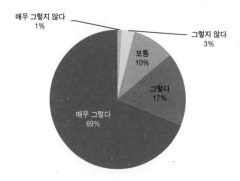

　　혁신학교 학생들의 학교생활에 대한 만족도가 높은 것은 다른 것에 있지 않다. 앞에서도 살펴보았듯이 서로 협력하며 배우는 관계를 만들고, 자발성과 자율성을 존중하며 민주적인 학교문화를 만들고, 특색 있는 교육과정을 운영함으로써 학생들에게 배움

의 즐거움을 깨닫게 해 주고 다양한 교육 활동을 경험하게 하는 것이 학생들의 만족도를 높이는 요인이 되었을 것이다.

2. 학부모 만족도

한국 사회에서는 학생들만 행복하지 않은 것은 아니다. 학부모들도 행복하지 못하다. 자녀 출산에서 대학 졸업까지 우리 사회의 평균 자녀 양육비는 3억 1000만 원이라는 통계청의 실태 조사 (2012년 기준) 결과가 보여 주듯이 아이를 낳고 키우는 것 자체가 엄청난 부담이다. 교육비 지출 규모를 보면, 국내총생산(GDP) 대비 교육비의 민간 지출은 2.8%로 OECD 평균 0.9%의 거의 3배에 달한다. 교육비의 공적 지출 비중이 낮다는 것은 결국 대부분의 학생이 가정에서 비용을 감당해야 하는 사교육에 의존하며 학부모의 부담을 가중시키고 있다는 것이다.

사교육의 나라, 허리 휘는 학부모

소득 수준에 따른 사교육 참여율과 사교육비 지출액의 차이는 더 심각하다. 월소득 100만 원 미만의 저소득층은 33.5%의 사교육 참여율을 보여 주며 월평균 6만 8000원을 사교육비로 사용하는 반면, 월소득 700만 원 이상의 고소득층은 83.8%의 사교육 참여율을 보여 주며 월평균 42만 6000원을 사교육비로 사용한다.

무려 6배의 차이가 난다. 이런 현상을 '새로운사회를여는연구원'
에서는 한국 사회의 교육이 죄수의 딜레마에 빠져 있음을 보여
주는 것이라고 설명한다.

경쟁에서 이기기 위해서는 다른 이들이 사교육을 시키지 않
아도 내 자녀는 사교육을 시켜야 하고, 다른 이들 모두 사교육
을 시키면 나도 어쩔 수 없이 시켜야 하는 것이다. 너도나도 사
교육에 의존하게 되면서 교육비용은 점점 늘어나고 결국 소득
이 높을수록 사교육 경쟁에서 유리해지는 상황이 됐다. 출생에
서 대학 졸업까지 자녀 1명을 양육하는데 평균 3억 1천만 원이
나 드는 사회. 여기에 부모의 소득이 높을수록 학업 경쟁에
서 유리해지고 있다. 더 이상 개천에서 용 나기 어려운 안타까
운 상황이 지속되고 있다. 이런 상황을 극복하기 위해서는 근
본적으로 경쟁구도를 완화하고, 미래에 대한 불안감이 해소될
수 있도록 큰 틀에서 사회를 변화시키는 방안을 고민해야 한
다. 이런 경쟁사회에서는 부모도 아이도 행복할 수 없다.

— 새로운사회를여는연구원, 2014

남들이 사교육을 시키든 시키지 않든 자신은 시켜야 유리하다
는 사회적 메시지가 계속되는 한 우리 사회는 죄수의 딜레마에서
벗어날 수 없다.[3] 승자 독식의 경쟁 구도를 완화하고 사회적 복지

---

3. 죄수의 딜레마(prisoner's dilemma)는 비제로섬 게임(non zero-sum game)이다. 이 게임에서 죄수
는 상대방의 결과는 고려하지 않고 자신의 이익만을 최대화한다는 가정하에 움직이게 된다. 이때 언
제나 협동(침묵)보다는 배신(자백)을 통해 더 많은 이익을 얻으므로 모든 참가자가 배신(자백)을 택하
게 된다는 것이다. 만일 게임의 참가자들이 서로 협력하기로 한 약속을 지킨다면 그들은 최적의(best
cooperative) 결과를 달성하겠지만 그런 결과는 나오지 않는다는 것이다.

비용을 늘려 미래에 대한 불안감을 해소하는 방향으로 가야 하지만, 보편 복지냐 선별 복지냐의 문제를 이념 대립으로 끌고 가려는 2015년 대한민국의 현실에서는 너무나 먼 이야기처럼 들린다. 사교육비 경감 대책이라고 내놓는 것이 오히려 사교육을 부추기는 기현상까지 낳고 있다.

자녀의 학교생활에 대한 학부모 만족도

사교육에 올인(all-in)하지 않으면 자녀의 미래에 대해 끝없이 불안할 수밖에 없는 사회에서 우리 모두 죄수의 딜레마에 빠져 있다는 현실을 직시하고, 이 딜레마에서 벗어나 인간을 인간답게 성장시키는 것은 경쟁이 아니라 협력에 있다는 믿음을 현실화하려는 학부모들이 있다. 개천에서 용 나기를 기대하지 않고 개천을 함께 가꾸면서 소박하지만 서로 행복하게 잘살 수 있는 길들을 찾아가는 것이다. 그 길을 가는 학부모들이 또한 혁신학교를 선택하고 지지하고 있다.

전북교육정책연구소의 2013년 연구보고서에 따르면 혁신학교와 일반 초·중·고등학교 학부모들을 대상으로 한 다음과 같은 설문조사에서 혁신학교 학부모들은 4.00의 만족도를 보인 반면 일반 학교 학부모들은 3.79의 만족도를 보여 주고 있다.

〈표 31〉 학교생활 만족도 학부모 설문 항목

우리 아이는 학교에 가는 것을 즐거워한다.
나는 우리 학교 선생님들이 좋다.
선생님은 우리 아이에게 의미 있고 영향력이 있는 존재이다.
우리 학교의 교육과정과 수업 방법을 충분히 이해하고 신뢰한다.
내 자녀가 다니는 학교문화는 따뜻하고 평화롭다.
내 자녀는 학교 친구들과 협동적이고 좋은 관계를 유지하고 있다.
내 자녀는 이 학교를 다니면서 재능을 잘 발휘하고 있다.
내 자녀는 학교교육을 통하여 새로운 것을 많이 배우고 있다.
학교장의 리더십을 신뢰하고 만족한다.
내 자녀 학교는 학생이 공부하는 데 필요한 학습시설을 이용하기 편하다.

정태식 외, 2013-a

자녀의 학교에 대한 만족도, 교사와 수업에 대한 만족도, 자녀의 학급 및 학교 공동체와 친구 관계에 대한 만족도, 자녀의 학교 교육 활동에 대한 만족도, 학교의 교육 환경에 대한 만족도 부분에서 모두 의미 있는 차이를 보이고 있다.

이런 만족도의 차이는 혁신학교에 대한 신뢰로 연결되는 것으로 보인다. 혁신학교 운영 4년 차인 서울의 유현초등학교에서 1~6학년 학부모들을 대상으로 설문조사를 실시한 결과, 혁신학교운영을 잘 하고 있느냐에 대한 긍정적인 응답이 85%에 달한 반면 부정적인 응답은 2%에 불과했다. 1기 혁신학교 운영에 대한 성과를 지속하기 위해 2기 혁신학교 공모 및 재지정이 필요하냐는 질문에 대해서는 79%가 긍정적인 응답을 한 반면 부정적인 응답은 6%에 불과했다. 이런 설문 결과가 놀라운 이유는 신규 개설 학교가 아니라 기존의 일반 학교를 혁신학교로 지정받아 운영

〈그림 31〉 학부모들의 혁신학교 운영에 대한 만족도(서울유현초등학교. 2015-b)

설문: 우리 학교는 학교운영의 혁신, 교육과정 및 수업, 평가의 혁신, 공동체 활성화라는
서울형 혁신학교 학교상에 맞게 혁신학교를 잘 운영하고 있다

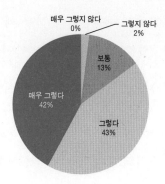

설문: 1기 혁신학교 운영(2012~2015년)의 성과를 지속하기 위해 2기 혁신학교 공모 및
재지정이 필요하다

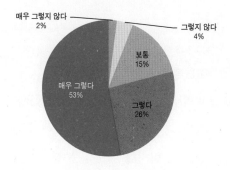

한 사례이며, 또한 혁신학교 지정 첫해에는 지정에 반대하는 학
부모들의 저항 또한 만만치 않았던 학교였기 때문이다. 혁신학교
지정 초기 언론에 의해 부풀려진 우려와 의혹을 실제 혁신학교를

운영하면서 불식시켜 간 것이다. 이는 해마다 조사한 만족도 조사에서의 차이를 통해 확인할 수 있다.

학부모들의 혁신학교에 대한 이해와 지지의 기반은 자녀의 학교생활에 대한 만족도에서 온다. 학교 하루 빠지고 놀이공원에 놀러가자고 해도 학교에 가야 한다고 하는 아이들, 틱 장애로 고생했는데 혁신학교가 되고 어느 날 보니 자연스럽게 틱 장애가 사라졌다는 아이들, 힘들고 어렵게만 공부했는데 공부가 재미있다는 아이들, 소통하며 협력하는 것을 두려워하지 않는 학교문화, 그래서 한 명도 소외되지 않도록 노력하는 학교를 꿈꾸며 실천해 가는 모습에 학부모들의 만족도가 높아지는 것이다.

3. 교원 만족도

교사 10명 중 9명은 학교 위기라는 말에 동의

"현재, 학교교육의 위기라는 말에 동의하십니까?"

전교조 산하 전문 기구인 참교육연구소에서 전국의 교사, 학생, 학부모를 대상으로 실시한 설문의 문항이다. 이 설문에 대해 교사의 90.4%가 동의한다고 답했다(참교육연구소, 2013). 왜 교사의 90.4%가 학교교육 위기의 시대라는 말에 동의했을까? 이들이 느끼는 문제의식, 문제의 근원은 어디에 있는가.

교사들이 학교의 규범과 학교 자치, 교육과정, 교육 여건 개선,

교원 정책, 학교 체제, 교육제도 등 여섯 가지 분야에서 교육 위기 해결을 위해 시급하게 해결해야 하는 과제로 꼽은 것을 보면 위기의 근원을 확인할 수 있다.

이를 자세히 들여다보면, 교원 평가, 성과급, 근무 평정 등 교원 간 실적 경쟁 제도 폐지(74.9%), 교권 강화를 통한 교사의 권한과 역할 확대(52.2%), 학급당 학생 수 감축과 교원 확충(51.8%), 대학 서열 체제 해소 및 근본적 입시 개혁(49.6%), 자사고·외국어고·국제중고 등 특권 학교 폐지(41.0%) 등을 해결해야 할 주요 과제로 꼽았다. 이러한 결과는 교사들이 학교 현장에서 느끼는 불만족이 경쟁과 서열, 실적 위주의 학교 구조와 연결되어 있음을 확인하게 해 준다.

교원의 혁신학교에 대한 직무 만족도

그렇다면 혁신학교에 근무하는 교사들은 학교의 교육 가능성에 대해 어떻게 생각하고 있을까. 교육 위기라는 말에 동의하는 교사들이 절대 다수를 차지하고 있는 현실에서 어떻게든 학교 현장을 바꿔 가면서 교육 가능성과 우리 사회의 희망을 찾아보려고 애를 쓰고 있는 것은 아닐까.

전북교육정책연구소의 2013년 연구 보고서에 따르면 혁신학교와 일반 초·중·고등학교 교사들을 대상으로 한 다음과 같은 설문조사에서 혁신학교 교원들은 4.12의 만족도를 보인 반면 일반 학교 교사들은 3.99의 만족도를 보여 의미 있는 차이를 보여 주고 있다.

교장, 교감이 인식하는 2년 차 혁신학교에서의 직무 만족도는 4.62로 일반 학교의 교장, 교감의 직무 만족도 4.35에 비해 높게 나타났다. 혁신학교에 근무한 경험이 있느냐에 따라서도 만족도의 차이가 나타났는데, 혁신학교 근무 경험이 없는 경우 교장, 교감의 만족도는 4.35인 반면, 혁신학교 근무 경험이 3년 이상인 경우의 만족도는 4.72로 큰 차이가 났다. 혁신학교 근무에 대한 높은 만족도가 일반 교사들만의 것이 아니라 교장, 교감과 같은 학교 관리자들에게도 동일하게 적용되고 있음을 확인할 수 있다.

또한 학교와 학생에 대한 만족도가 높고, 교사로서의 효능감이나 자기 수업에 대한 만족도에서도 긍정적인 응답이 높았다. 학생들과의 관계나 동료 교사들과의 관계에 대한 만족도, 자신의 업무에 대한 수행 능력 및 자기 계발 가능성에 대한 만족도 역시 높게 나타났다. 학교의 관리자와 소통하고 협력하는 관계에 대한 만족도도 높다. 교장, 교감 역시 교사들을 믿고 기다려 주며, 자발적으로 참여할 수 있는 여건을 만들어 주는 과정에서 높은 직무 만족도를 보여 주는 것으로 보인다.

나는 우리 학교에 근무하는 것이 행복하다.
나는 우리 학교 아이들이 좋다.
나는 교사로서 학생들에게 의미 있고 영향력이 있는 존재이다.
나는 내 수업에 만족한다.
나는 아이들과 상호 존중하며 편안한 관계이다.
동료 교사들은 나를 인정해주고 격려해준다.
나는 업무를 수행하는 과정에서 내 능력을 잘 발휘하고 있다.
나는 업무를 수행하는 과정에서 새로운 지식이나 기술을 습득할 기회가 많다.
우리 학교의 교장·교감 선생님은 나의 건의나 불만을 잘 수용한다.
우리 학교의 예산은 구성원의 의견을 잘 반영하여 사용한다.

정태식 외. 2013-a

〈그림 32〉 교사들의 혁신학교 근무 경험에 대한 만족도(서울유현초등학교, 2014-b)

설문: 모든 교사가 연 1회 이상 수업을 열고 학년별로 협의하는 것에 만족한다

(단위: 명)

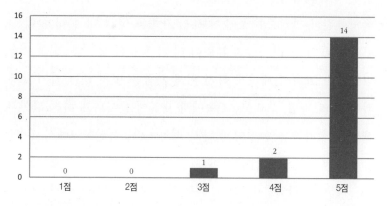

앞서 살펴보았던 혁신학교 4년 차인 유현초등학교의 교사 설문 결과를 보자. 모든 교사가 수업을 열고 서로 배우는 수업협의회를 운영하는 것에 대해 94%의 교사가 만족한다고 긍정적인 응답을 한 반면 부정적인 응답을 한 교사는 한 명도 없다. 혁신학교

에서의 근무 경험이 앞으로의 교직생활에 큰 도움이 될 것이라고 응답한 교사 역시 94%에 이르지만 그렇지 않다고 부정적인 응답을 한 교사는 한 명도 없다. 이런 교사들의 직무 수행에 대한 만족도는 혁신학교에 대한 막연한 오해를 넘어 교사들이 한 번쯤 근무해 보고 싶은 학교로 인식하게 만드는 힘이 되고 있다.

4. 더 좋은 사회, 행복한 공동체를 찾아가는 혁신학교

혁신(革新)이란 말을 국어사전에서 찾아보았더니 "낡은 것을 바꾸거나 고쳐서 아주 새롭게 함"이라고 풀이되어 있다. 그런데 국어사전의 미지근한 뜻풀이보다 "가죽을 벗겨 내서 새 살이 돋아나게 한다"는 한자말의 본뜻이 더 가슴에 와 닿는다. 낡은 것을 바꾸거나 고쳐서 새롭게 하기 위해 가죽을 벗겨 내는 자기 고통과 아픔의 과정, 그리고 그 속에서 새살이 돋아나게 하는 강인한 생명력이 마음을 움직이게 하기 때문이다. 혁신학교에서 4년을 근무하면서 겪었던 수많은 회의, 말들의 향연, 실천으로 이어지는 고민과 고단함, 기쁨과 아픔을 담기에 '혁신'이라는 말보다 더 좋은 말을 찾지는 못하겠다. 우리를 바꾸기 위해 나를 바꾸고 성찰하려고 했던 지난한 시간들이 바로 오늘의 혁신학교를 있게 했기 때문이다.

교육 본래의 사명을 찾아가는 혁신 교육

혁신학교는 뭔가 대단하고 새로운 것을 만들어 내자는 것이 아니다. 우리가 말하던 '교육'의 참모습을 찾아가자는 것이다. 학생이든 교사든 학부모든 길들이기 훈육에, 줄 세우기 경쟁에, 편 가르기 차별에 익숙해진 지금 학교교육의 병폐를 치유하고, 한 명도 소외되지 않는 교육, 자기의 성장과 발달에 맞게 배움을 이어 가는 교육, 그래서 모두가 행복할 수 있는 학교를 만들어 보자는 것이었다.

> '참'과 '좋음'은 말 하나에 달려 있습니다. 있'는' 것과 있'을' 것만 다릅니다. '있는 것을 있다고 하고 없는 것을 없다고 하는 것'(참말)을 '있을 것이 있고 없을 것이 없는 것'(좋음)으로 이끄는 힘은 '현재'를 가리키는 '는'을 미래를 나타내는 '을'로 바꾸는 데 있다는 것을 잊지 말아야 합니다. 우리 아이들은 우리의 미래입니다. 우리가 있는 것을 있다고 말하고 없는 것을 없다고 할 수 있는 용기를 지닐 때만 우리는 미래 세대인 우리 아이들한테 '없을 것'이 무엇인지 눈뜨게 하는 '비판정신'을 일깨울 수 있고, '있을 것'이 없으면 어떻게 빚어내거나 만들어서 있게 할 것인지를 깨우치는 '창조정신'을 길러 줄 수 있습니다. 그리고 우리 아이들한테 '비판의식'과 '창조의식'을 지닌 미래의 주인공으로 자랄 참교육, 철들게 하고 철나게 하는 가르침을 베풀어야 우리 아이들이 맞이할 세상은 좋은 세상으로 거듭날 수 있습니다.

— 윤구병, 2015

미래 세대를 위해 존재하는 학교에 현재 '있는 것이 있다고, 없는 것이 없다'고 참말을 하면서, '있을 것이 있고 없을 것이 없는' 좋은 상태로 만들어 가는 것이 혁신학교다. 참말을 할 수 있는 용기는 우리 사회의 어른인 교사와 학부모에게 먼저 필요하다. 참말을 하는 어른들을 본받아 학생들이 참말을 하고 좋은 미래를 만들어 가는 비판 의식과 창조 의식을 키워 가는 것이다.

널리 인간을 이롭게 한다는 홍익인간의 이념, 모든 국민이 인격을 도야하고 자주적 생활 능력과 민주 시민으로서 필요한 자질을 갖추게 하는 교육, 인간다운 삶을 영위하고 민주국가 발전과 인류 공영의 이상을 실현하는 데 이바지하게 하는 것을 목적으로 하는 교육이라는 우리나라의 교육법을 다시 생각해본다. 혁신학교와 혁신 교육이 추구하는 바는 다르지 않다. 문서상에 존재하는 교육과 현실에서 실현되는 교육 간의 격차를 줄이고, 교육의 본질을 회복하자는 것이다.

변화를 선도하는 혁신학교의 역할

교육의 본질을 찾아가자는 혁신학교의 실현태를 실험학교(pilot school) 혹은 모델학교로 규정하고 이를 일반화하려는 노력들이 있다. 혁신학교의 양적 확대도 중요하겠지만, 공교육의 새로운 표준으로서 혁신학교에서 이루어지고 있는 교육 혁신의 사례들을 모든 학교로 일반화할 수 있는 구체적인 방법들을 모색하고 이를 현실화하자는 것이다.

'진보·혁신 교육감 시대'라는 백척간두(百尺竿頭)에 이런 시도는 다양한 형태로 이루어지고 있다. 서울은 곽노현 교육감 시절 혁신학교의 업무 정상화 사례를 일반화하기 위해 모든 학교에 교무행정전담사를 배치해 교사들이 수업과 생활교육에만 전념할 수 있는 시스템을 만들어 가고자 했다. 전라북도는 교무 회의를 의결 기구화해 민주적 의사결정 공동체로서의 학교의 모습을 시대적 과제로 선언하고 실천하고 있다. 경기도는 창의지성 교육과정으로, 강원도는 창의공감 교육과정으로 미래 세대를 위한 교육의 방향을 새롭게 제시하고 있다. 앞서 걸어간 이들의 발걸음에 힘입어 뒤이은 지역들이 서로 배우며 어깨를 걸고 나아간다. 여기에 변화를 선도하는 혁신학교의 역할이 있다.

혁신학교 효과가 모두를 위한 교육으로

폐교 위기에 있던 남한산성 안의 작은 학교를 교사들이 주목하고 새로운 학교문화를 만들면서 경기도 혁신학교의 모델이 되었던 남한산초등학교를 다시 떠올려 본다. 가평군의 상생초등학교 두밀리분교를 살리려고 했던 절박한 몸짓은 이제 역사가 되었지만, 전국 방방곡곡에 자리 잡은 작은 학교를 살리려고 했던 절박한 실천이 '혁신학교'라는 새로운 역사를 쓰고 있다.

철저하게 우리가 처한 현실에서 무엇을 어떻게 바꾸며 실천할 것인지를 다짐으로 적은 '남한산교사들의 다짐'이라는 글귀들을 읽어 가면서 뭉클했던 기억이 꿈결처럼 떠오른다. 나비 한 마리의 날갯짓이 큰 파동을 만들어 낼 수 있다는 것을 우리는 역사적으로 확인하고 있다. 혼자서 하면 어렵지만 여럿이 함께해서 가능했던 변화의 실체를 전국적으로 확산되고 있는 혁신학교를 통해 확인하고 있다. 역사로부터 배우고 오늘의 삶에서 실천했던 이들의 작은 기록이 살아 움직인다.

미래 세대에 필요한 창의, 지성, 공감, 소통, 협력, 인성, 시민성을 기르는 학교, 교육 공동체로 단단해지는 학교, 교사의 전문성 강화에 기여하는 학교, 특색 있는 교육과정으로 즐거운 학교, 민주적인 협의 문화와 학교자치로 깊어지는 학교, 가르치고 배우는 것이 중심이 되는 학교, 지역사회와의 협력으로 넓어지는 학교, 모두가 만족하는 학교라는 혁신학교의 효과는 이제 시작일 뿐이다.

식민 교육의 아픔을 벗어 내고 근대 교육 100년의 역사를 딛고 피어난 절체절명의 시기다. 누군가는 대한민국의 교육 역사상 다시 이런 기회가 올 수 있을지 모르겠다고 했다. 정말 그럴지도 모른다. 타는 목마름으로 불러 봤던 '민주주의'라는 네 글자가 가슴에 박히는 이 시대에 진보·혁신 교육감이라니, 묵직하고 뜨거워진다. 우리는 제도적으로 완성했던 민주주의를 일상의 삶의 문제로 가져와서 새로운 문화로 만들어 갈 시대적 과업 앞에 서 있는 것은 아닌가!

학교문화가 민주적인데 어떻게 사회가 민주적이지 않을 수 있을까. 학교문화가 민주적인데 어떻게 교장과 한두 명의 부장교사가 학교 교육과정과 예산을 주물럭거릴 수 있겠는가. 학교문화가 민주적인데 그런 학교에 다니는 아이가 어떻게 민주적인 문화를 경험하지 못하고 자랄 수 있겠는가. 비록 나비 한 마리의 날갯짓에 불과할지라도 지역에서 혁신학교를 만들어 가며 민주적인 학교문화를 꽃피워 가는 것이 우리 사회 구석구석을 민주적인 문화로 바꾸어 가는 길이라는 것을 다시 생각한다. 그리고 그것이 모두를 위한 혁신학교 효과가 될 것이다.

〈참고 문헌〉

EBS 학교란 무엇인가 제작팀(2011), 《학교란 무엇인가》 1 · 2, 중앙북스.

OECD(2003), Definition and selection of competencies : Theoretical and conceptual foundation(DeSeCo), OECD Press.

경상남도교육청(2014), 《경남형 혁신학교 리더과정 연수 자료집》.

곽노현(2014), 《징검다리 교육감》, 메디치미디어.

김경자(2015), 〈2015 개정 국가교육과정의 지향점과 초 · 중학교 편성 · 운영 중점〉, 《2015 개정교육과정 전문가포럼 자료집》.

국제교원노조연맹 지음 ; 김석규 옮김(2015), 《교사의 전문성, 어떻게 만들어지나》, 살림터.

김소영(2015), 〈민주적인 학교운영과 학교문화〉, 《2015 행복한 학교 기초과정 연수 자료집》, 충청북도교육청.

김용택(2012), 김용택의 참교육 이야기, "학교운영위원회, 학교운영 잘 하고 있을까", http://chamstory,tistory,com/1946

김윤희(2013), 〈여유롭고 물좋은 매점. 교육위기? 학교혁신으로〉, 《2013 학교혁신한마당 자료집》, 전국교직원노동조합.

김정아 외(2012), 〈협력학습 수업사례 분석 연구〉, 《교육정책연구》 2012-015, 전라북도교육연구정보원.

김지수 외(2014), 《혁신고등학교 졸업생들이 전하는 진짜 공부》, 맘에드림.

나민주 외(2013), 〈자율학교 성과분석 연구-혁신학교 모형을 중심으로〉, 수탁연구 CR 2013-10, 한국교육개발원.

문성학(2001), 〈칸트 도덕철학의 관점에서 본 현행 인성 교육의 문제점〉, 《철학논총》 23-1, 새한철학회.

박성자 외(2014), 〈2014 혁신학교의 학교 효과성 분석〉, 《교육정책연구》 2014-012, 전라북도교육연구정보원 전북교육정책연구소.

후쿠다 세미지 지음 ; 박재원, 윤지은 옮김(2009), 《핀란드 교실혁명》, 비아북.

백병부 외(2014), 〈경기도 혁신학교 성과 분석 : 교육격차 감소를 중심으로〉, 《정책연구》 2014-14, 경기도교육연구원.

L.S. 비고츠키, A.R. 루리야 지음 ; 비고츠키연구회 옮김(2012), 《도구와 기호-어린이 발달》, 살림터.

L.S. 비고츠키 ; 비고츠키연구회 옮김(2013), 《어린이 자기행동숙달의 역사와 발달 I》, 살림터.

L.S. 비고츠키 ; 비고츠키연구회 옮김(2014), 《어린이의 상상과 창조》, 살림터.

새로운사회를여는연구원(2014), 《분노의 숫자-국가가 숨기는 불평등에 관한 보고서》, 동녘.

서울강명초등학교(2012), 〈가람결(문예체) 배움 계획안〉.

서울강명초등학교(2014), 〈강명초가 걸어온 길〉, 《함께 만들어가는 강명초 이야기-서울형혁신학교 강명초 4년의 기록》.

서울도봉초등학교(2014), 〈행복 배움터 교육 이야기〉, 《서울형혁신학교 운영 백서》.

서울신은초등학교 교육과정 연구 교사모임(2015), 《리셋, 교육과정 재구성》, 맘에드림.

서울원당초등학교(2014), 《원당 혁신 백서》.

서울유현초등학교(2014-a), 〈2014학년도 박OO, 김OO, 한OO 교사 수업공개 협의록〉.

서울유현초등학교(2014-b), 〈2014학년도 1학기 교육과정 운영 설문 및 평가 보고〉.

서울유현초등학교(2014-c), 〈2014학년도 2학기 교사회의 자료〉.

서울유현초등학교(2015-a), 〈2015학년도 1학기 교사회의 자료〉.

서울유현초등학교(2015-b), 〈2015학년도 1학기 교육과정 운영 평가 보고〉.

서울유현초등학교(2015-c), 〈2015학년도 5학년 교육과정 운영계획〉.

서울유현초등학교(2015-d), 〈2015학년도 유현교육과정〉.

서울유현초등학교(2015-e), 〈2015학년도 1학기 중간 통지서〉.

서울유현초등학교(2015-f), 〈함께 가는 학교혁신의 길, 4년-배우고 나누
며 참삶을 가꾸는 유현공동체〉.

서울천왕초등학교(2015), 〈천왕초로 행복 다모임-서울형혁신학교 천왕
초 4년간의 기록〉.

서울형혁신학교학부모네트워크(2014), 《행복한 나는 혁신학교 학부모
입니다》, 맘에드림.

선사고등학교(2013), 〈선사고의 학생자치 3년, 성과와 과제. 교육위기? 학
교혁신으로〉, 《2013 학교혁신한마당 자료집》, 전국교직원노동조합.

성기선(1998), 《학교 효과 연구의 이론과 방법론》, 원미사.

성열관 외(2013), 〈구로금천교육혁신지구 사업성과 및 개선방안에 관
한 참여관찰연구〉, 《2013 구로구청·금천구청 연구용역최종보고서》.

소경희(2006), 〈학교지식의 변화요구에 따른 대안적 교육과정 설계방
향 탐색〉, 《교육과정연구》 24(3).

소경희(2007), 〈학교교육의 맥락에서 본 역량(Competency)의 의미와
교육과정적 함의〉, 《교육과정연구》 25(3).

손지은(2014), 〈'다함께 1등' 운동회 감동 사진, 주인공 누나 "가족들 엉
엉 울었다"〉, 오마이뉴스(2014.10.10.).

송순재 외(2009), 《교사, 대안의 길을 묻다》, 이매진.

엄정영 외(2012), 《혁신학교의 학교 효과성 분석》, 전라북도교육연구정 보원 전북교육정책연구소.

유경훈(2014), 《혁신학교와 일반학교 중학생의 미래핵심 역량 비교분 석연구》, 광주광역시교육청 광주교육정책연구소.

윤구병(2015), 〈좋은 세상을 여는 교육〉, 《2015 학교 혁신 심화과정 직 무연수 자료집》, 충청북도교육청.

윤현진 외(2007), 《미래 한국인의 핵심 역량 증진을 위한 초·중등학교 교육과정 비전 연구(Ⅰ)-핵심 역량 준거와 영역 설정을 중심으로》, 한 국교육과정평가원(연구보고 RRC 2007-1).

이광우 외(2008), 《미래 한국인의 핵심 역량 증진을 위한 초·중등학교 교육과정 비전연구(Ⅱ)-핵심 역량 영역별 하위 요소 설정을 중심으로》, 한국교육과정평가원(연구보고 RRC 2008-7-1).

이부영(2013), 〈멈출 수 없는 행복한 교육혁명〉, 《서울형혁신학교 이야 기》, 살림터.

이오덕(2014), 《이오덕 일기》, 양철북.

앤디 하그리브스, 데니스 셜리 지음 ; 이찬승, 김은영 옮김(2015), 《학 교 교육 제4의 길》, 21세기교육연구소.

임언 외(2008), 〈미래 사회의 직업세계에서 요구하는 핵심 역량 연구〉, 한국교육과정평가원(연구보고 RRC 2008-7-2).

전교조 학교혁신특별위원회(2015), 《학교혁신 팟캐스트》, 도서출판 참 교육.

전국교직원노동조합 외(2013), 《신나는 학교 혁신 살아있는 학생인 권》 2호, 전국교직원노동조합.

전국교직원노동조합(2012-a), 《배움과 성장이 있는 새로운 학교 만들 기 중등》 2호, 전국교직원노동조합.

전국교직원노동조합(2012-b), 《참교육 한길로》, 전국교직원노동조합.

전국교직원노동조합(2013), 〈교육위기? 학교 혁신으로〉, 《학교 혁신한마당 자료집》, 전국교직원노동조합.

정태식 외(2013-a), 〈2013 혁신학교의 학교 효과성 분석〉, 《교육정책연구》 2013-011, 전라북도교육연구정보원 전북교육정책연구소.

정태식 외(2013-b), 《미래형 학교 효과성 측정 도구》, 교육정책연구 2013-012, 전라북도교육연구정보원 전북교육정책연구소.

제일초등학교 누리집, http://www.jeil.es.kr/?_page=125

조대연 외(2008), 《미래의 평생학습사회에서 요구하는 핵심 역량 연구》, 한국교육과정평가원(연구보고 RRC 2008-7-3).

조인선(2009), 〈학교·학급 규모에 따른 초등학생들의 학교생활 만족도에 관한 연구〉, 춘천교육대학교 교육대학원 석사 학위논문.

지식채널e(2008), 〈'공감능력' 사이코패스에게 없는 그것 : 공감 무능력자〉, EBS.

참교육연구소(2013), 《교육위기 현황과 극복방향에 대한 교사, 학생, 학부모 의견조서 보고서》, 전국교직원노동조합.

초등교육과정연구모임(2012), 《행복한 혁신학교 만들기》, 살림터.

초등교육과정연구모임(2013), 《성장과 발달을 돕는 초등교육과정 길라잡이》, 전국교직원노동조합 초등위원회.

최운실(2006), 〈평생교육 관점에서의 성인기초능력 개념 모형과 연구동향 분석〉, 《평생교육학연구》 12(4), 225-251.

최혜영(2013), 〈학교에서, 수업에서 '주인되기'. 교육위기? 학교혁신으로〉, 《2013 학교혁신한마당 자료집》, 전국교직원노동조합.

충청북도교육청(2015-a), 《2015 학교혁신 심화과정 직무연수 자료집》, 충청북도교육청.

충청북도교육청(2015-b), 《2015 행복한 학교 기초과정 연수 자료집》, 충청북도교육청.

평화샘 누리집, http://cafe.daum.net/peacefulschool

포남초등학교(2014), 《보래미 배움터-포남초등학교 해살이 자료집》

한겨레(2013), 〈폐교를 막느냐 못 막느냐… 두 마을의 운명을 가르다〉, 한겨레신문(2013. 2. 22.).

한국교육과정평가원(2008), 《미래 한국인의 핵심 역량 탐색을 위한 세미나-미래 한국인에게 요구되는 핵심 역량은 무엇인가?》, 한국교육과정평가원(연구자료 ORM 2008-14).

한국글쓰기교육연구회 누리집, http://www,kulssugi,or,kr/

한국방정환재단 외(2013), 《한국의 어린이 청소년 행복지수》, 연세대학교 사회발전연구소.

한희정(2004), 〈교단일기〉, http://blog.daum.net/lifenamoo

한희정(2014-a), 〈학교 혁신? 업무정상화부터〉, 《혁신학교의 이해 연수 자료집》, 전국교직원노동조합 충북지부.

한희정(2014-b), 〈함께 만들어가는 교육과정 혁신〉, 《경남형 혁신학교 리더과정 연수 자료집》, 경상남도교육청.

한희정(2014-c), 〈함께 만들어가는 교육과정-수업 혁신〉, 서울시교육청.

한희정(2015-a), 〈발달과 학습, 그리고 수업〉, 《2015 학교 혁신 심화과정 직무연수 자료집》, 충청북도교육청.

한희정(2015-b), 〈함께 만들어가는 교육과정 혁신〉, 《충북행복학교 기초과정 연수자료집》, 충청북도교육청.

한희정(2015-c), 〈어린이 발달과 협력 학습〉, 《두근두근 씨앗혁신 직무연수 자료집》, 전국교직원노동조합대전지부.

함영기(2014), 《교육사유》, 바로세움.

삶과 교육을 바꾸는
맘에드림 출판사 교육 도서

나는 혁신학교에 간다

경태영 지음 / 값 14,000원

공교육을 바꾸겠다는 거대한 희망을 품고 시작된 '혁신학교'. 이
책은 일곱 개 혁신학교의 이야기를 담고 있다. 지금 우리 교육
이 변화하는 생생한 현장의 모습과 아이들이 꿈을 키우고 행복
하게 공부하는 희망의 터로 새롭게 자리매김하는 학교들을 이
책에서 만날 수 있다.

혁신학교란 무엇인가

김성천 지음 / 값 15,000원

교육 공동체가 만들어내는 우리 시대 혁신학교 들여다보기. 혁
신학교 전반에 관한 이야기를 다루고 있는 책으로, 공교육 안에
서 혁신학교가 생기게 된 역사에서부터 혁신학교의 핵심 가치,
이론적 토대, 원리와 원칙, 성공적인 혁신학교의 모습을 보이고
있는 단위 학교의 모습까지 담아냈다.

학부모가 알아야 할 혁신학교의 모든 것

김성천, 오재길 지음 / 값 15,000원

학부모들을 위한 혁신학교 지침서!
'혁신학교에서는 무엇을, 어떻게 가르치고 있는지, 교사 · 학
생 · 학부모는 어떻게 만나서 대화하고 관계를 맺어가는지, 어
떤 교육 목표를 지향하고 있는지 등 이 책은 대한민국 학부모
들의 궁금증에 친절하게 답을 한다.

덕양중학교 혁신학교 도전기

김삼진 외 지음 / 값 14,500원

이 책의 1부는 지난 4년 동안 덕양중학교가 시도한 혁신과 도
전, 성장을 사실과 경험에 기반한 스토리텔링 방식의 성장기로
전개하고 있다. 그리고 2부는 지역사회와 협력하여 펼치고 있는
교육 프로그램, 배움의 공동체 수업 등을 현장 사례 중심의 교육
적 에세이 형태로 담고 있다.

학교 바꾸기 그 후 12년

권새봄 외 지음 / 값 14,500원

MBC PD 수첩에 방영되어 화제가 되었던 남한산초등학교. 아이들이 모두 행복하고, 얼굴 표정이 밝은 아이. 학교 가는 것을 무엇보다 좋아하고, 방학을 싫어하는 아이들. 수업과 발표를 즐겼던 이 학교를 졸업한 아이들이 그 후 12년의 삶을 세상에 이야기한다.

교사는 수업으로 성장한다

박현숙 지음 / 값 12,000원

그동안 교사는 수업에서 아이들을 만나지 못해왔다. 관계와 만남이 없는 성장의 결손을 낳았다. 그리하여 우리 아이들과 교사들은 모두 참 아프고 외로웠다. 이 책에서는 교사, 학생, 학부모, 지역사회가 공동체로서 서로 관계를 맺을 때에만 배움은 즐거운 활동으로서 모두가 성장하는 삶의 일부가 될 수 있음을 보여준다.

교사와 학부모가 함께 읽는 주제 통합 수업

김정안 외 지음 / 값 15,000원

'서울형 혁신학교'로 지정된 7개 혁신학교들이 지난 1~2년 동안 운영한 주제 중심 통합 교육 과정과 수업 사례를 소개한 책이다. 이 학교들의 교육과정은 전국적으로 이루어지는 혁신학교들의 성과를 반영하였고, 자신의 지역사회의 실제 환경과 경험을 살려 실제 수업에 적용한 것이다.

혁신교육 미래를 말한다

서용선 외 지음 / 값 14,000원

혁신교육은 2009년 이후 공교육 되살리기의 새로운 희망이 되어왔다. 이러한 정책을 입안하고 추진하는 데 기여해왔던 6명의 교사 출신 연구자들이 혁신교육 발전에 필요한 정책 과제들을 모아 하나의 책으로 제시한다. 이 책은 교육철학, 교육과정, 교육행정과 학교 운영(거버넌스) 등에서 주요 이슈들을 정리하고 혁신교육의 성과와 과제가 무엇인가를 보여준다.

수업을 살리는 교육과정

서우철 외 지음 / 값 16,500원

최근 교육과정을 재구성하는 논의가 활발한 가운데, 이 책에서는 개별 교과목과 교과서의 형식에 얽매이지 않고 아이들의 발달을 고려하여 주제를 중심으로 교육과정을 재구성하여 통합적으로 운영하는 방법과 구체적인 실천 사례를 설명하고 있다. 이러한 과정은 같은 학년을 맡고 있는 교사들의 토론과 협력을 통해서 이루어진 것임을 이야기한다.

수업 딜레마

이규철 지음 / 값 14,000원

이 책을 관통하는 키워드는 '사람'이다. 저자의 노하우를 전수하는 것이 아니라, 수업 속에서 딜레마에 맞닥뜨려 고통받고 있는 선생님들의 고민을 담고, 신념을 담고, 그것을 이겨내기 위한 한 분 한 분의 마음을 담고 있다. 이런 고민 속에 이 책을 집어 든 나를 귀하게 여기며 다시 한 번 교사로 잘 살아보고 싶은 도전을 하게 한다.

좋은 엄마가 스마트폰을 이긴다

깨끗한미디어를위한교사운동 지음 / 값 13,500원

스마트폰에 대한 아이들의 집착은 대단하다. 스마트폰은 '재미있고 편리하다.' 그러나 스마트폰 때문에 아이들은 시간을 빼앗기고, 건강이 나빠지고, 대화가 사라지며, 공부와 휴식, 수면마저 방해를 받는다. 이 책은 이러한 사례들을 생생하게 소개하고 부모들에게 아이들의 스마트폰 사용에 어떻게 대응해야 하는지 대안을 제시한다.

엄선생의 학급운영 레시피

엄은남 지음 / 값 14,000원

34년 경력의 현직 교사가 쓴 생동감 넘치는 학급운영 지침서. 초등학교에서 아이들은 문자와 숫자를 익히는 것보다 학교와 교실에서 낯설고 모험적인 사건을 겪으면서 더 많은 것을 배운다. 이 책은 초등학교에서 교과서 지식보다 더 중요한 역할을 하는 학교생활과 학급문화를 만드는 데 담임교사의 역할을 다룬다. 교사와 아이들이 서로 존중하고 신뢰하는 관계를 어떻게 만들어야 하는지 구체적인 경험과 사례로 설명해준다.

진짜 공부
김지수 외 지음 / 값 15,000원

혁신학교가 추구하는 '진짜 공부'와 '진짜 스펙'이 무엇인지
보여주는, 졸업생들의 생동감 넘치는 경험담. 12명의
졸업생들은 학교에서 탐방, 글쓰기, 독서, 발표, 토론, 연구,
동아리, 학생회 활동을 통해 자신들이 생각하지도 못한 진짜
공부를 경험했음을 보여준다. 이 책을 통해 수능시험이 아니라
정말로 청소년 스스로 하고 싶을 즐기면서 성장하는 것이 우리
사회에 필요한 것임을 새삼 느낄 수 있다.

수업 디자인
남경운, 서동석, 이경은 지음 / 값 15,000원

서울형 혁신학교의 대표적인 수업 혁신을 담은 이야기. 아이들이
서로 협력하면서 배우는 수업을 목표로 삼은 저자들은 범교과
수업모임을 통한 공동 수업설계를 대안으로 제시한다. 아이들은
교사의 설명을 통해 배우는 것이 아니라 서로 '옥신각신'하며
함께 문제에 도전할 때 수업에 몰입하고 배우게 된다. 이 책은
이러한 수업을 위해서 교사들이 교과를 넘어 어떻게 협력하고
수업을 연구해야 하는지 잘 보여준다.

아이들이 가진 생각의 힘
데보라 마이어 지음 / 정훈 옮김 / 값 15,000원

미국 공교육 개혁의 전설적 인물 데보라 마이어가 전하는 교육
개혁에 대한 경이롭고도 신선한 제언. 이 책은 학교 혁신의
생생한 기록을 통해 우리가 학교에서 무엇을 왜 가르치고 배워야
하는지에 대한 근원적인 성찰을 담고 있다. 아이들이 지성적으로
생각하는 마음의 습관을 배우는 것이 얼마나 중요하고 그것을
위해 학교가 무엇을 해야 하는지를 일깨워준다.

어! 교육과정? 아하! 교육과정 재구성!
박현숙 · 이경숙 지음 / 값 16,500원

교육과정 재구성을 고민하는 교사를 위한 현장 지침서. 이
책은 저자들이 학교 현장에서 교육과정 재구성이라는 화두를
고민하고, 실행한 사례들이 담겨져 있다. 책의 내용은 주제
통합 수업, 교과 통합 수업, 범교과 주제 학습, 교과 체험 학습,
프로젝트 수업 등 학교 현장에서 적용해 큰 성과를 본 것들을
세밀하게 소개하면서 교육과정 재구성 작업의 노하우를 펼쳐
보인다.

행복한 나는 혁신학교 학부모입니다
서울형혁신학교학부모네트워크 지음 / 값 16,000원

이 책은 학부모가 자신의 눈높이에서 일러주는 아이들의 혁신학교 적응기일 뿐 아니라, 학부모 역시 학교를 통해 자신의 삶을 고양시켜가는 부모 성장기라는 점에서 대한민국의 모든 학부모에게 건네는 희망 보고서이기도 하다. 혁신학교가 궁금한 학부모들이 이 책을 통해 혁신학교 학부모로서의 체험을 미리 하는 데 부족함이 없을 것이다.

일반고 리모델링 혁신고가 정답이다
김인호, 오안근 지음 / 값 15,000원

교육 환경이 열악한 지역에 있던, 서울의 한 일반계 고등학교가 혁신학교로서 4년간 도전과 변화를 겪으면서 쌓은 진로, 진학의 비결을 우리 사회 모든 학생, 학부모, 교사, 시민 등에게 낱낱이 소개해주는 책. 이 책은 무엇보다 '혁신학교는 대학 입시에 도움이 안 된다.'는 세간의 편견을 말끔히 떨어 없앤다. 이 책에서 저자들은 '결과' 중심 교육과정을 '과정' 중심으로 바꾸고, 교내 대회와 동아리 활동, 봉사 활동을 장려함으로써 대학 진학이란 놀라운 결과가 어떻게 이루어질 수 있었는지 보여주고 있다.

우리가 신뢰하는 학교, 어떻게 만들 것인가?
데보라 마이어 지음 / 서용선 옮김 / 값 15,000원

이 책의 저자인 데보라 마이어는 보수와 진보를 막론하고 미국 공교육 개혁 분야에서 가장 신뢰받는 실천가이자 이론가로 평가받는다. 학교 안에서 '신뢰의 붕괴'를 오늘날 공교육이 직면한 가장 큰 도전으로 인식한다. 이 책의 원제 'In Schools We Trust'에서 나타나듯, 저자는 신뢰할 수 있는 공교육의 조건이 무엇인지 자신의 경험 속에서 제안하고, 탐색하고, 성찰한다.

교사, 어떻게 살아야 하는가
김성천 외 지음 / 값 15,000원

오랫동안 교육 현장에서 교육과 연구를 병행해온 저자 5인이 쓴 '신규 교사를 위한 이 시대의 교사론'. 이 책은 학교 구성원과의 관계 맺기부터 학교 현장에서 맞닥뜨리게 되는 여러 가지 문제들과 극복 방법, 교육 개혁에 어떻게 주체로 설 수 있는지, 어떤 과정을 통해 개인의 성장을 도모해야 하는지 등 신규 교사의 궁금점에 대해 두루 답하고 있다.

리셋, 교육과정 재구성

서울신은초등학교 교육과정 연구회 모임 지음 / 값 16,000원

서울형 혁신학교인 서울신은초등학교 교사들이 1학년부터
6학년까지 모든 학년의 교육과정을 재구성하고 실천한 경험을
모두 담았다. 이 책에 소개된 혁신학교 4년의 경험은 진정한
학습이란 몸과 마음을 통해 경험함으로써, 생각이나 감정을 다른
사람과 주고받음으로써, 과거 경험을 새로운 지식으로 다시
생각함으로써 실현된다는 점을 잘 보여주고 있다.

다섯 빛깔 교육이야기

이상님 지음 / 값 16,000원

충북 혁신학교(행복씨앗학교)인 청주 동화초등학교의 동화 작가
출신 선생님이 아이들과 함께 보낸 한해살이 이야기다. 이오덕
선생의 "아이들의 삶을 가꾸는 교육"을 고민하던 저자가 동화초
아이들을 만나면서 초등학생의 특성에 맞도록 활동 중심의
교육과정을 재구성하는 한편, 표현 위주의 교육을 위한 생활
글쓰기 교육을 실천하면서, 학교 교육을 아이들의 놀이와 생활,
삶과 연결시키고자 노력한 교단 일지를 바탕으로 구성되었다.

만들자, 학교협동조합

박주희 · 주수원 지음 / 값 14,500원

이 책은 학교협동조합이 무엇인지, 어떤 유형의 학교협동조합이
가능한지, 전국적으로 현재 학교협동조합의 추진 상황은 어떠한지
국내외 사례를 통해 소개하고 안내하는 한편, 학교협동조합을
운영하는 원리와 구체적인 교육방법을 상세하게 풀어놓고 있다.
저자들의 실천적 지침들을 따라가다 보면 학교협동조합은 더 이상
상상이 아니라 학교 구성원의 필요와 의지, 실천으로 극복할 수
있는 실현 가능한 미래라는 점을 알게 된다.

땀샘 최진수의 초등 수업 백과

최진수 지음 / 값 21,000원

초등학교에서 20여 년간 아이들을 가르쳐온 저자가 초등학교
수업에 대해서 기록하고 연구하고 실천하며 쌓아온 경험을
바탕으로 초등학생들과 수업을 함께하는 방법을 담고 있다.
아이들의 학습 동기, 아이들이 수업에 참여하는 방법, 칠판과
공책을 사용하는 방법, 모둠 활동, 교과별 수업, 조사와 발표
등 초등학교 교사가 아이들을 가르칠 때 알아야 할 가장
기본적이면서도 가장 중요한 모든 것을 다루고 있다.

혁신 교육 내비게이터 곽노현입니다

곽노현 편저·해제 / 값 17,000원

서울시 18대 교육감이자 첫 번째 진보 교육감으로서 혁신 교육을 펼쳤던, 곽노현은 우리 사회 전반을 아우르는 주요 교육 현안들을 이 책에서 포괄적으로 다루고 있다. 2014년 3월부터 1년간 방송된 교육 전문 팟캐스트 '나비 프로젝트' 인터뷰에 출연한 전문가들과 나눈 대화와 그에 대한 성찰적 후기를 담고 있다. 이 책은 그야말로 우리가 '지금 알아야 할 최소한의 교육 이야기'를 포괄하고 있다.

무엇이 학교 혁신을 지속가능하게 하는가

권성호, 김현철, 유병규 정진헌, 정훈 지음 / 값 14,500원

독일 '괴팅겐 통합학교', 미국 '센트럴파크이스트 중등학교', 한국 혁신학교의 사례들을 통해 성공적인 학교 혁신의 공통점을 찾아내고 그것을 지속가능하도록 만들기 위해서 필요한 것은 무엇인지를 보여준다. 독자들은 이 책에서 괴팅겐 통합학교의 볼프강 교장이 말한 것처럼 "좋은 학교"를 만들기 위한 학교 혁신에 세계적으로 보편적이라고 할 만한 공통점을 찾을 수 있다.

교과를 꽃 피게하는 독서 수업

시흥 혁신교육지구 중등 독서교육 연구회 지음 / 값 16,500원

이 책은 지난 5년 동안 진행된 혁신교육지구 사업의 일환으로 학교에서 고군분투하며 독서교육을 이끌어왔던 독서지도사들이 실천 경험을 엮어낸 것으로 청소년기 학생들에게 장래 진로, 사랑, 우정, 삶의 지혜를 찾는 데 도움을 주는 독서교육을 잘 보여주고 있다. 특히 이 책에 소개된 국어, 수학, 과학, 사회, 도덕, 미술, 역사 등 다양한 교과와 연계한 협력수업은 독서교육의 새로운 전망을 보여주는 결실이다.

혁신학교의 거의 모든 것

김성천, 서용선, 홍섭근 지음 / 값 15,000원

저자들은 이 책에서 혁신학교에 대한 100가지 질문에 답하면서 혁신학교의 역사, 배경, 현황, 평가와 전망을 구체적인 증거를 통해 설명하고 있다. 이 책에 서술된 혁신학교에 관한 100문 100답을 통하여 우리 사회에 필요한 교육은 무엇인지, 교사와 학생들이 더 즐겁게 가르치고 배우면서 성장할 수 있는 교육을 위해 필요한 것이 무엇인지, 그것을 위해서 우리 사회 시민 각자가 자신의 위치에서 무엇을 하면 좋은가를 더 깊이 생각해볼 기회를 얻을 것이다.

교실 속 비주얼씽킹

김해동 / 값 14,500원

이 책은 비주얼씽킹 기본기부터 시작하여 교과별 수업, 생활교육, 학급운영 등에 비주얼씽킹을 응용하는 방법을 설명하고 있다. 특히 교사들이 초등학교 1학년부터 고등학교 3학년까지 국어, 수학, 영어, 과학, 사회 등 모든 교과 수업에 비주얼씽킹을 활용할 수 있도록 수업 지도안을 상세하면서도 간결하게 제시하고 있다. 또한 독자들이 책 내용에 대해 더욱 풍부한 이미지와 자료를 접할 수 있도록 저자의 블로그로 연결되는 QR코드를 담고 있다.

교육과정-수업-평가 어떻게 혁신할 것인가

이형빈 지음 / 값 15,500원

이 책은 교육과정 사회학자 번스타인(Basil Bernstein)이 제시한 '재맥락화(recontextualized)'의 관점에 따라 저자가 장기간에 걸쳐 일반 학교 한 곳과 혁신학교 두 곳의 수업을 현장에서 면밀하게 관찰하고 심층 인터뷰와 설문조사를 통한 연구를 바탕으로 무기력과 불평등을 재생산하는 교실을 민주적이고 평등한 구조로 바꾸기 위해 교육과정-수업-평가를 어떻게 혁신해야 하는지 제안하는 내용을 담고 있다.

독자 여러분의 소중한 원고를 기다립니다

맘에드림 출판사는 독자 여러분의 소중한 원고를 기다리고 있습니다. 원고가 있으신 분은 nurio1@naver.com으로 원고의 간단한 소개와 연락처를 보내주시면 빠른 시간에 검토하여 연락을 드리겠습니다.